Paul Tiefenbach
Alle Macht dem Volke?

Paul Tiefenbach, Diplom-Psychologe und Politikwissenschaftler, seit vielen Jahren aktiv für Mehr Demokratie, war 2006 verantwortlicher Leiter des erfolgreichen Volksbegehrens für ein neues Wahlrecht in Bremen.

Claudine Nierth, Hamburg, ist Vorstandssprecherin von Mehr Demokratie e.V.

Paul Tiefenbach

Alle Macht dem Volke?

Warum Argumente gegen Volksentscheide meistens falsch sind

Mit einem Vorwort von Claudine Nierth

Herausgegeben von Mehr Demokratie

VSA: Verlag Hamburg

www.vsa-verlag.de

www.mehr-demokratie.de

Für Diskussionen, Anregungen, Korrekturen und Hilfe bei der technischen Erstellung des Buchmanuskriptes bedanke ich mich herzlich insbesondere bei Uwe Credo, Ulrike Locke, Eberhard Plümpe, Walter Ruffler, Benno Schirrmeister, Lisa Selvidge, Rainer Stadtwald und Tim Weber.

Umschlagfoto: doubleju / photocase.com
Druck und Buchbindearbeiten: Beltz Druckpartner GmbH & Co. KG, Hemsbach
ISBN 978-3-89965-560-5
Auch als eBook erhältlich:
ISBN ePub: 978-3-89965-808-8
ISBN pdf 978-3-89965-809-5

Inhalt

Claudine Nierth

Alle Macht dem Volke!

Wir vertrauen dem Menschen. Wir vertrauen dem Bürger.[1] Diese Überzeugung einiger weniger war der Anfang einer bis heute andauernden Bewegung.

Es waren eine Handvoll Menschen nach dem Krieg, die deutlich ihre Stimme erhoben und 1958 eine Volksabstimmung über die Wiederbewaffnung der BRD forderten. In einer Zeit, als auf Briefmarken noch zu lesen war: »Lieber Bürger, halte Wache, denn der Staat ist Deine Sache.«

Bis heute ist Vertrauen der Grundsatz der Bewegung für direkte Demokratie, für Volksabstimmungen. Es ist das Menschenbild, das in eine neue politische Kultur führen kann. Die heutigen Erfahrungen mit über 6.000 Bürgerbegehren, über 300 Volksbegehren sowie 18 Volksentscheiden in Deutschlands Kommunen und Ländern scheinen dies zu bestätigen: Dort, wo die Menschen sich beteiligen können, nutzen sie diese Chance, sie gehen hin und entscheiden – nicht klüger, aber auch nicht dümmer als ihre Vertreter in den Parlamenten. Es ist diese Haltung, dieses Selbstverständnis, das den Wandel bringt. Ein Mensch, der gefragt wird, wendet sich nicht ab. Ein Politiker, dessen Entscheidung direkt vom Bürger kassiert werden kann, nimmt diesen wirklich ernst.

Und schon beginnt der Dialog und die gemeinsame Suche nach geeigneten Wegen und Mehrheiten. Das ist Demokratie!

Ob eine Entscheidung nun »gut« oder »schlecht«, »richtig« oder »falsch« ist, entscheidet die Mehrheit. Die Qualität einer Entscheidung hängt von der Qualität des Prozesses ab, der zur Entscheidung führt. Jeder, der einmal in die Situation kam, eine weitreichende Entscheidung zu fällen, kennt das: Alles wird unternommen, um eine sinnvolle Entscheidung zu fällen und diese auch zu verantworten. Man nimmt sich Zeit für diesen Prozess. Man muss Einsicht in die Problemlage bekommen, alle Alternativen hinzuziehen, gegebenenfalls neue entwickeln.

---

[1] Hier und im folgenden Text verzichten wir zugunsten der Lesbarkeit auf die Nennung der weiblichen Form. Sie ist als selbstverständlich unterstellt.

Muss sich den Rat von Freunden genauso wie den von Experten einholen. Muss andere Meinungen und Sichtweisen anhören und einnehmen, muss diskutieren und mit sich im Stillen zu Rate gehen. Solange, bis man sich entscheidungsfähig und mündig in dieser Frage fühlt.

Darauf kommt es an. Entscheidungen müssen reifen. Und je weitreichender sie sind, umso länger. In der Alltagspolitik erleben wir heute oft das Gegenteil. Je weitreichender eine Entscheidung ist, desto hektischer wird sie getroffen. Oft nur unter wenigen. Unsere heutigen politischen Entscheidungswege brauchen daher neue Pfade, die die Qualität der Entscheidungen sichern. Je größer ein Problem, desto mehr Menschen sollten darauf schauen und an der Lösung beteiligt sein. Die direkte Demokratie liefert hier einen wichtigen Beitrag.

Alle Menschen sollten die gleichen Voraussetzungen für solch einen Prozess haben, dann werden auch mehr reiflich überlegte Entscheidungen gefällt. Und wer sich mit der Fragestellung überfordert fühlt, wird es den anderen überlassen und sich enthalten. Und sollte er sich irren, kann er seine Entscheidung morgen revidieren. Das ist im Parlament nicht anders als im persönlichen Leben. Demokratie ist ein fließender Prozess und nur so demokratisch wie seine Anwender sie ausgestalten.

Jede Gesellschaft gibt sich ihre eigenen demokratischen Regeln. Die Väter und Mütter unserer demokratischen Spielregeln haben sich für zwei Grundsäulen entscheiden: für das Wahlrecht und das Abstimmungsrecht. Wählen dürfen wir und Abstimmen immer mehr. Aber noch ist Deutschland das einzige Land in der EU unter 27 Mitgliedsländern, das noch keine nationale Volksabstimmung erlebt hat. Italien hat über Atomkraft, Dänemark über den Euro und Frankreich über die EU-Verfassung abgestimmt.

Die Einführung der dreistufigen Volksgesetzgebung – Volksinitiative, Volksbegehren und Volksentscheid –, ergänzt die repräsentative Demokratie. Weiterhin verbleiben über 99 Prozent der Entscheidungen den Parlamenten. Wichtig hierbei ist das Initiativrecht durch die Volksinitiative. Die Möglichkeit einer Initiative aus dem Volk räumt jedem Menschen das Recht ein, selbst einen Vorschlag zum Wohl des Ganzen einzubringen. Ist der Vorschlag gut, wird er Anhänger gewinnen und die Volksinitiative kommt zustande. Ist der Vorschlag richtig gut, wird er auch die nötigen Unterstützer für ein Volksbegehren bekommen. Und ist er für die Mehrheit der Menschen überzeugend, wird er durch die Volksabstimmung zum beschlossenen Gesetz. Das ist die größtmögliche Freiheit, die eine Gesellschaft dem Einzelnen zugestehen kann: Jeder kann das Ganze verändern!

Mit der Existenz eines solchen Initiativ-Instruments wie der Volksinitiative hat jeder Mensch die Möglichkeit, Verantwortung für das Ganze zu übernehmen und etwas Vernünftiges einzubringen. Darin liegt das Vertrauen aller in allen. In jedem liegt das Potenzial zur genialen Idee – in der Volksinitiative die Möglichkeit, davon zu erfahren, im Volksbegehren, sie zu unterstützen und in der Volksabstimmung die verantwortliche Mehrheit, sie zu beschließen oder abzulehnen.

Oft wird die Frage gestellt, ob nicht die Gefahr bestünde, dass eine demokratische Mehrheit eine Gesellschaft in die Hölle führt. Umgekehrt stellt sich die Frage, ob ein Einzelner in der Lage ist, die Gesamtheit in paradiesische Zustände zu führen. Eine philosophische Frage ... Aber die Erfahrungen zeigen: So wenig wahrscheinlich es ist, dass ein Einzelner den paradiesischen Zustand für jeden hervorbringen kann, so unwahrscheinlich ist es, dass eine Mehrheit gemeinschaftlich die Hölle wählt.

Demokratien bauen darauf, dass im Zweifel die Mehrheitsentscheidung die annehmbarere ist. Gute Demokratien leben davon, dass sie von ihren Bürgern immer weiter entwickelt werden und die Bürger sich ebenso weiterentwickeln. Demokrat ist man nicht, Demokrat wird man. Demokrat werde ich, wenn ich überstimmt werde. Wenn ich die Meinung eines Andersdenkenden anhöre und mich dafür einsetze, dass er sie weiterhin äußern darf. Demokrat werde ich, wenn ich meine Position verlassen und eine andere einnehmen kann, aber auch ebenso eine Position überzeugend vertreten kann. Wobei wir wieder bei der politischen Kultur und dem Menschenbild angekommen wären.

Wir alle streben nach paradiesischen Zuständen. Erfahren zu müssen, dass es diese nicht gibt, ist schmerzvoll. Doch diese zu entwickeln, ist bereits das Paradies, ist ein Glücksgefühl.

In welcher Kultur werden wir dann morgen leben? – In der, die wir zu jeder Zeit in der Lage sind, neu zu kreieren. In solch einer Kultur ist der Einzelne nur so frei, wie er in der Lage ist, sich selbst zu folgen. Dies gilt auch für das Gemeinwohl, in dem jeder ein freier Schöpfer des Ganzen ist.

Also kommt es darauf an, die Bedingungen so zu verändern, dass die gesellschaftliche Beteiligung aller möglich wird. Dies aus der Mitte der Gesellschaft heraus zu fordern, ist bereits selbst ein kreativer Akt, der sich zivilgesellschaftlich formiert. Mehr Demokratie setzt sich dafür ein, dass die Bürgerinnen und Bürger auch außerhalb der Wahlen verbindlich beteiligt werden und sich selbst einbringen können. Hierzu machen wir Vorschläge für die Kommunen, Länder, den Bund oder die EU, die zum Teil umgesetzt und gängige Praxis sind.

Dass wir deutschlandweite Volksabstimmungen bekommen werden, bezweifelt heute weder die Fachwelt der Staatsrechtler und Politologen noch die Mehrheit der Politiker oder der Bevölkerung, es bleibt nur die Frage, *wann* wir sie bekommen. Für eine Grundgesetzänderung ist eine Zweidrittelmehrheit im Bundestag und Bundesrat erforderlich. Diese wurde im Jahr 2002 nur knapp verfehlt, als sich bei einer Abstimmung im Bundestag immerhin 63,6 Prozent für Volksabstimmungen aussprachen. Die fehlenden 2,4 Prozent machte gerade mal eine Handvoll Abgeordneter aus.

Doch auf ein demokratisches Fukushima sollten wir weder hoffen noch warten. Stattdessen sind wir gehalten, beharrlich die sachliche Debatte um den Gewinn der direkten Demokratie als Ergänzung zur repräsentativen Demokratie auf allen Ebenen stetig weiterzuführen. Es ist die einzige Chance, die Entwicklung voranzutreiben – und auch dafür stellt uns Paul Tiefenbach in diesem Buch eine Vielzahl von Fakten und Argumentationshilfen bereit.

Große Reformen brauchen ihre Zeit, bis sie von allen akzeptiert, gewollt und getragen werden. Die Arbeit von Mehr Demokratie ist als das demokratische Gewissen zu verstehen, welches uns stetig daran erinnert, unsere Demokratie weiterzuentwickeln, so wie wir auch alle anderen Gesellschaftsbereiche stetig weiterentwickeln. Denn wenn wir aufhören, die Demokratie zu entwickeln, fängt die Demokratie an aufzuhören.

Volksentscheide – neuer Schwung für die ermattete Demokratie oder ihr endgültiger Untergang?

Wer auf der Straße beziehungsweise auf dem Bürgersteig für ein politisches Anliegen wirbt und Passanten anspricht, wird in der Regel ignoriert und erntet sogar brüske Zurückweisung, weil die Bürger fürchten, man wolle ihnen etwas verkaufen. Das ändert sich nicht selten, wenn das Wort Volksentscheid fällt. »Ach, es geht um Volksentscheide? Ja, das ist eine vernünftige Sache.« Tatsächlich zeigen Umfragen, dass die große Mehrheit der Bevölkerung Volksentscheide positiv einschätzt. DER SPIEGEL veröffentlichte beispielsweise im Juli 2012 eine Umfrage, bei der 1.000 Personen befragt wurden, ob über wichtige Fragen des europäischen Einigungsprozesses im Volksentscheid entschieden werden solle. 74 Prozent waren dafür. Was versprechen sich die Bürger von Volksentscheiden?

Im Gespräch stellt sich oft heraus, dass die Angesprochenen der Meinung sind, die Politiker seien nicht nur unfähig, sondern auch mehr oder weniger korrupt. Die Parteien seien an unserem Unglück schuld. Könne das Volk selbst entscheiden, würde alles besser. Kurz: Man beobachtet eine Dämonisierung der politischen Klasse bei gleichzeitiger Glorifizierung des Volkes. Zweifellos ist an diesen Auffassungen etwas Richtiges, trotzdem stellen sie eine grobe Vereinfachung sowohl der Realität als auch der Möglichkeiten der direkten Demokratie dar. Dass Korruption in der Politik vorkommt, oft gar nicht mal als offene Bestechung, sondern eher als Vermittlung kleiner Vorteile, ist nicht zu bestreiten. Trotzdem wäre es Unsinn anzunehmen, alle Politiker seien bestechlich. Volksentscheide machen außerdem Parteien und Parteipolitiker nicht überflüssig. Es ist in den seltensten Fällen der einfache Mann auf der Straße, der den Volksentscheid ins Leben ruft. Es ist meist die Oppositionspartei. Und wenn es tatsächlich einmal ein Bürgerkomitee schafft, ein Volksbegehren zu initiieren, scheitert es meist, wenn nicht eine politische Partei mit ihrem Geld und ihrem Know-How zur Hilfe kommt.

Die Vorstellung, bei Volksentscheiden käme der Wille des Volkes gewissermaßen ungebrochen zum Durchbruch, unterstellt, dass es einen solchen einheitlichen Volkswillen tatsächlich gibt. Dies drückt sich auch in der beliebten Parole: »Wir sind das Volk« aus. In Wirklichkeit gibt es *das* Volk gar nicht. Die Interessenkonflikte gehen mitten durch die Bevölkerung. Das musste zum Beispiel die Bürgerbewegung gegen den Neubau des Stuttgarter Bahnhofs (*Stuttgart 21*) schmerzhaft erfahren. Es gelang ihr, das Projekt durch Demonstrationen zum Stillstand zu bringen. Es schien, als ob die Bürger mehr oder weniger geschlossen gegen die Regierung stünden. Das war jedoch ein Irrtum. Beim Volksentscheid stimmten die meisten Bürger für den Bahnhofsneubau.

Differenzierter Ausdruck des Wählerwillens

Der weit verbreiteten Zustimmung zur Einführung von Volksentscheiden haftet also nicht selten etwa Illusionäres an. Viele Verbitterte und Verärgerte erhoffen sich von ihnen die Lösung aller Probleme. Das leisten Volksentscheide nicht. Aber sie ermöglichen, den Volkswillen differenzierter auszudrücken als Wahlen. Gallup fragte über 1.000 Wähler in den USA nach ihrer Meinung zu 20 aktuellen Themen. Dabei stellte sich heraus, dass sich für bestimmte Positionen der Republikaner genauso Mehrheiten fanden wie für bestimmte Positionen der Demokraten. 82 Prozent befürworteten einen höheren Mindestlohn, 72 Prozent eine Meldepflicht für Waffen und 56 Prozent die Wiederaufnahme diplomatischer Beziehungen mit Kuba. Bei diesen Fragen gab es also eine eher linke Mehrheit. Es handelte sich dabei um Forderungen der Demokratischen Partei. Zugleich fanden sich aber ähnlich hohe Mehrheiten für typische Themen der Republikaner. So waren 85 Prozent dafür, die Quotierung nach Ethnien bei Einstellungen im öffentlichen Dienst wieder abzuschaffen, 78 Prozent waren für eine allgemeine Steuersenkung und 69 Prozent wollten, dass in öffentlichen Schulen gebetet werden kann (vgl. Verhuls/Nijeboer 2007: 83). Kein Parteiprogramm vereinigt alle diese Punkte. Egal welche Partei gewinnt, bei einigen Themen wird sie immer gegen den Mehrheitswillen der Amerikaner regieren.

Die Wähler können bei Wahlen nur für Programmpakete stimmen. Das Paket enthält viele Dinge, die sie wollen, aber auch etliche, die sie nicht bestellt haben. Nur Volksentscheide ermöglichen es, diese Programmpakete aufzuschnüren. Liberale Wähler können für die Demokraten stimmen, weil sie den Mindestlohn erhöht haben möchten. Sie müssen dann aber die so genannte positive Diskriminierung ethnischer

Minderheiten nicht einfach hinnehmen, sondern können bei einem Volksentscheid dagegen stimmen, sofern sie diese ablehnen. Was für den Parteipolitiker ein echtes Ärgernis ist, stellt für den Wähler einen Zugewinn an Demokratie dar. Das mindert Politik- und Parteienverdrossenheit. Unzufriedene Bürger können ihren Unmut in einer rein repräsentativen Demokratie nur ausdrücken, indem sie eine Protestpartei wählen. Werner J. Patzelt vergleicht das in der *Frankfurter Allgemeinen Zeitung* mit einer Chemotherapie: »Der ganze Körper wird mit Gift überschwemmt, weil man nirgendwo gezielt ansetzen kann.« (Patzelt 2011) Das chirurgisch gezielte Ansetzen genau am Problem selbst können aber plebiszitäre Instrumente leisten.

Neue Ideen ins Gespräch bringen

Darüber hinaus ist der Volksentscheid ein Mittel, die politische Tagesordnung mit neuen Vorschlägen und Ideen zu bereichern und damit zum »Agenda-Setting« beizutragen. Zwar braucht man dazu nicht unbedingt Volksentscheide: Demonstrationen, Unterschriftensammlungen oder Petitionen haben ebenfalls das Ziel, die politische Klasse mit politischen Forderungen zu befassen. Der Volksentscheid hat aber im Gegensatz hierzu den großen Vorteil, dass er ein ungleich größeres Druckpotenzial besitzt. Alle anderen politischen Mittel mit Ausnahme des Generalstreiks stellen lediglich Appelle dar, und die lautstarken Drohungen, die man zum Beispiel auf den Kundgebungen von Demonstrationen oft hört, sind hohl. Beim Volksentscheid dagegen werden wirklich Entscheidungen getroffen, die selbst dann Gültigkeit haben, wenn die gesamte politische Führungsschicht dagegen ist. Daher finden selbst sehr weitgehende und somit unrealistisch wirkende Forderungen ein ganz anderes Gehör, wenn sie mit der Initiative zu einem Volksentscheid verbunden sind. Dieser Effekt ist in der Schweiz, wo Volksentscheide gut bekannt sind, naturgemäß größer als in Ländern, wo es nie zu Volksentscheiden kommt.

In den norddeutschen Bundesländern, wo Volksentscheide bisher praktisch unbekannt waren, musste die politische Führungsschicht in den letzten zehn bis fünfzehn Jahren mehrmals die schmerzhafte Erfahrung machen, dass sie durch Volksentscheid zu Neuerungen gezwungen wurde, die sie vorher als völlig unsinnig und daher nicht weiter beachtenswert beiseite geschoben hatte. Dies war zum Beispiel bei den Initiativen für veränderte Wahlrechte in Hamburg und Bremen der Fall. Bei diesen neuen Wahlrechten können die Wähler schon auf die Kandidatenaufstellung der Parteien Einfluss nehmen. Insbesondere die großen Parteien fanden diese Vorstellung anfangs abwegig und waren zu keiner Reform bereit. Gut organisierten Initiativen gelang es aber mittels Volksbegehren, die gewünschten Veränderungen zu erzwingen.

Neue Akteure in der politischen Arena

Die Initiativen wurden damit zu neuen Mitspielern in der politischen Landschaft. Ein Verband, dem man zutraut, einen Volksentscheid zu erzwingen, wird von Regierung und Parlament als Gesprächspartner ernst genommen. Diese Verbände treten mit den Parteien in Verhandlungen, die Koalitionsverhandlungen nicht unähnlich sind. Sie lassen sich den Verzicht auf den Volksentscheid mit politischen Zugeständnissen bezahlen.

Das klappt besonders dann gut, wenn der betreffende Verband schon mehrmals Volksentscheide durchgeführt hat oder bereits die für ein Volksbegehren erforderlichen Unterschriften gesammelt hat. Es war dies in den letzten Jahren in Hamburg zu beobachten, wo der Verein *Mehr Demokratie*, gestützt auf mehrere erfolgreiche Volksbegehren und Volksentscheide, mit den Bürgerschaftsfraktionen Fragen des Wahlrechts und der Direktdemokratie aushandelte.

Der Effekt, dass Initiativen von den Parteien zu Gesprächen gebeten werden, wenn es zu politischen Veränderungen in einem Bereich kommen soll, der sie betrifft, ist aus der Schweiz schon lange gut bekannt. Allerdings gelingt dies nur Initiativen und Verbänden, die hochkompetent und finanzstark sind, Gewerkschaften zum Beispiel. Denn die Unterschriften für die Einleitung eines Volksentscheids zu sammeln und eine überzeugende Abstimmungskampagne zustande zu bekommen, ist nicht einfach und auch nicht billig.

Volksentscheide heben das politische Niveau

Ein oft gehörtes Argument gegen Volksentscheide ist, dass die Bürger zu uninformiert seien. Man fragt sich, wie dumme Wähler dann in der Lage sein sollen, unter diversen komplexen Parteiprogrammen bei der Wahl das richtige herauszufinden. Aber unabhängig davon übersieht das Argument des uninformierten Bürgers, dass Volksentscheidskampagnen ein politisches Bildungsprogramm par excellence sind. Die Möglichkeit, über bestimmte Fragen abzustimmen, motiviert nämlich, sich mit diesen Themen zu befassen, umso mehr, weil der anstehende Volksentscheid zu Diskussionen im Fernsehen und zu Artikeln verschiedener Couleur in der Presse führt. Die Bürger haben so die Möglichkeit, verschiedene Standpunkte kennen zu lernen. Indem sie sich eine Meinung bilden, bilden sie sich politisch weiter.

Tatsächlich unterscheiden sich Volksentscheidskampagnen von Wahlkampagnen, obwohl sie diesen in der Form ähneln und beispielsweise Plakatwerbung wie bei Wahlen stattfindet. Während aber bei Wahlen stark die Persönlichkeit der Spitzenkandidaten ins Blickfeld rückt – wie ist er oder sie gekleidet, wie schlagfertig wurde reagiert, wie sicher oder unsicher ist der Kandidat in der Öffentlichkeit? – und von den politischen Inhalten oft abgelenkt wird, stehen bei Volksentscheidskampagnen die Sachfragen im Zentrum. Obwohl auch bei solchen Kampagnen emotionale Elemente eine Rolle spielen, ist das Element der Sachrationalität höher als bei Wahlkampagnen.

Wenn – wie zum Beispiel in Niedersachsen oder Bayern der Fall – zehn Prozent der Bevölkerung für ein Volksbegehren unterschreiben müssen, heißt das, dass die Betreiber des Volksbegehrens mit etwa zwanzig Prozent der Gesamtbevölkerung über das Thema reden müssen, um den fraglichen Sachverhalt zu erklären. Das ist politische Bildung pur. Eine so hohe Zahl von Bürgern wird weder bei Demonstrationen noch in Volkshochschulen erreicht.

Volksentscheide versachlichen die politische Debatte

Abgesehen vom Kenntnisgewinn wird auch in anderer Hinsicht das Niveau gehoben. Politische Konflikte nehmen nicht selten den Charakter von Glaubenskriegen an, bei denen der Staat als Feindbild allgegenwärtig ist, während Protestbewegungen sich gern daran berauschen, relativ große Menschenmengen auf einem relativ kleinen Platz zu versammeln und sich so als demokratische Mehrheit zu sehen. Die Abstimmung kann auch Protestbewegungen helfen, wieder auf den Boden der Tatsachen zurückzukehren. Die Volksabstimmung macht aus dem Krieg zwischen Staat und Bürgern eine ganz normale Sachentscheidung.

Ein guter Teil der Bürgerschaft, häufig als schweigende Mehrheit bezeichnet, duckt sich ohnehin gerne weg und beschränkt sich darauf, über die Regierung zu meckern. Sei es wegen zu großer Nachgiebigkeit gegenüber den Demonstranten, sei es wegen ihrer Unflexibilität und Sturheit. Oder man schimpft auf die Demonstranten wegen Störung der öffentlichen Ordnung. So ein Zuschauerverhalten ist unfair gegenüber den Demonstranten wie gegenüber den Regierungen und einer entwickelten Demokratie nicht würdig. Eine Abstimmung gibt der schweigenden Mehrheit die Möglichkeit, selbst Stellung zu beziehen, und verpflichtet sie sogar, jedenfalls moralisch, dazu.

Während es in Deutschland üblich ist, auf die Politiker zu schimpfen und ihre Faulheit und Inkompetenz für alles Schlechte verantwortlich zu machen, ist den Schweizern dieser bequeme Weg versperrt. Denn die Bevölkerung entscheidet hier selbst, zumindest in wichtigen Fragen. Und wer kritisiert sich schon gerne selbst?

Volksentscheide sind eine gute Medizin, um unsere kranke Demokratie zu kurieren. Eine Medizin allerdings, die auch Risiken und Nebenwirkungen aufweist. Auch von diesen handelt dieses Buch. Seit meinem Eintritt in den *Verein Mehr Demokratie e.V.* vor zehn Jahren halte ich Volksentscheide für eine richtige, in einem hoch entwickelten und gebildeten Land wie Deutschland überfällige Weiterentwicklung der Demokratie. Im Laufe der Jahre ist allerdings eine gewisse anfängliche Blauäugigkeit geschwunden. Die Vorteile überwiegen, aber Volksentscheide haben auch Nachteile. Sie benachteiligen in der Regel gesellschaftliche Minderheiten. Sie führen zwar nicht zur Einführung der Todesstrafe, aber zu härteren, manchmal sogar sinnlos harten Strafen.

Neben Volksentscheiden als dem Kernelement direkter Demokratie wird auch von Internetdemokratie, von Bürgerhaushalten und der Direktwahl von Repräsentanten die Rede sein. Dies sind Wege einer Weiterentwicklung der Demokratie, die oft als Alternative zu Volksentscheiden genannt werden, aber höchstens als Ergänzung taugen. Wir brauchen über die Wirkungen und Nebenwirkungen von Volksentscheiden nicht zu spekulieren. Wir können uns auf Erfahrungen stützen. Denn es gibt Länder, in denen seit mehr als hundert Jahren regelmäßig Volksentscheide stattfinden. Das ist zunächst einmal die Schweiz.

Direkte Demokratie funktioniert – das Schweizer Beispiel

Die Schweiz nimmt innerhalb Europas und sogar auf der ganzen Welt eine Sonderrolle ein. Sie ist eines der reichsten Länder. In allen internationalen Vergleichen steht die Schweiz relativ gut da. Sie hat eine vergleichsweise gute Schul- und Universitätsausbildung und ein funktionierendes Gesundheitssystem. Ihre Kriminalitätsrate ist eher gering, lange Zeit kannte die Schweiz keine Arbeitslosigkeit, und noch immer ist ihre Quote im europäischen Vergleich niedrig. Obwohl geografisch mitten im Geschehen, gelang es den Schweizer Politikern, ihr Land aus beiden Weltkriegen herauszuhalten. Auch an Kolonialkriegen war die Schweiz nicht beteiligt, hatte sie doch selbst gar keine Kolonien, was auch mit fehlendem Zugang zum Meer zu tun hat. Doch nicht nur der Meereszugang fehlt, auch besonderer Reichtum an Bodenschätzen zeichnet die Schweiz nicht aus. Als Bergland hat sie mit klimatischen Schwierigkeiten zu kämpfen und muss erhebliche Mittel für die Schaffung und den Erhalt ihrer Infrastruktur ausgeben, zum Beispiel im Tunnelbau für Straßen und Schienenwege. Es kommt hinzu, dass die Bürger keine gemeinsame Sprache sprechen. Es gibt vier Amtssprachen. Angesichts dieser Schwierigkeiten ist das gute Funktionieren der Schweiz erstaunlich. Es scheint, dass die Schweiz gut regiert wird. Sollte das mit ihrem besonderen politischen System zu tun haben?

Das politische System der Schweiz scheint zunächst dem deutschen durchaus ähnlich zu sein. Es gibt Parteien, ein Parlament (Nationalrat) und eine Regierung (Bundesrat). Daneben gibt es ähnlich wie in Deutschland Bundesländer (Kantone), die wiederum Parlamente und Regierungen haben. Die Kantone haben ein eigenes Gremium mit Vetorechten auf Bundesebene, den *Ständerat*, vergleichbar mit dem deutschen Bundesrat. Allerdings haben alle diese Gremien im tatsächlichen politischen Leben nicht die gleiche hohe Bedeutung wie in Deutschland. Wer kennt schon den Namen eines Schweizer Politikers? Die Abgeordneten arbeiten nur nebenberuflich als Parlamentarier, selbst im Nationalrat gehen sie neben ihrer Mandatstätigkeit noch einem Beruf nach. Unvorstellbar in Deutschland, wo die Bundestagsabgeordneten und außer in Bremen und Hamburg auch die Landtagsabgeordneten Berufspolitiker sind und ihrerseits sogar noch Mitarbeiter anstellen.

Aber die Schweizer Abgeordneten entscheiden über wichtige Fragen in der Regel ja auch nicht allein. Zwar werden auch in der Schweiz wichtige Beschlüsse zu allen Themen im Parlament gefasst, jedoch kann die Bevölkerung häufig darüber abstimmen, und nur wenn sie zustimmt, treten die Parlamentesbeschlüsse in Kraft. Direktdemokratie heißt also nicht, dass es keine Parlamente gäbe, sondern nur, dass als zusätzliche Kontrolle Volksentscheide stattfinden. Diese können Parlamentsbeschlüsse aufheben (»Referendum«), oder etwas Neues beschließen, was das Parlament nicht wollte (»Volksinitiative«).

Volksentscheide werden in der Schweiz seit dem Juni 1802 praktiziert. Damals wurde über die Helvetische Verfassung abgestimmt. 92.423 Bürger stimmten mit Nein, 72.453 mit Ja. Trotzdem galt die Verfassung als angenommen, da man die 167.172 Nichtwähler den Ja-Stimmen zurechnete. Man verfuhr nach der Regel *Qui tacet, consentire videtur*: Wer schweigt, scheint zuzustimmen. Die Schweiz war aber nicht das erste Land, in dem per Volksentscheid über eine Verfassung abgestimmt wurde.

Bereits vorher hatten verschiedene Staaten Amerikas über ihre Verfassungen per Volksentscheid beschlossen und nach der Französischen Revolution wurde auch in Frankreich 1793 eine Verfassung per Volksentscheid verabschiedet. Tatsächlich waren und sind in vielen Staaten gerade die Verfassungen Gegenstand von Volksentscheiden. Das ist auch sinnvoll. In Verfassungen wird festgehalten, nach welchen Regeln das Volk als Souverän die Bildung der Regierung an Vertreter überträgt und welche Rechte diese Vertreter haben. Es ist daher beinahe zwingend, diese grundlegenden Bestimmungen auch vom Volk als Souverän selbst treffen zu lassen.

Ist aber die Verfassung erst vom Volk verabschiedet, sollten logischerweise auch Änderungen der Verfassung in seiner Hand liegen. Man spricht in diesem Fall vom *obligatorischen Verfassungsreferendum*: Das Parlament ist verpflichtet – daher der Begriff obligatorisch –, alle Änderungen an der Landesverfassung per Volksentscheid bestätigen zu lassen. Dieses obligatorische Verfassungsreferendum ist gewissermaßen der Grundbestandteil der direkten Demokratie. Wir finden es nicht nur in der Schweiz, sondern in vielen Staaten. Sogar in Deutschland, wo die Verfassung nicht von der Bevölkerung beschlossen wurde, gibt es das Verfassungsreferendum in zwei Länderverfassungen, nämlich in

Bayern und Hessen. In Bremen wurde es in den 1990er Jahren abgeschafft – durch einen Volksentscheid.

Soweit ist also das Schweizer Volksentscheidsrecht keineswegs einmalig. Was die Schweiz nun aber von anderen Staaten unterscheidet, ist, dass zum obligatorischen Verfassungsreferendum zahlreiche weitere Volksrechte hinzukamen. Die Entwicklung ging in der ersten Hälfte des 19. Jahrhunderts von den Kantonen aus.

In zahlreichen Kantonen der Schweiz regierte die liberale Partei. Schon damals zeichneten sich Liberale durch engste Verbindungen zur Wirtschaft aus, und es entstand ein System der Verfilzung zwischen Wirtschaftsinteressen und Politik. Das zentrale wirtschaftliche Projekt war damals der Eisenbahnbau, der mit den in der Schweiz nötigen Tunneln und Brücken eine enorme Investition erforderte. Korruption wurde zu einem ernsten Problem. Politik und Wirtschaft arbeiteten Hand in Hand, Steuergelder wurden zweckentfremdet und landeten in privaten Taschen. Das sorgte für Unmut unter den Bürgern. Proteste brachten eine Reform des politischen Systems auf den Weg. Es wurden zahlreiche neue Volksrechte eingeführt, zunächst in den Kantonen.

Später kam es auch zu Verfassungsänderungen auf Bundesebene. 1874 wurde das *fakultative Referendum* eingeführt, 1891 folgte die *Volksinitiative*. Fakultatives Referendum heißt: Nicht nur über Verfassungsänderungen, sondern über jedes vom Parlament beschlossene Gesetz kann ein Volksentscheid stattfinden. Allerdings muss dies eine bestimmte Anzahl Bürger per Unterschrift fordern. Volksinitiative heißt, dass es vorher keinen Parlamentsbeschluss gab, sondern die Bürger selbst einen Vorschlag machen. Auch hierfür müssen sie Unterschriften sammeln, damit es zur Abstimmung kommt.

Klar, man denkt bei direkter Demokratie in der Schweiz natürlich zunächst an Volksentscheide. Es sei aber erwähnt, dass die Schweiz auch ein recht raffiniertes Wahlrecht hat, das den Bürgern viel mehr Einfluss auf die Zusammensetzung der Parlamente gibt als die Wahlrechte der meisten anderen europäischen Länder. Hierauf werde ich später noch zu sprechen kommen. Außerdem praktizieren zwei Kantone, Glarus und Appenzell Innerrhoden, nach wie vor die ursprünglichste Form der Direktdemokratie, die Versammlungsdemokratie. Die Bürger treffen sich auf dem Marktplatz und stimmen über wichtige Dinge ab. Auch in einem dritten Kanton, Appenzell Ausserrhoden, hat sich die Versammlungsdemokratie lange gehalten. Sie wurde dort aber 1997 abgeschafft.

Diese *Landsgemeinde*, wie die Schweizer die Bürgerversammlung nennen, sieht so aus: Die wahl- und stimmfähigen Bürger eines Kantons versammeln sich an einem bestimmten Tag – in Appenzell ist es der letzte Sonntag im April – unter freiem Himmel, um die Regierung zu wählen (nur in Appenzell) und über Gesetze und Ausgaben zu entscheiden (Appenzell Innerrhoden und Glarus). Jeder, der will und sich traut, kann das Wort ergreifen. Zum Abstimmen wird die Hand gehoben. Männer, die über das Seitengewehr, eine Art Degen (Bajonett), verfügen, können dies in Appenzell Innerrhoden auch hochheben. Das Ganze ist ein feierlicher Event, mit Blasmusik und marschierenden Soldaten.

Natürlich funktioniert eine solche Versammlungsdemokratie nur in kleinen Kantonen. Der Kanton Glarus zum Beispiel hat 38.000 Einwohner, von denen üblicherweise 6.000 bis 8.000 an der Landsgemeinde teilnehmen. Viel mehr würden auch nicht auf den Marktplatz passen. So eine Versammlung aller Bürger wirkt urdemokratisch, aber bei Licht betrachtet ist sie kein ernstzunehmendes Element von Demokratie. Sie begünstigt diejenigen, die Zeit haben, in der Nähe wohnen und über eine hohe Frustrationstoleranz verfügen. Immerhin müssen die meisten Anwesenden stundenlang stehen, unter Umständen sogar im Regen oder Schneegestöber. Sitzplätze gibt es nur für Alte und Gebrechliche.

Theoretisch kann natürlich jeder das Wort ergreifen, faktisch ist das aber bei einer Teilnehmerzahl von einigen Tausend undenkbar. Die Auszählung der Stimmen ist außerdem ungenau, ein Abstimmungsgeheimnis existiert naturgemäß nicht. Bürgerversammlungen mögen in sehr kleinen Gemeinden eine demokratische Einrichtung sein, in Städten oder gar Bundesländern sind sie zweifellos keine gute Idee. Die Reisewege wären viel zu lang, außerdem gibt es keine Plätze in ausreichender Größe, um beispielsweise alle Stimmbürger des Landes Bayern zu versammeln. Selbst das Münchener Fußballstadion würde nur einen Bruchteil der fast 13 Millionen Bayern fassen. Vergessen wir daher die Versammlungsdemokratie und wenden wir uns wieder den Volksentscheiden zu. Sie finden in der Schweiz auf allen politischen Ebenen statt, im Bund, in den Kantonen und in Gemeinden.

Auf der Bundesebene sind es im Wesentlichen drei Arten von Volksentscheiden:

Zunächst einmal das schon erwähnte *obligatorische Referendum*. Es muss, wie gesagt, zwingend stattfinden und wird automatisch eingeleitet nach einem Parlamentsbeschluss über eine Verfassungsänderung und bei Beitritten zu internationalen Organisationen wie UNO, NATO oder EU sowie bei Austritten aus diesen. Die Schweizer Regierung und das Parlament könnten also nicht einfach per Beschluss der Europäischen Union beitreten, sie müssten diese Entscheidung dem Volk vorlegen. In den Jahren 1981 bis 2008 gab es 69 obligatorische Referenden, also im Durchschnitt zwei bis drei pro Jahr. In drei Vierteln der Fälle akzeptierte die Bevölkerung den Parlamentsbeschluss, stimmte also zu.

Themen waren zum Beispiel die Senkung des Wahlalters auf 18 Jahre. Sie wurde 1979 zunächst abgelehnt, dann aber in einem zweiten Anlauf 1991 angenommen. Ähnlich war es beim Beitritt zur UNO: 1986 mit großer Mehrheit abgelehnt, 2002 angenommen. Die erleichterte Einbürgerung von Ausländern wurde 1994 von der Bevölkerung mehrheitlich befürwortet, trotzdem scheiterte die Vorlage am so genannten *Ständemehr*. Dieser merkwürdige Begriff bedeutet, dass auch die Mehrheit der Stände, damit sind hier die Kantone gemeint, einer Vorlage zustimmen muss. So wie in Deutschland der Bundesrat vielen vom Bundestag beschlossenen Gesetzen zustimmen muss, muss in der Schweiz bei Verfassungsänderungen, »dringlichen Bundesgesetzen« und Beitritt zu internationalen Organisationen nicht nur die Gesamtbevölkerung mehrheitlich dafür sein, sondern auch in der Mehrheit der Kantone muss eine Mehrheit dafür stimmen. Viele kleine Kantone können also verhindern, dass eine Handvoll bevölkerungsreicher Kantone eine Entscheidung durchsetzt. Neben dem obligatorischen gibt es das *fakultative Referendum*. Ein Volksentscheid über einen Parlamentsbeschluss findet statt, wenn in drei Monaten 50.000 Unterschriften dafür gesammelt werden. Der Unterschied zwischen obligatorischem und fakultativen Referendum ist also, dass letzteres nicht immer stattfindet, sondern nur, wenn interessierte Bürger aktiv werden und Unterschriften sammeln. Unterschriftensammeln ist das auf der ganzen Welt übliche Verfahren zur Beantragung von Volksentscheiden, sofern sie nicht obligatorisch sind oder vom Parlament selbst angesetzt werden. Um zu sehen, ob wirklich ein relevanter Teil der Bevölkerung über eine Frage abstimmen will, müssen sich Bürger auf amtlich genehmigten Bögen mit Name und Adresse eintragen. Wenn die erforderliche Anzahl zusammenkommt, was genau überprüft wird, findet nach einigen Monaten oder sogar Jahren die eigentliche Abstimmung statt.

Gegen dieses Verfahren selbst ist wenig einzuwenden. Es ist aber offensichtlich, dass die Anzahl der zu sammelnden Unterschriften und die sonstigen Modalitäten, zum Beispiel die Zeit, die zum Sammeln zur Verfügung steht, dabei eine wichtige Rolle spielen. In vielen Ländern und den meisten deutschen Bundesländern ist diese »Unterschriftenhürde« sehr hoch, sodass die erforderliche Anzahl kaum je zustande kommt und dementsprechend nie ein Volksentscheid stattfindet. In den meisten Bundesländern müssen zehn Prozent der Wahlberechtigten oder noch mehr unterschreiben. Die Zahl von 50.000 Unterschriften, die in der Schweiz für ein Referendum gesammelt werden müssen, entspricht dagegen weniger als einem Prozent aller Wahlberechtigen und ist im Vergleich mit den Unterschriftshürden in allen anderen Ländern sehr niedrig.

Zu allen vom Parlament beschlossenen Gesetzen und zu Entscheidungen »von gesetzgeberischer Tragweite« können die Schweizer Bürger die Abhaltung eines Referendums fordern. Tatsächlich geschieht dies bei sechs bis sieben Prozent aller derartigen Beschlüsse des Parlaments. Anders gesagt: Über 90 Prozent aller Parlamentsbeschlüsse nehmen die Bürger also hin. Sind allerdings die notwendigen Unterschriften einmal gesammelt und kommt es zum Referendum, wird die Entscheidung des Parlaments oft aufgehoben. Anders als beim obligatorischen Referendum ist die Regierung beim fakultativen Referendum nicht selten der Verlierer. Klar, es handelt sich stets um problematische Themen, sonst wäre es gar nicht erst zum Unterschriftensammeln gekommen. Insgesamt verlor die Regierung seit 1848 45 Prozent aller fakultativen Referenden.[2] 1994 zum Beispiel hatte das schweizerische Bundesparlament, der Nationalrat, dafür votiert, dass sich die Schweiz an Blauhelmeinsätzen der Vereinten Nationen beteiligen solle. Eine Initiative leitete ein Referendum ein und hatte Erfolg. Der Beschluss des Parlaments wurde von der Bevölkerung wieder aufgehoben. Ähnliches geschah 1996, als das Parlament Kürzungen bei der Arbeitslosenversicherung einführen wollte. Auch dieser Beschluss wurde von der Bevölkerung wieder rückgängig gemacht.

Die dritte wichtige Form von Volksentscheiden auf nationaler Ebene ist die »*Volksinitiative*«. Während beim Referendum – egal ob obligatorisch oder fakultativ – die Aktivität *von oben* ausgeht und das Thema der Abstimmung immer ein Beschluss des Parlaments ist, geht bei der Volksinitiative der Impuls von unten aus. Die Unterschriftenhürde ist höher, aber auch die Sammelzeit länger: es müssen 100.000 Unterschriften in

---

[2] www.swissvotes.ch/db/votes/statistic (Zugriff 22.2.2013).

18 Monaten gesammelt werden. Dies sind weniger als zwei Prozent der Wahlberechtigten. Zum Vergleich: In Bayern müssen sich zehn Prozent aller Wahlberechtigten innerhalb von 14 Tagen zu einem Amt begeben und dort unterschreiben, damit es zum Volksentscheid kommt.

Ebenso wie in Deutschland müssen also in der Schweiz vor dem Volksentscheid Unterschriften gesammelt werden. Nur, dass es viel weniger Unterschriften sind und dafür mehr Zeit zur Verfügung steht. Ein großer Unterschied zwischen den beiden Ländern ist aber, dass es in der Schweiz kein Abstimmungsquorum beim Volksentscheid selbst gibt. Es muss also nicht eine bestimmte Mindestzahl von Bürgern teilnehmen, damit die Abstimmung gültig ist. Sie ist immer gültig, egal wie viele Bürger teilnehmen, so wie eine Wahl. In den meisten deutschen Bundesländern ist das anders. Hier ist ein Volksentscheid nur bei einer gewissen Mindestbeteiligung gültig.

Eine Volksinitiative kann als Gesetz oder als »allgemeine Anregung« gefasst sein. Sie muss sich jedoch immer auf eine Verfassungsänderung richten. Volksinitiativen unterhalb der Verfassungsebene kennt die Schweiz merkwürdigerweise auf Nationalstaatsebene nicht, nur in den Kantonen. In der Praxis hat dies wenig Auswirkungen. Es führt lediglich dazu, dass Sachverhalte, die in den meisten Ländern in einem einfachen Gesetz geregelt werden, in der Schweiz in der Verfassung auftauchen. Es dauert übrigens ziemlich lange, bis es nach einer Volksinitiative wirklich zur Abstimmung kommt. Zwischen Beginn der Unterschriftensammlung und Volksentscheid können unter Umständen mehr als vier Jahre vergehen. Auch die Erfolgsquote ist recht gering. Angenommen werden etwa zehn Prozent. Das sieht recht mager aus, aber dieser Eindruck täuscht.

Volksinitiativen, die angenommen wurden, hatten teilweise erhebliche Auswirkungen auf die Schweizer Politik. Beispielsweise wurde 1990 ein Moratorium des Baus von Atomkraftwerken beschlossen, das noch immer in Kraft ist. 1998 wurde die »Alpeninitiative« beschlossen, die den Transitverkehr durch die Alpen verstärkt auf die Schiene verlagern soll und riesige Investitionen zum Beispiel in neue Eisenbahntunnel nach sich zog. Es kommt hinzu, dass Volksinitiativen unbestritten auch dann Effekte haben, wenn sie abgelehnt werden, so genannte *indirekte Effekte*. Dies kann der Fall sein, wenn die Regierung der Initiative gewissermaßen den Wind aus den Segeln nimmt, indem sie ihr ein Stück entgegenkommt. Dann wird die Initiative zwar abgelehnt, ein Teil ihrer Forderungen ist aber schon erfüllt.

Ein Beispiel unter vielen: 2006 wurde eine Volksinitiative abgestimmt, die vorsah, der Rentenversicherung finanziell unter die Arme zu greifen, indem man ihr den Zugriff auf die Gewinne der Nationalbank einräumte. Die Vorlage wurde abgelehnt. Als generelle Regelung wollte die Bevölkerung das nicht. Die Regierung erklärte sich aber bereit, die hohen Gewinne der Nationalbank einmalig, nämlich im Abstimmungsjahr, an die Rentenversicherung zu überweisen. Obwohl abgelehnt, hatte die Initiative also sehr wohl einen, wenn auch begrenzten, Effekt.

Manchmal geht es einer Initiative auch nur darum, die Diskussion über ein Tabuthema in Gang zu bringen. So gab es zum Beispiel 1989 eine Volksinitiative, die die völlige Abschaffung der Schweizer Armee forderte. Sie wurde abgelehnt, erhielt aber beachtliche 36 Prozent Ja-Stimmen. Viele Bürger fingen plötzlich an, sich über die Höhe der Militärausgaben Gedanken zu machen. Und die Regierung reagierte auf die geänderte Einstellung der Bürger zum Militär.

Walter Wittmann, einer der wenigen Schweizer Kritiker der direkten Demokratie, stellt frustriert fest: »Die Initiative ... blieb aber nicht ohne nachhaltige Auswirkungen auf die Militärausgaben. Die ›geistige‹ Einstellung zur Landesverteidigung hat sich substanziell bis grundlegend verändert... (Es) ist nicht auszuschließen, dass spätere Rüstungskredite teilweise oder ganz verweigert werden.« (Wittmann 2001: 114, 136) Obwohl die abgelehnte Initiative in der Statistik also unter den Misserfolgen geführt wird, hatte sie in der Praxis doch durchaus einen Effekt.

Volksentscheide werden oft von Oppositionsparteien ins Leben gerufen. Sie wollen der Regierung das Leben schwer machen, in der Hoffnung, dass es vielleicht sogar zu Neuwahlen kommt. Um zu verhindern, dass Parteien das politische Geschehen durch immer neue Volksentscheide zum Erliegen bringen, ist es in der Schweiz üblich, die vier großen Parteien in die Regierung einzubinden. In Deutschland würde man von Allparteienregierung sprechen, der Schweizer nennt es Konkordanzprinzip. Nicht alle Parteien halten sich aber an die Regel, im Gegenzug für die Aufnahme in die Regierung auf Volksentscheide zu verzichten. Die rechtskonservative Schweizerische Volkspartei (SVP), stärkste Partei der Schweiz, unterstützt regelmäßig Volksinitiativen oder bringt sie sogar selbst auf den Weg. Allerdings hat sie bei Volksentscheiden weniger Erfolg als bei Wahlen. Ihre beiden 2008 gestarteten Initiativen *Für demokratische Einbürgerungen* und *Volkssouveränität statt Behördenpropaganda* wurden beide abgelehnt.

Die Initiative *Für demokratische Einbürgerungen* wollte Gemeinden das Recht zurückgeben, die Bürger über jeden einzelnen Antrag auf Einbürgerung abstimmen zu lassen. In der Realität ist es aber natürlich so, dass die Schweizer Bürger die einbürgerungswilligen Ausländern gar nicht persönlich kennen können, es sei denn, es handelt sich um ein winziges Dorf. Es wird dann also nach der Papierform entschieden: Ibrahmovic, Hilfsarbeiter aus Bosnien, nein, danke. Dr. Schulz, Arzt aus Deutschland – na gut. Diese problematische Praxis war den Gemeinden untersagt worden. Die SVP wollte sie wieder ermöglichen. Das wirkt eigentlich sehr populär oder populistisch – die Bevölkerungsmehrheit war trotzdem dagegen.

Auch die zweite Initiative *Volkssouveränität statt Behördenpropaganda* wurde von den Schweizern abgelehnt. Regierung und Parlament sollten daran gehindert werden, mit Meinungsäußerungen auf Abstimmungen Einfluss zu nehmen. 75 Prozent der Abstimmenden hielten das für überflüssig. Erfolge einer populistischen Partei bei Wahlen garantieren also keineswegs automatische Erfolge bei Volksentscheiden.

Erfolgreich war die SVP aber 2009 und 2010 mit zwei Initiativen zum Themenbereich Minderheiten. 2009 gewann die vielbeachtete *Minarett-initiative* eine Mehrheit, die den Bau von Minaretten neben Moscheen verbot. Und 2010 beschlossen 52 Prozent der Abstimmenden, dass Ausländer bei bestimmten Straftaten, zu denen auch missbräuchlicher Bezug von Sozialhilfe zählt, generell auszuweisen sind, selbst dann, wenn ihnen in ihrem Heimatland Folter und Todesstrafe drohen. Bei Ausländern und anderen Minderheiten kommt es nicht selten zu problematischen Beschlüssen in Volksentscheiden. Ich komme darauf im Kapitel über Minderheitenrechte in der direkten Demokratie (»Volkes Stimme: Ausländer, Juden und Schwule raus?«) noch ausführlich zu sprechen.

Es stecken oft, aber keineswegs immer, Parteien hinter den Volksentscheiden. Es kommt in der Schweiz durchaus vor, dass kleine Graswurzelinitiativen ohne Unterstützung von Gewerkschaften und großen Parteien und ohne Großspender eine nationale Initiative starten und gewinnen. Dies war beispielsweise bei der Initiative *Lebensmittel aus gentechnikfreier Landwirtschaft* der Fall. Als Sponsoren führt sie auf ihrer Website auf: BAER Weichkäserei AG, Echt Bio, Naturata, Lindmühle, Weinhandlung am Küferweg – wahrlich keine Großinvestoren. Unterstützt wurde die Initiative weiterhin von den Grünen, Greenpeace, WWF und diversen kleinen Ökoverbänden. Fünfzehn Abgeordnete des Nationalparlaments aus sechs verschiedenen Parteien waren noch dabei, ein buntes Bündnis, aber kein wirklich großer Unterstützer. Trotzdem erreichte die Initiative bei der Abstimmung 2005 56 Prozent Ja-Stimmen und setzte damit unter anderem ein befristetes Verbot der Aussaat genmanipulierten Saatguts und der Genmanipulation an Tieren durch.

Die Volksinitiative wird gelegentlich als *Gaspedal* der Politik bezeichnet, weil sie den Effekt hat, neue Themen auf die Agenda zu setzen und von der Regierung ungewollte Veränderungen durchzusetzen. Das Referendum gilt dagegen als *Bremse*. Ein erfolgreiches Referendum bewirkt die Ablehnung einer Parlamentsvorlage und bestätigt damit den Status quo. Das Referendum hat in diesem Sinne immer einen konservativen Effekt, was nicht heißen muss, dass es politisch rechts ist. Wenn das Referendum beispielsweise Kürzungen bei der Arbeitslosenversicherung verhindert, ist es eher links. Der konservative Charakter des Referendums wurde aber besonders deutlich durch die späte Einführung des Frauenstimmrechts in der Schweiz. Auch hierauf komme ich später ausführlicher zu sprechen.

Die direkte Demokratie in der Schweiz ist sicherlich eine Erfolgsgeschichte. Natürlich findet man auch Kritiker. Aber die Kritik bezieht sich meist auf die Menge der Abstimmungen oder auf gewisse Übertreibungen, wie zum Beispiel Abstimmungen über jeden Einzubürgernden. Ganz abschaffen will wohl kaum ein Schweizer die Volksentscheide. Jedenfalls ist mir noch keiner begegnet. Auch die Parteien wagen nicht, etwas gegen die direkte Demokratie zu sagen. Univox, ein Schweizer Forschungsinstitut, weiß aus Befragungen: »Die in der Schweiz bestehende Möglichkeit, dass über praktisch alle politischen Sachfragen Volksabstimmungen durchgeführt werden können, wird von den Bürgerinnen und Bürgern sehr geschätzt. Viele von ihnen möchten diese im internationalen Vergleich bereits sehr weit gehenden Instrumente noch weiter ausbauen. Dieser Wunsch nach einer Stärkung der direktdemokratischen Institutionen wird von 25 Prozent der Befragten geäußert und hat damit leicht abgenommen. Eine deutliche Mehrheit von 58 Prozent spricht sich für den Status quo aus. Für eine Einschränkung der Volksrechte plädieren, wie seit 2000 unverändert, weniger als 10 Prozent.« (Hirter 2008)

The power of money: Direkte Demokratie in den USA

Dass in der Schweiz viel abgestimmt wird, ist allgemein bekannt. Weniger bekannt ist allerdings, dass es noch ein zweites Land gibt, in dem die Bürger regelmäßig an die Urnen gerufen werden: die USA. Direkte Demokratie gibt es in den USA seit dem Beginn des 20. Jahrhunderts. 1904 startete zunächst Oregon mit Volksentscheiden, 1911 folgte Kalifornien. Andere Bundesstaaten schlossen sich nach und nach an. Verfassungsänderungen müssen inzwischen in allen Bundesstaaten der USA außer in Delaware per Volksentscheid beschlossen werden, in 24 der 50 Bundesstaaten gibt es außerdem die Volksinitiative und das fakultative Referendum. Der Hintergrund der Entstehung der direkten Demokratie in den USA war ähnlich wie in der Schweiz die Verfilzung von Politik und Wirtschaft im Zusammenhang mit dem Eisenbahnbau. Der New Yorker Journalist John W. Sullivan hatte Ende des 19. Jahrhunderts die Schweiz bereist und über das, was er dort politisch kennen lernte, ein kleines Buch verfasst. Es verkaufte sich in Oregon und Kalifornien bald besser als die Bibel.

Ein großer Unterschied zwischen der Schweiz und den USA besteht darin, dass dort nur in den Bundesstaaten abgestimmt werden kann, nicht aber auf nationaler Ebene. Darin ähneln die USA Deutschland. Auch in Deutschland gibt es bekanntlich in den Bundesländern die meist allerdings sehr eingeschränkte Möglichkeit, Volksentscheide zu machen – auf Bundesebene aber (fast) überhaupt nicht. Themenbereiche wie Außenpolitik und Verteidigungspolitik sind also in den USA für Volksentscheide tabu, denn dieser Teil der Politik findet auf Bundesebene statt. Andererseits sind diverse Bundesstaaten der USA für sich genommen viel größer, bevölkerungsreicher und wirtschaftlich stärker als die Schweiz. Kalifornien beispielsweise ist in der Fläche größer als Deutschland, hat fast 40 Millionen Einwohner und würde, wäre es ein selbständiger Staat, nach seiner Wirtschaftskraft auf Platz acht in der Welt stehen. Schon weil man gelegentlich das völlig unsinnige Argument hört, direkte Demokratie sei nur etwas für kleine Länder wie die Schweiz, ist es also durchaus interessant, sich die amerikanische Volksentscheidspraxis etwas genauer anzusehen. Jeder US-Bundesstaat hat seine eigene Gesetzgebung, die sich sehr von der des Nachbarstaates unterscheiden kann.

Die Hürden für eine Volksinitiative sind sehr unterschiedlich, dementsprechend variiert auch die Zahl der Volksentscheide in den verschiedenen Bundesstaaten stark. Über die amerikanischen Präsidentschaftswahlen im November 2008 wurde in Deutschland meist nur berichtet, dass der Gewinner Barack Obama hieß. Weniger bekannt ist: Es gab parallel zur Wahl landesweit auch 153 Volksentscheide, davon allein zwölf in Kalifornien. Von diesen erreichte damals nur einer die internationalen Medien: 53 Prozent stimmten für ein Verbot der Homosexuellen-Ehe.

Das sonnige Kalifornien ist nach Oregon der Bundesstaat mit den zweitmeisten Abstimmungen. Hier wird mehr abgestimmt als in der Schweiz. Im Gegensatz zur Schweizer Direktdemokratie, die allgemein eher wohlwollend betrachtet wird, ist die kalifornische allerdings heftig umstritten. Buchtitel, die vor *Enttäuschung* oder *entgleister Demokratie* warnen, geben einen Hinweis darauf, dass hier mit der Volksdemokratie nicht alles zum Besten steht (Ellis 2002).

Amtszeitbegrenzungen für Politiker

Beginnen wir aber mit etwas Erfreulichem. Bei Volksentscheiden geht es sehr oft um Reformen des politischen Systems. Verbesserungen der Volksentscheidsgesetzgebung selbst oder in den letzten Jahren verstärkt das Thema Wahlrecht sind in Deutschland beliebte Themen von Volksbegehren. Das ist nicht zufällig so. Die politische Klasse hat natürlich ihre eigenen Interessen, und in der Regel ist sie nicht gerade motiviert, Dinge zu beschließen, die diesen zuwider laufen. Reformen, die Befugnisse des Parlaments beschneiden, werden daher häufig nicht vom Parlament selbst beschlossen, sondern ihm per Volksentscheid aufgezwungen.

Das ist in Kalifornien nicht anders. Allerdings gibt es dort ein bestimmtes Thema, das seit Jahrzehnten immer wieder auf der Tagesordnung erscheint, in Europa aber fast unbekannt ist: die »*term-limits*«, zu Deutsch: Amtszeitbegrenzungen. Der Kerngedanke dabei ist zu verhindern, dass Abgeordnete jahrzehntelang ihr Mandat ausüben. Sie sind vielleicht als Arbeiter oder Farmer ins Parlament gekommen und kennen die Probleme dieser Lebenswelt. Nach einigen Jahren im Parlament sind sie jedoch keine Arbeiter oder Farmer mehr, sondern Berufspolitiker. Dies hat Auswirkungen auf ihr Denken. Es entfernt sich beträchtlich vom Denken der Wähler.

Es kommt hinzu, dass sich im Laufe der Jahre persönliche Verbindungen zwischen ihnen und anderen Abgeordneten oder zwischen ihnen und Industrievertretern, Lobbyisten, Verbandsvertretern und so weiter entwickeln. Das sind die besten Voraussetzungen für Cliquenwirtschaft, Filz und Klüngel – drei Ausdrücke, die alle dasselbe meinen. Dass immer die Gleichen Abgeordnete sind, wird eigentlich allgemein als negativ eingeschätzt, außer von den Abgeordneten selber. Obwohl sie sich regelmäßig Wahlen stellen müssen, gelingt es den meisten von ihnen, ihren Sitz bis ins Rentenalter zu verteidigen, wobei sie ihren ersten Posten als Berufspolitiker mitunter kurz nach Abschluss der Studienzeit errungen haben.

Die grüne Partei Deutschlands wollte bei ihrer Gründung diesen Effekt durch innerparteiliche Regelungen bekämpfen, die »*Rotation*«. Auch bei der SPD gibt es Beschlüsse in diese Richtung. Die Wirkung ist bescheiden. Was man in Deutschland durch Parteisatzungen zu regeln versucht, regeln in den USA Gesetze. Auf dem ganzen amerikanischen Kontinent existieren bei wichtigen Wahlämtern schon jetzt Zeitbegrenzungen. So darf der US-Präsident nur zweimal kandidieren. Ähnlich ist es in vielen Staaten Mittel- und Südamerikas. Deswegen konnte sich Inázio Lula nicht noch ein drittes Mal zum Präsidenten Brasiliens wählen lassen und Hugo Chávez musste dazu erst die Verfassung ändern.

Viele Initiativen fordern Amtszeitbegrenzungen auch für die unteren Ebenen. Da die Abgeordneten so etwas kaum selbst beschließen, versuchten sie es mit Volksentscheiden. Ulrich Glaser schildert in seiner Dissertation über das amerikanische Volksabstimmungssystem, dass die Wechselrate im Parlament, also der Austausch von altgedienten Parlamentariern gegen neu gewählte Kandidaten, in Kalifornien 1988 auf neun Prozent absackte. Zehn Jahre vorher war sie mehr als dreimal so hoch gewesen. Anders gesagt: Über 90 Prozent der Abgeordneten waren schon vor der Wahl Abgeordnete gewesen. Da ja einige immer aus Alters- oder sonstigen persönlichen Gründen ausscheiden, heißt das: Es wurde praktisch niemand abgewählt, der vorher schon ein Mandat hatte!

In dieser Zeit entstand eine Initiative mit dem einprägsamen Namen *Enough is Enough*, die das ändern wollte. Sie sammelte die notwendigen Unterschriften und brachte ihren Gesetzesvorschlag (Proposition 140) im November 1990 zur Abstimmung. Er sah Folgendes vor:

- maximal zwei vierjährige Amtszeiten für die meisten landesweit direkt gewählten Ämter;
- keine subventionierte Rentenversicherung mehr für Abgeordnete. Sie müssen am staatlichen Rentenversicherungssystem teilnehmen.
- Begrenzung der jährlichen Ausgabenerhöhung für Kosten des Parlamentes auf den prozentualen Steigerungssatz des Gesamthaushalts.

Initiator war der Republikaner Peter Schabarum, der selbst von 1966 bis 1990, also 24 Jahre, Abgeordneter war. Seine Initiative wurde mit 52 Prozent der Stimmen angenommen, während bei den gleichzeitig stattfindenden Wahlen praktisch alle Langzeitabgeordneten, gegen die sich die Initiative richtete, wieder gewählt wurden. Trotz solcher Widersprüchlichkeiten folgte eine Welle von Volksentscheiden zu diesem Thema in zahlreichen Bundesstaaten. 2011 bestanden in 17 Bundesstaaten Amtszeitbegrenzungen für die Parlamentsabgeordneten, acht der zehn größten Städte der USA haben Amtszeitbegrenzungen für ihre Stadträte, in 37 der 50 Bundesstaaten gibt es irgendeine Form von Amtszeitbegrenzung für den Gouverneur oder für andere Wahlämter. Viele davon wurden auf Initiative des Verbands USTL (*US-Term-limits*) eingeführt. Er bezeichnet sich als die größte Graswurzelbewegung der amerikanischen Geschichte und betreibt eine eigene Internetseite, auf der die aktuellen Auseinandersetzungen dokumentiert werden.[3]

Man kann zu Amtszeitbegrenzungen unterschiedlicher Meinung sein. Die Abgeordneten verweisen stets auf die mit längerer Amtszeit wachsende Erfahrung und Kenntnis. Eindeutig konnte hier aber durch Volksentscheid eine Reform des politischen Apparats erreicht werden, die dieser von innen heraus nicht geschafft hätte, da sie den Interessen des überwiegenden Teils der Berufspolitiker widerspricht.

Noch ein anderes Beispiel hierfür: 1974 schaffte es eine Initiative mit dem Namen *Political Reform Act,* etwas Licht in die finanziellen Verwicklungen von Kandidaten und in ihre Wahlkampffinanzierungen zu bringen. Das Gesetz, ausgearbeitet von der Bürgerrechtsorganisation Common Cause, wurde bei hoher Beteiligung mit 70 Prozent Mehrheit angenommen. Es sieht folgendes vor:

---

[3] www.termlimits.org/content.asp?pl=2&contentid=2.

- Offenlegung der Wahlkampffinanzierung und der persönlichen Vermögensverhältnisse der Amtsinhaber;
- Obergrenze für Wahlkampfausgaben [wurde später gerichtlich annulliert];
- staatliche geprüfte Wahlbroschüren als Informationsquelle für Wähler;
- Schaffung einer Behörde mit dem Namen »Fair Political Practices Commission«.

Die Behörde soll finanzielle Interessenkonflikte der Kandidaten untersuchen. Sie hält ein Auge auf Geschenke, finanzielle Zuwendungen und die berühmten geldwerten Vorteile. Und sie beobachtet die Amtsträger nach ihrem Ausscheiden aus dem Amt weiter, um zu sehen, ob sie sich als Lobbyisten betätigen oder ob ihre Beschäftigung nach dem Ausscheiden verdächtige Züge einer späten Belohnung für Willfährigkeit aufweist.[4]

Sicherlich hatte das alles nicht den erhofften durchschlagenden Erfolg, und der Einfluss finanzkräftiger Spender auf die amerikanische Politik ist nach wie vor enorm. Aber man muss anerkennen, dass mittels der Volksinitiative Schritte unternommen wurden, das Problem ausufernder Spenden in Wahlkämpfen anzugehen. Die Parlamentarier selbst, also die Empfänger der Spenden, zeigten dazu wenig Bereitschaft.

The power of money

Das Thema Geld spielt noch aus einem anderen Grund bei den Diskussionen über Volksentscheide in Kalifornien eine wichtige Rolle: Nicht nur Wahlkämpfe, sondern auch Kampagnen für Volksentscheide sind sehr professionell und es wird unglaublich viel Geld dabei ausgegeben. Es stellt sich schlicht die Frage, ob Volksentscheide käuflich sind: Wer am meisten Geld ausgeben kann, gewinnt die Abstimmung. Der Titel eines bekannten Buches über Volksentscheide in Kalifornien lautet *Democracy derailed*, frei übersetzt: entgleiste Demokratie. Der Autor, David S. Broder, Kolumnist der *Washington Post*, bezieht das vor allem auf die Professionalisierung und spricht von einer *Initiativindus-*

---

[4] www.fppc.ca.gov/index.html?id=2.

trie, die mittels Volksentscheiden Profite macht. Schauen wir uns das einmal genauer an.

Auch in den USA müssen Unterschriften gesammelt werden, damit es zu einem Volksentscheid kommt. Für eine Volksinitiative müssen in Kalifornien fünf Prozent innerhalb von 150 Tagen unterschreiben. Für einen Volksentscheid über eine Verfassungsänderung sind sogar acht Prozent erforderlich. Allerdings beziehen sich die Quoten nicht wie in Deutschland und der Schweiz auf die Wahlberechtigten, sondern auf die Zahl der Wähler bei der letzten Gouverneurswahl. Das macht angesichts einer Wahlbeteiligung von circa 50 Prozent einen großen Unterschied. Faktisch sind die Unterschriftenquoten in den deutschen Bundesländern mindestens doppelt so hoch wie in Kalifornien, in Hessen sogar achtmal so hoch. Anders ausgedrückt: Einen Volksentscheid von unten einzuleiten, ist in Kalifornien viel einfacher als in Deutschland, aber doch deutlich schwieriger als in der Schweiz.

Es kommt erschwerend hinzu, dass Kalifornien größer ist und eine höhere Bevölkerungszahl hat als die Schweiz. Die pure Größe eines Staates an sich ist kein Hinderungsgrund für direkte Demokratie. Aber je größer die politische Einheit, desto schwieriger ist es, das Unterschriftenquorum zu schaffen. Die Idee für eine Volksinitiative entsteht meist in einer kleinen Gruppe. Diese Gruppe muss nun in allen Teilen des Landes Unterstützer finden. Je größer das Land, desto größer der Aufwand. Und Kalifornien ist ziemlich groß und dünn besiedelt. Initiativen, die erfolgreich sein wollen, müssen sehr professionell arbeiten. Wie man das macht, wird in populären Handbüchern erklärt.

Laura Tallian zum Beispiel gibt die folgenden Tipps:

»1. Such den Platz sorgfältig aus. Am besten ist ein Einkaufszentrum mit nur einem Ein- und Ausgang. Wenn du nicht innerhalb einer Stunde 80 bis 100 Unterschriften sammeln kannst, geh woanders hin.

2. Zieh dich nett an. Trage keine dunklen Brillengläser. Augenkontakt ist sehr wichtig.

3. Verwende nie einen Stuhl. Action ist das Schlüsselwort. Bewege dich!

4. Halte deinen Platz ordentlich. Iss nicht auf dem Tisch. Alkoholfreie Getränke sind okay, aber stelle nie das Glas auf den Tisch.

5. Sei immer höflich und liebenswürdig. Eine positive Haltung ist der Schlüssel zum Erfolg. Streite nie.

6. Arbeite ... immer bei den Ausgängen. Leute, die hineingehen, wissen, was sie zu tun haben. Beim Hinausgehen haben sie eher Zeit.

7. Ein Tisch mit Unterschriftsbogen ist keine Bibliothek. Die spätere Abstimmungskampagne ist die Zeit für die Aufklärung. Im Moment geht es nur darum, dass die Initiative zustande kommt ...

8. Zwei Personen sollten am Tisch arbeiten: eine vor dem Tisch, um die Leute an den Tisch zu bringen; eine hinter dem Tisch ... Die Person vor dem Tisch spricht die Passanten mit einer einfachen, positiv klingenden Frage an, zum Beispiel: ›Würden Sie bitte unterschreiben, um das Fahrradfahren in unserer Stadt angenehmer und sicherer zu machen?‹ Wenn sich dann jemand zum Tisch begibt, reich ihm den richtigen Unterschriftsbogen. Sag nichts! Wenn jemand eine Frage stellt, antworte treffend und so knapp wie möglich. Falls jemand ein Argument vorbringt, diskutiere nicht ... Antworte höflich, gib ihm ein Flugblatt und wende dich dem nächsten Passanten zu.« (Zitiert nach Möckli 1994: 200)

Diese Tipps wären auch richtig, wenn man Zeitschriftenabonnements verkaufen wollte. Der geschäftsmäßige Ton wird manche erschrecken. Besonders die Tatsache, dass man möglichst wenig mit den Bürgern reden soll, ist natürlich ernüchternd. Wird doch der Kontakt mit dem Bürger und das aufklärende Gespräch von Volksentscheidsbefürwortern gerne positiv hervorgehoben. Aber seien wir ehrlich: Deutsche Initiativen arbeiten auch nicht völlig anders, jedenfalls diejenigen, die Erfolg beim Unterschriftensammeln haben. Allerdings gehen manche finanziell gut ausgestattete Initiativen in den USA ein ganzes Stück weiter. Sie lassen die komplette Kampagne gegen Bezahlung von darauf spezialisierten Firmen oder Gruppen durchführen. Der oben erwähnte David S. Broder stellt den typischen Ablauf einer Initiative zur Einleitung eines Volksentscheids in Kalifornien folgendermaßen dar:

Am Anfang steht die Idee. Eine Volksinitiative soll zu einem bestimmten Thema gestartet werden. Nun muss diese Idee in einen Text übersetzt werden, der juristisch eindeutig und klar ist. Die juristische Überprüfung einer Volksinitiative findet in den USA – anders als in Deutschland – erst nach dem Volksentscheid statt. Es wäre nun in der Tat fatal, wenn Tausende von Unterschriften gesammelt werden, Millionen Dollar in die Werbung fließen, der Volksentscheid gewonnen wird – aber am Ende das Verfassungsgericht die Entscheidung als rechtlich unzulässig wieder aufhebt. Deswegen wird meist schon in der ersten Phase ein professionelles Beratungsbüro eingeschaltet.

Danach werden Arbeitsgruppen eingerichtet, die die stärksten Pro-Argumente für die Kampagne herausarbeiten. In der Regel wird eine

Meinungsumfrage in Auftrag gegeben. Hat die Initiative überhaupt eine Chance zu gewinnen? Nur dann werden sich auch finanzkräftige Großspender finden. Niemand spendet gerne große Summen für eine hoffnungslose Sache. Eine Werbekampagne wird in ihren Grundzügen entworfen. Vielleicht werden schon Plakate designt und in Auftrag gegeben. All das macht meist eine auf politische Themen spezialisierte Werbeagentur. Zusammen kostet es gut und gerne 100.000 Dollar.

Angenommen, es läuft soweit nach Plan und es sind die erhofften Spenden eingegangen, beginnt die Unterschriftensammlung. Wenn man berücksichtigt, dass stets ein Anteil von 10 bis 20 Prozent der Unterschriften ungültig ist und also für eine Sicherheitsmarge entsprechend mehr gesammelt werden sollte, müssen jeden Tag etwa 5.000 Unterschriften zusammenkommen. Und das 150 Tage lang. Hier scheitern bereits drei Viertel aller Initiativen.Die Chancen erhöhen sich, wenn professionelle Sammler eingesetzt werden. Also Leute, die gegen Bezahlung die Unterschriften sammeln. Sie erhalten meist 70 Cent pro Unterschrift. Wenn die Zeit knapp wird und es sich zudem um ein schwieriges Thema handelt, verlangen und erhalten sie auch schon mal zehn Dollar – pro Unterschrift wohlgemerkt. Das entspricht natürlich nun so gar nicht mehr dem schönen Bild der direkten Demokratie. Statt aus von Idealismus geprägter Überzeugung werden die Unterschriften des schnöden Geldes wegen gesammelt. An die Argumente, die der Sammler vorbringt, glaubt er möglicherweise selbst nicht. Ist das akzeptabel? Wird der Sammler nicht geradezu verleitet, die Bürger hinters Licht zu führen oder sogar Unterschriften zu fälschen?

Man könnte es zumindest vermuten. Nicht zuletzt deswegen haben verschiedene Bundesstaaten der USA das bezahlte Unterschriftensammeln verboten. Die ersten waren Ohio, South Dakota und Washington. Bereits 1913 erließen sie entsprechende Gesetze. Diese Gesetze wurden allerdings in aller Regel von Gerichten wieder aufgehoben. Initiativen klagten gegen die erhebliche Erschwerung ihrer politischen Tätigkeit. Die unterstellte höhere Fälschungswahrscheinlichkeit konnte nicht nachgewiesen werden. Also wurde das bezahlte Unterschriftensammeln häufig wieder zugelassen. Recht differenziert entschied 2006 ein Gericht in Oregon: Es hielt ein Kopfgeld pro Unterschrift für unzulässig, erlaubte aber die Bezahlung der Sammler auf Basis von Stundenlohn. Möglicherweise kein schlechter Kompromiss. Es gibt nämlich in der Realität eine Menge Varianten zwischen dem Idalisten einerseits und dem bezahlten, nur an Geld interessierten Sammler andererseits.

Häufig sind die bezahlten Unterschriftensammler Aktivisten, die für andere Initiativen umsonst gesammelt haben und die dabei gemachten Erfahrungen jetzt nutzen wollen. Politisches Interesse an einem Thema und die Notwendigkeit des Gelderwerbs vermischen sich meist. Der Sammler würde vielleicht sogar gerne umsonst für die Initiative Unterschriften sammeln, ihm fehlt nur die Zeit dazu, da er nun mal seinen Lebensunterhalt sichern muss. Aber er würde auf das Jobben in der Kneipe oder auf das nächtliche Taxifahren verzichten, wenn er anders Geld verdienen könnte. Wenn er ein guter Sammler ist, bezahlt ihn dann eben die Initiative.

Aber auch, wenn er sich wirklich nur zum Geldverdienen bei der Initiative meldet, ist das nicht moralisch verwerflich und im politischen Betrieb nichts Außergewöhnliches. Der wissenschaftliche Mitarbeiter einer Bundestagsfraktion braucht nicht Mitglied der Partei zu sein, für die er arbeitet. Trotzdem wird von ihm erwartet, dass er für seine Abgeordneten die wichtigsten Argumente im Sinne der Partei zusammenstellt. Dafür wird er bezahlt. Ob die Argumente seiner eigenen Auffassung entsprechen, spielt dabei keine Rolle. Dass auch bei Volksentscheidsinitiativen die Arbeit nicht nur von Freiwilligen gemacht wird, ist also nicht grundsätzlich zu kritisieren. Allerdings führt die Vermischung von Gelderwerb und Politik zu nicht gewünschten Nebeneffekten.

Es geht natürlich tatsächlich ein Stück gesellschaftliche Qualität verloren, wenn der bezahlte Unterschriftensammler praktisch im Akkord arbeitet. Freiwilligen Sammlern geht es ja oft gar nicht in erster Linie um die Unterschrift. Sie wollen im Gespräch für ihre politischen Überzeugungen werben. Sie wollen lernen, was die Bürger über ihre Vorschläge denken. Auch die angesprochenen Bürger wollen oft nicht nur unterschreiben, sondern sich informieren, manchmal auch nur unterhalten. Alleinstehende ältere Leute erzählen dem Sammler gerne ein bisschen aus ihrem Leben. Das ist ein Ausdruck von Lebensqualität und trägt zur politischen Bildung bei, nur sammelt man dabei kaum Unterschriften. Solche Leute muss der professionelle Sammler rasch abwimmeln, um sich lohnenderen Objekten zuzuwenden. Er kann sich nicht die Zeit nehmen, auf Argumente der Bürger einzugehen, zu versuchen, sie zu überzeugen. Schon gar nicht kann er sich auf ihre Krankengeschichten und persönlichen Probleme einlassen.

Obwohl es auch in Kalifornien noch immer von Freiwilligen getragene Initiativen gibt, geht der Trend klar in Richtung Professionalisierung. Professionelle Organisationen sammeln Spenden und beauftragen darauf spezialisierte Firmen mit der Qualifizierung und Durchsetzung der Initiative. Die Gelder kommen in der Regel von Firmen oder Verbänden, die sich von der Initiative Vorteile versprechen. Es kommt sogar vor, dass die Agenturen, die von Volksentscheidskampagnen leben, bei wenig Nachfrage von sich aus eine Initiative zu einem bestimmten Thema starten, sozusagen als Arbeitsbeschaffungsmaßnahme.

Extrem in dieser Hinsicht sind die so genannten *Sponsored-Projects-Initiativen*. Ihr Ziel ist, dass der Staat einen neuen Kredit aufnimmt. In Kalifornien muss das durch Volksentscheid beschlossen werden. Im Abstimmungstext wird dann detailliert ausgeführt, wofür das Geld ausgegeben werden soll. Firmen und Verbände wissen also recht genau, ob sie von einer erfolgreichen Initiative profitieren können. Im Gegenzug für eine Spende wird sogar mitunter eine bestimmte Investitionsausgabe in die Beschlussvorlage neu aufgenommen. Wir können eine große Spende von einem Windradhersteller bekommen! Dann fordern wir doch noch ein bisschen mehr Windenergie und schreiben das in den Abstimmungstext. Lutz Hager schildert solche Fälle in seinem Buch *Wie demokratisch ist die direkte Demokratie?*

Mitunter starten auch große Firmen direkt selbst eine Initiative, um ihre Interessen durchzusetzen. *Spiegel-Online* berichtete am 7.4.2004:

»Inglewood – Wal-Mart wollte in dem Vorort von Los Angeles einen seiner 240.000 Quadratmeter großen Riesensupermärkte eröffnen. Da die Stadtverwaltung das Supercenter aber nicht haben wollte, sammelte der Konzern 6.500 Unterschriften, um einen Volksentscheid herbeizuführen. Vor der Abstimmung fuhr der weltgrößte Einzelhandelskonzern eine aggressive Werbekampagne mit Funkspots, Handzetteln und Telefonmarketing. Wal-Mart-Mitarbeiter von anderen Filialen teilten sogar kostenlose Mahlzeiten aus.«

Radiospots, Telefonmarketing, freie Mahlzeiten – das alles kostet nicht wenig. Für Kalifornien ist das aber nicht ungewöhnlich. Die Kosten für landesweite Initiativen liegen durchschnittlich bei zehn, wenn Fernsehwerbung gemacht wird, sogar bei 19 Millionen Dollar. Die Initiative gegen die Homosexuellen-Ehe in Kalifornien aus dem Jahr 2008 kostete 60 Millionen Dollar. Solche Gelder sind mit der Spendendose in der Hand nicht aufzutreiben. David S. Broder berichtet, dass 1990 zwei Drittel aller Spenden für Volksinitiativen in Beträgen von 100.000 Dollar oder mehr eingingen. Sie kamen also entweder von sehr reichen Idealisten oder, und das ist die Regel, von Firmen. Freilich sollte man nicht glauben, dass finanzkräftige Firmen im Volksentscheid mit ihrem Geld alles durchsetzen könnten. Auch das obige Beispiel Wal-Mart belegt dies. Spiegel online führt weiter aus:

»Trotzdem stimmten mehr als 60 Prozent der Einwohner von Inglewood gegen den Riesen-Supermarkt. ... Der Widerstand vereinte Abgeordnete, Beamte, Pfarrer und Gewerkschaften, die Gruppe sprach von einem großen Sieg. Die Wal-Mart-Gegner hatten unter anderem sinkende Löhne für die ganze Region befürchtet, da das Unternehmen seinen Beschäftigten die Mitgliedschaft in einer Gewerkschaft verbietet.«

Wenn bei Volksentscheiden in Kalifornien so viel Geld im Spiel ist, könnte man annehmen, dass kleine Initiativen überhaupt keine Chancen haben. Das stimmt aber nicht. Auch finanzschwache Bürgergruppen haben durchaus ihre Chancen, in einem Volksentscheid auf der Siegerseite zu stehen. Statistisch gesehen sind sie sogar erfolgreicher mit ihren Initiativen als die Konzerne. Jedenfalls ergibt sich das aus der Untersuchung, die Elisabeth Gerber 1999 vorlegte und in der sie unter anderem die Finanzberichte der Volksentscheidsinitiativen auswertete. Das liegt daran, dass die Themen kleiner Initiativen in der Regel mit mehr Wohlwollen aufgenommen werden. Sie können mit relativ wenig Geld Erfolge erzielen, wenn das Thema, das sie ansprechen, gut ankommt. Haben sie allerdings große Konzerne als Gegner, wird es schwierig.

Es kommt in der Tat viel häufiger vor, dass sich Konzerne oder andere finanzkräftige Akteure engagieren, um eine Initiative zu verhindern, als dass sie selbst per Volksentscheid versuchen, etwas durchzusetzen. Zwei Drittel der Gelder, die die Industrie für die direkte Demokratie spendet, werden nicht für eigene Initiativen ausgegeben, sondern um von anderen gestartete abzuwehren. Das hängt schon damit zusammen, dass die Finanziers einer Volksinitiative öffentlich gemacht werden müssen. Wenn aber bekannt wird, dass beispielsweise eine Gesetzesinitiative zum Thema Krankenversicherung von den großen Versicherungsfirmen finanziert wird, ist der Misserfolg beinahe vorprogrammiert.

Wirtschaftlich interessierte Kreise greifen daher oft zu Tricks, wenn sie per Volksentscheid etwas durchsetzen wollen, was in der Bevölkerung voraussichtlich auf wenig Gegenliebe stößt. So wurde zum Beispiel eine Initiative zur Zulassung von Spielkasinos in Kalifornien als soziale Wohltat für Indianer verkauft. Die Kasinos sollten nämlich in den Indianerreservaten zugelassen werden und dort Arbeitsplätze und Steuereinnahmen schaffen. In der Werbung wurde ein freundliches Indianermädchen mit langen schwarzen Zöpfen präsentiert. Da viele Kalifornier den Wunsch hatten, eine Art Wiedergutmachung für die Indianer zu leisten, wurde die Initiative angenommen. Sie war natürlich von den späteren Kasinobetreibern finanziert worden.

Doch dass so etwas eher selten passiert, gibt selbst Broder, der Kritiker der kalifornischen Direktdemokratie, zu. Er hat eine Reihe von Interviews mit professionellen Kampagnenleitern geführt, Leuten, die es wissen müssen. Einer meint, es gebe nur »sehr wenige von ... besonderen finanziellen Interessen geleitete Initiativen, die durchgegangen sind«. Ein anderer wird mit den Worten zitiert: »Das große Geld kann eine Initiative besiegen, aber es kann keine durchbringen. Man würde sehr unter Druck kommen, wenn man eine Initiative nennen sollte, die nur durchgekommen ist, weil viel Geld dahinter stand.«[5] Mit Geld allein lässt sich also kaum etwas Neues durchsetzen, aber vieles verhindern. Zumindest in den USA.

Es scheint sich dabei um eine Besonderheit der USA zu handeln, nicht um ein generelles Merkmal direkter Demokratie. Schließlich ist in den USA auch die repräsentative Demokratie durch enormen Geldeinsatz geprägt, was wir in Europa zumindest in diesem Umfang nicht kennen. Präsidentschaftskandidaten in den USA erhöhen ihre Chancen, gewählt zu werden, etwa in dem Maße, wie sie Spendengelder einsammeln – wenn sie nicht gleich aus eigenem Vermögen einen millionenschweren Wahlkampf finanzieren.

»Wahlen in den USA sind Big Business«, berichtete DIE ZEIT im Juni 2012. Alle Wahlen zusammengerechnet würden 2012 zehn Milliarden Dollar für Wahlkampf und Politikberatung ausgegeben. Es würden »Pollster« eingesetzt, professionelle Markforscher, die erkunden, welche Botschaften das Wählervolk erwartet. Werbeagenturen setzten diese Botschaften dann routiniert um. Die Präsidentenwahlen seien nur die

[5] Broder 2000: 81f. Es gibt zahlreiche empirische Untersuchungen zu den Wirkungen von Geld auf das Abstimmungsergebnis. Glaser fasst sie wie folgt zusammen: »Bei den Proactive Campaigns, in denen Wirtschaftsinteressen einen Vorschlag durchsetzen wollen, sind unabhängig von der Höhe der Aufwendungen die Erfolgschancen gering. Bei den Reactive Campaigns, bei denen Wirtschaftsinteressen einen gegen sie gerichteten Vorschlag verhindern wollen, ... spielen die Wahlkampfausgaben eine gewichtige Rolle ...« (Glaser 1997: 216) Zu ähnlichen Ergebnissen kommt E. Gerber 1999. Stratmann (2006) ist allerdings der Meinung, dass Spendengelder für Pro-Kampagnen mehr bewirken.

Spitze des Eisbergs. Schon ein Kandidat für den Senat müsse mindestens acht Millionen Dollar einsetzen, um eine Chance zu haben. Zum Team eines solchen Kandidaten gehöre ein Manager, ein Medienexperte, ein Redenschreiber, ein Fachmann für Briefwurfsendungen und nicht selten jemand für die Konkurrenzbeobachtung, der stets auf der Suche nach negativem Material über andere Kandidaten sei. All das ist nach europäischen Maßstäben befremdlich und geradezu erschreckend. Dass Wahlen in den USA offensichtlich durch Geld erheblich beeinflusst werden, nimmt man jedoch schulterzuckend hin. Niemand würde fordern, deswegen in Europa auf Wahlen zu verzichten.

Dennoch sollte man sich Gedanken machen, wie man eine Kommerzialisierung der direkten Demokratie verhindert, und entsprechende Vorkehrungen treffen. Eine große Rolle spielt in den USA sowohl bei Wahlen als auch bei Volksentscheiden die bezahlte Werbung im Fernsehen. Bei Volksentscheidskampagnen wird hierfür etwa die Hälfte der gesamten Mittel verwendet, manchmal fließen bis zu 80 Prozent aller Gelder in die Fernsehwerbung. In Deutschland ist bezahlte politische Werbung im Fernsehen unzulässig und das ist auch gut so. Sie begünstigt diejenigen, die sie sich leisten können. Parteien, die zum Bundestag kandidieren, haben allerdings Anspruch auf eine *angemessene Sendezeit* im öffentlich-rechtlichen Fernsehen. Analog dazu könnte man auch vor Volksentscheiden der Pro- und Kontra-Seite im gleichen Umfang Sendezeiten im öffentlich-rechtlichen Fernsehen einräumen. Kalifornien hatte eine Zeit lang ein »Fairness-Gesetz«, das die Medien verpflichtete, bei Veröffentlichung bezahlter Anzeigen für die eine Seite auch der Gegenseite kostenlos in gewissem Umfang die Möglichkeit zur Darstellung ihrer Positionen einzuräumen. Leider wurde es vom Verfassungsgericht aufgehoben. Möglicherweise verringert sich das Problem, wenn in Zukunft auch die politische Werbung mehr ins Internet verlagert wird. YouTube-Videos sind weitaus billiger als ein bezahlter Fernsehspot oder eine ganzseitige Anzeige in der Zeitung.

Die Beschränkungen auf der Ausgabenseite – durch Verbot der Fernsehwerbung – sollten durch Beschränkungen der Einnahmemöglichkeiten ergänzt werden. Spenden von Firmen müssten eigentlich ganz untersagt werden, da juristische Personen in der Demokratie generell rechtlos sind. Eine Firma hat bekanntlich auch kein Wahlrecht. Spenden von Privatleuten sollten in der Höhe begrenzt sein, um reichen Spendern nicht allzuviel Einfluss zu geben. Im Gegenzug sollen Volksentscheidskampagnen aus Steuergeldern einen Finanzierungszuschuss erhalten. Natürlich nicht jede kleine Unterschriftensammlung, aber Initiativen, die es bis zum Volksentscheid schaffen, sollte nachträglich zumindest ein Teil ihrer Kosten erstattet werden. Sechs Bundesländer haben bereits eine solche Regelung. Sie ist nur fair und macht die Volksentscheidsinitiativen vom Einfluss großer Spender unabhängiger. Parteien, die bei Wahlen antreten, erhalten ja auch einen Zuschuss.

Eines sollte man bei aller Kritik an der kalifornischen Volksentscheidspraxis allerdings nicht vergessen: Es ist sicher richtig, dass Unternehmen Volksentscheide erheblich beeinflussen können. Ein Vergleich von amerikanischen Bundesstaaten ohne Volksentscheidsgesetze mit solchen, in denen Volksentscheide stattfinden, zeigt allerdings, dass die Gesetzgebung in letzteren keineswegs wirtschaftsfreundlicher ist. Der Grund: Wenn es keine Volksentscheide gibt, nehmen Unternehmen und finanzkräftige Gruppen mit anderen Mitteln Einfluss. Sie wenden sich direkt an die Politiker, Parlamente und Parteien. Es spricht einiges dafür, dass dieser Weg für sie sogar der bessere ist.

Die Rede ist von so genannten Nebentätigkeiten für Parlamentarier, von Spenden an die Parteien und von Serviceleistungen wie dem Abstellen von Fachleuten zur Ausarbeitung eines Gesetzentwurfes. Volksentscheide, so Elisabeth Gerber, seien für die Konzerne *»erheblich kostspieliger als viele andere verfügbare Möglichkeiten, die Politik zu beeinflussen«* (Gerber 1999: 137). Die Erfolgsaussichten seien bei Volksentscheiden viel zu gering. In der Tat kommt es zwar gelegentlich vor, dass Firmen eine Volksinitiative unterstützen oder sogar selbst starten, aber praktisch nie unterstützen sie eine Referendumskampagne zur Aufhebung eines vom Parlament beschlossenen Gesetzes. Offensichtlich sind sie mit dem, was im Parlament beschlossen wird, meistens zufrieden.

Die Beeinflussung der gewählten Repräsentanten bis hin zur heimlichen Bestechung war das zentrale Motiv zur Einführung der direkten Demokratie in den USA, beginnend 1898 in South Dakota. Die damaligen Reformer gingen davon aus, dass es schwieriger ist, ein ganzes Wahlvolk zu bestechen als eine Handvoll Abgeordneter. Das trifft nach wie vor zu.

In der Schweiz gibt es diese Probleme bislang nicht. Es gebe »eine Fülle von Beispielen, in denen trotz Einsatz großer Mittel die Stimmbürger anders entschieden haben als die (Mehrheit der) politischen und wirtschaftlichen Eliten«, heißt es in einem Standardwerk über Volksentscheide in der Schweiz (Kirchgässner/Feld/Savioz 1999: 27). So stimmten die Schweizer zum Beispiel für die Einführung von Autobahngebühren, die von Industrie- und Fremdenverkehrsverbänden bekämpft wurden. Auch das bezahlte Unterschriftensammeln und die Entstehung einer *Initiativenindustrie* sind aus der Schweiz und anderen europäischen Ländern kaum bekannt.

Geld ausgeben, Steuern senken, Kredite aufnehmen – per Volksentscheid?

Kalifornien – Haushaltskrisen durch Volksentscheide?

Mit dem Satz »Sign this – it will help lower your taxes« sprachen die Unterschriftensammler der Steuerzahlerverbände die Bürger an. Es funktionierte. 65 Prozent der kalifornischen Wähler stimmten am 6. Juni 1978 der »*Proposition 13*« zu. Ihr Inhalt: eine gravierende Senkung der Steuer auf Grundeigentum.

Hintergrund war Folgendes: Mitte der 1970er Jahre boomten die neuen Technologien und Kalifornien zog viele gut verdienende Aufsteiger an. Die Grundstückpreise kletterten. Da die Steuer auf Grundeigentum in Kalifornien nach dem regelmäßig angepassten, tatsächlichen Marktwert berechnet wurde, stieg sie mit dem Immobilienboom innerhalb weniger Jahre auf das Doppelte. Sie war schon vorher vergleichsweise hoch gewesen und stellte eine beträchtliche Belastung für die Eigenheimbesitzer dar. Der weitere Anstieg trieb viele von ihnen in den Ruin, der Staat dagegen konnte einen üppigen Haushaltsüberschuss ausweisen. Im Parlament fanden sich aber nicht die erforderlichen Mehrheiten, um die Steuern zu senken. So musste die Bevölkerung selbst die notwendigen Beschlüsse fassen – wobei sie vielleicht ein wenig des Guten zu viel tat.

Per Volksentscheid wurde zunächst der Grundsteuersatz auf ein Prozent gesenkt. Vorher war er in den meisten Landkreisen mehr als doppelt so hoch. Die Bemessungsgrundlage, also der geschätzte Wert der Immobilie, wurde auf den Stand von 1975 zurückgeschraubt und sollte künftig nur noch um maximal zwei Prozent pro Jahr steigen. Darüber hinaus beschlossen die Bürger weitere Regelungen, die sich später als problematisch herausstellen sollten: So sollten Steuererhöhungen auf Landesebene gleich welcher Art zukünftig nur noch mit Zweidrittelmehrheit im Parlament beschlossen werden. Lokale Steuern in den Gemeinden konnten nur noch erhöht werden, wenn die Bevölkerung dem in einem Referendum zustimmte. Die Steuerzahler wurden durch diese Maßnahmen um satte sieben Milliarden Dollar entlastet. Dieses

Geld fehlte natürlich den öffentlichen Haushalten. Besonders die Schulen, deren Finanzierung sich zum größten Teil aus der Grundsteuer gespeist hatte, mussten ihre Ausgaben radikal zusammenstreichen. Das blieb nicht ohne Folgen: Vor Verabschiedung der *Proposition 13* hatte Kalifornien bei den Ausgaben pro Schüler immer zu den oberen zehn Bundesstaaten gezählt. 2009 lag das Land nur noch auf Platz 38. Knapp 9500 Dollar stellte der kalifornische Staat pro Schüler zur Verfügung, der Durchschnitt lag bei über 11.000 Dollar pro Jahr. Dementsprechend sind die Schulklassen mit 28 bis 31 Schülern die größten in den USA. 63 Prozent der jungen Kalifornier schaffen einen Hochschulabschluss, im Rest des Landes sind es durchschnittlich 69 Prozent.

Angesichts der alarmierenden Entwicklung der öffentlichen Kassen und der Sparmaßnahmen in den Schulen wurden nun ihrerseits die Lehrergewerkschaften aktiv und setzten per Volksentscheid durch, dass ein bestimmter Anteil der Haushaltsmittel stets für Bildung reserviert sein muss.

Ähnlich verfuhren andere Verbände. Für Kinderkliniken, Gefängnisse, Vorschulen oder Stammzellenforschung wurden feste Etats per Volksentscheid im Haushalt reserviert. Naturschutzverbände, Tierschützer, selbst Anti-Tabak-Initiativen bedienten sich per Volksentscheid mit einem festen Satz aus dem Staatshaushalt. Im Haushaltsjahr 2009/2010 waren circa 40 Milliarden Dollar im kalifornischen Haushalt durch Volksentscheide festgeschrieben, bei Gesamtausgaben von knapp 120 Milliarden Dollar. Davon gingen allein 35 Milliarden Dollar auf die Initiative der Lehrergewerkschaften zurück. Natürlich waren das nicht alles zusätzliche Ausgaben, Schulen müssen immer finanziert werden, aber ohne Volksentscheid wären vielleicht nur 30 statt 35 Milliarden Dollar in die Bildung geflossen (Matsusaka 2011).

Jedes dieser Anliegen war der abstimmenden Bevölkerung zu vermitteln, sonst hätte es ja keine Mehrheit bekommen. Möglicherweise war den Abstimmenden aber nicht so recht klar, was die ganzen Festlegungen in der Summe bedeuteten: Der Handlungsspielraum des Parlaments wurde massiv eingeschränkt. Und es kann sich aus diesen Fesseln auch nicht befreien.

Wenn vom Volk initiierte und beschlossene Gesetze vom Parlament geändert werden, unterliegen sie dem obligatorischen Referendum. Eine Rücknahme der Volksbeschlüsse zur Steuersenkung müsste also wieder vors Volk. Häufig wurden die Anliegen der Interessengruppen sogar in der Landesverfassung verankert.

Schon immer musste in Kalifornien vor der Aufnahme neuer Kredite oder der Ausgabe neuer Staatsanleihen ein Volksentscheid stattfinden. Nun hatten die Bürger zusätzlich noch die Steuererhöhungen erschwert, denn für sie wurde eine Zweidrittelmehrheit im Parlament erforderlich. Damit waren politische Entscheidungen zu Finanzfragen so schwierig geworden, dass man von einer Blockadesituation sprechen kann.

Trotzdem klappte alles einigermaßen, solange Geld vorhanden war. In einer Wirtschaftskrise mit sinkenden Steuereinnahmen droht Kalifornien allerdings regelmäßig der Staatsbankrott. Im Winter 2009 wurden die Angestellten des öffentlichen Dienstes einige Tage im Monat nach Hause geschickt. Es war schlicht kein Geld da, um sie zu bezahlen. Eine Katastrophe? Nicht jeder denkt so. Dürften die Bürger heute noch einmal über die Senkung der Grundsteuern abstimmen – sie würden ihr wieder zustimmen. Das zeigen Umfragen. Denn die Kalifornier sind zwar der Meinung, dass die Situation verfahren ist, dass sie aber noch viel schlimmer wäre, ließe man die Parlamentarier allein schalten und walten. Auch diese Auffassung hat einiges für sich, denn es wurde dem Parlament ja nicht grundsätzlich verboten, die Steuern zu erhöhen, wenn es das für notwendig hält. Steuererhöhungen gehen aber nur mit Zweidrittelmehrheit. Ein Teil der Opposition muss also zustimmen. Steuererhöhungen sollen nur dann erfolgen, wenn sie auch nach Auffassung zumindest eines Teils der Opposition wirklich unvermeidlich und vernünftig begründet sind. In anderen Ländern ist Kooperation von Regierung und Opposition in Finanzfragen nichts Ungewöhnliches. In Skandinavien oder in Portugal gab es schon oft Minderheitsregierungen. Regierungsfraktionen und Opposition verabschiedeten den Haushalt dann zusammen im Parlament, meist nach längeren Verhandlungen. In Kalifornien klappt das aber nicht. Schon die Vorgeschichte des Volksentscheids zur Grundsteuersenkung zeigt ein bemerkenswertes Unvermögen des Parlaments. Hätte das Parlament seine Arbeit gut gemacht und angesichts von Haushaltsüberschüssen die Steuern gesenkt, wäre es gar nicht erst zur *Proposition 13* gekommen.

Die Steuerrevolte in Kalifornien fand Nachahmer in einigen anderen Bundesstaaten der USA – mit wechselndem Erfolg. In Ohio und Massachusetts wurden ähnlich drastische Steuersenkungen beschlossen, ebenso in Oregon, allerdings erst, nachdem eine entsprechende Initiative vorher neun Mal gescheitert war. Florida und Washington folgten 1992 und 2001. Die Auswirkungen waren aber nicht so gravierend wie in Kalifornien.

Insgesamt gab es nach einer Untersuchung von Bill Piper in den USA zwischen 1978 und 2000 insgesamt 131 Volksinitiativen zum Thema Steuern. Der größte Teil davon, nämlich 66 Prozent, forderte Steuersenkungen. Nur 21 Prozent der Initiativen wollten Erhöhungen oder neue Steuern. Der Rest war gemischt: Einige Steuern sollten sinken, dafür andere angehoben werden. Die Bürger neigen also dazu, weniger Steuern zu zahlen. Das ist weniger erstaunlich als die Tatsache, dass die Wähler immerhin in mehr als der Hälfte aller Fälle den geforderten Steuersenkungen nicht zugestimmt haben. Von den Steuersenkungsinitiativen wurden nur 47 Prozent angenommen, von den Initiativen, die Steuern erhöhen wollten, allerdings noch weniger: 37 Prozent.

In Massachusetts gab es zum Beispiel 2008 die Initiative *Question 1*, die unter Führung einer ehemaligen Gouverneurskandidatin Aufsehen erregte. Sie behauptete, 40 Prozent der staatlichen Aufgaben seien schlicht Verschwendung, und dürfte damit an den Stammtischen viel Beifall bekommen haben. Daher forderte sie die Abschaffung der Einkommensteuer, was jedem Arbeitnehmer durchschnittlich 3.700 Dollar pro Jahr an Steuern gespart hätte. Schlagkräftige Organisationen wie die National Taxpayers Union unterstützten die Initiative. Ein Selbstläufer? Weit gefehlt! Weniger als 30 Prozent stimmten am Ende mit Ja (Heußner 2010: 175).

Ebenso verwunderlich ist, dass immerhin ein gutes Drittel aller Steuererhöhungsinitiativen angenommen wurde. Dass Wähler in einer geheimen Abstimmung freiwillig dafür stimmen, stärker zur Kasse gebeten zu werden, scheint ein vorbildliches Maß an staatsbürgerlicher Verantwortung zu zeigen. Wenn man sich die Dinge allerdings im Detail ansieht, wird der Vorgang entzaubert: In der Regel ging es um die Tabaksteuer. Es gab acht Initiativen zur Erhöhung dieser Steuer, fünf wurden angenommen. Da nur circa ein Viertel der Bevölkerung raucht, konnten die restlichen drei Viertel der Erhöhung problemlos zustimmen, ohne selbst mehr zahlen zu müssen. Bei den Steuern auf Rohstoffe, zum Beispiel Benzin, sah es schon etwas anders aus: Es gab sechs Initiativen zur Erhöhung der Mineralölsteuer, angenommen wurde nur eine.

Trotzdem: Ein ungebremster Drang, Steuern zu senken oder sie ganz abzuschaffen, besteht offenbar nicht. Die Bürger sehen im Allgemeinen durchaus ein, dass der Staat für seine Aufgaben Geld braucht. Wenn aber die Steuern zu heftig steigen, greifen sie zur Notbremse. Sicherlich sind die Erfahrungen Kaliforniens mit Volksentscheiden zu Finanzfragen alles in allem nicht gerade ermutigend. Es ist aber zu einfach, die Finanzkrisen Kaliforniens nur auf die Volksentscheide zurückzuführen, wie oft versucht wird. Die direkte Demokratie wurde vom Gouverneur Hilram Johnson eingeführt – im Jahre 1911. Viele Jahre waren die Staatsfinanzen Kaliforniens in Ordnung – trotz Volksentscheiden. Es gab sogar mehrmals Jahre, die mit einem Plus im Haushalt endeten. Aber inzwischen ist die politische Lage verfahren, und das liegt nicht nur an der direkten Demokratie. In Kalifornien lässt die Opposition die Regierungspartei bei Steuererhöhungen regelmäßig im Stich. Die Republikaner vertreten die eher konservative und wohlhabende weiße Landbevölkerung. Diese hat wenig Neigung, die von den Demokraten dominierten multikulturellen Küstenstädte durch Transfers von Steuergeldern zu unterstützen.

Die anderen Bundesstaaten der USA, in denen Volksentscheide möglich sind, haben nicht das gleiche Haushaltsproblem wie Kalifornien. Man sollte auch nicht vergessen, dass Städte und Länder, die rein parlamentarisch regiert werden, ganz ähnliche Haushaltskrisen kennen. New York zum Beispiel musste auch schon mal städtische Angestellte wegen Geldmangels nach Hause schicken. Griechenland bewahrte 2011 nur die Hilfe der Europäischen Union knapp vor der Zahlungsunfähigkeit. Die deutschen Bundesländer Bremen und Saarland häufen jedes Jahr neue Schuldenberge an, wäre ihre Zahlungsfähigkeit nicht durch die Bundesregierung sichergestellt, würden sie längst keine Kredite mehr bekommen.

Trotzdem stellt sich natürlich die Frage, ob Finanzdesaster wie in Kalifornien durch eine bessere Gestaltung der direkten Demokratie zu verhindern wären. Hermann K. Heußner sieht das Problem vor allem darin, dass das Parlament nicht ausreichend einbezogen ist (Heußner/Jung 2009: 146). Volksinitiativen kommen – die erforderliche Anzahl Unterschriften vorausgesetzt – in Kalifornien direkt zur Abstimmung. Das Parlament diskutiert darüber vorher nicht. Es kann auch keinen Alternativentwurf parallel zur Abstimmung stellen.

Anders beispielsweise in Massachusetts. Hier diskutiert erst das Parlament darüber. Nur wenn es die Vorlage nicht selbst beschließt, kommt es zur Volksabstimmung. Die im Parlament versammelte Kompetenz und Erfahrung wird also einbezogen. In Massachusetts hat das Parlament auch die Möglichkeit, Volksentscheide wieder aufzuheben. Das ist natürlich eine heikle Sache, denn einen Volksentscheid zu starten, ist eine mühsame und teure Angelegenheit. Wenn ein paar Dutzend Parlamentarier einen Beschluss von Millionen Bürgern wieder aufheben können, entwertet dies die Volksgesetzgebung. So etwas wirkt nicht sehr demokratisch.

Andererseits: Die staatlichen Finanzen sind komplex und durch die Konjunkturzyklen stark wechselnden Einflüssen unterworfen, sodass der Handlungsspielraum des Parlaments hier nicht zu sehr eingeschränkt werden sollte. Rasches finanzpolitisches Reagieren auf Wirtschaftskrisen muss möglich bleiben. In Massachusetts stoppte das Parlament 2003 während einer Finanzkrise die weitere Senkung der Einkommensteuer und gab den Gemeinden das Recht, lokale Steuern zu erhöhen. Massachusetts blieb so von Haushaltskrisen wie in Kalifornien verschont und nimmt auch im Leistungsvergleich des Schulwesens stets Spitzenplätze ein.

Schweiz: Direkte Demokratie bremst Staatsausgaben

In Kalifornien sind aus Volksentscheiden zu Steuer- und Finanzfragen einige Probleme entstanden. Wie sieht es nun in der Schweiz aus? Die Schweizer haben noch weitergehende Rechte als die US-Bürger. Anders als in den USA kann nicht nur in allen Kantonen, sondern auch auf Bundesebene über alle finanziellen Fragen abgestimmt werden. Großinvestitionen beschließen und gleichzeitig die Steuern halbieren – rein rechtlich könnten die Schweizer das durchaus so machen. In der Realität passiert es aber nicht. Zwischen 1998 und 2011 wurde auf Bundesebene nur einmal auf Grund einer Volksinitiative über Steuerfragen abgestimmt. Es ging dabei um die Versteuerung von Kapitalgewinnen. Der Vorschlag der Initiative wurde abgelehnt. 2009 folgten die Schweizer dagegen einem Beschluss des Parlaments, die Mehrwertsteuersätze anzuheben. Mehr als zwei Drittel stimmten mit *Ja* und erklärten sich somit einverstanden, beim Einkaufen in Zukunft etwas mehr zu bezahlen.

Dieses Beispiel zeigt: Die Schweizer Stimmbürger sind in Finanzfragen durchaus vernünftig. Nicht zu Unrecht gilt die Schweiz als Inbegriff finanzieller Solidität. Ihre Staatsverschuldung ist verglichen mit den Nachbarstaaten nach wie vor gering. Sie belief sich 2010 auf circa 38 Prozent des Bruttosozialproduktes, in Deutschland lag der Wert bei 83 Prozent. 2006 bis 2009 hatte die Schweiz Haushaltsüberschüsse. Davon kann Deutschland nur träumen. Man könnte auf die Idee kommen, dass Volksentscheide geradezu nützlich sind für eine ausgeglichene Haushaltspolitik. Aber zugegeben, das ist ein bisschen unfair.

Denn Deutschland hatte nicht nur den Wiederaufbau nach dem Zweiten Weltkrieg, sondern auch den Anschluss der früheren DDR finanziell zu verkraften. Deutschland und die Schweiz sind also nicht ohne weiteres vergleichbar.

Die Schweiz ist aber bekanntlich in Kantone aufgeteilt. Sie haben die gleiche Nationalgeschichte und ähnliche geografische Bedingungen, unterscheiden sich aber in ihrer Gesetzgebung. Anders als die Bundesländer in Deutschland bestimmen die Schweizer Kantone recht weitgehend selbst über ihre Steuern. Sie können zum Beispiel die Einkommensteuer senken oder anheben – durch Parlamentsbeschluss und auch durch Volksentscheid. In allen Kantonen gibt es direkte Demokratie, aber die Modalitäten unterscheiden sich erheblich. In einigen Kantonen ist es leichter, Volksentscheide zu Finanzthemen zu machen, in anderen ist es schwieriger. Wenn man die Haushaltssituation derjenigen Kantone, in denen Volksentscheide leichter sind und häufiger stattfinden, mit der Haushaltssituation der Kantone vergleicht, die weniger Volksentscheide haben, stellt man klar fest: Kantone, in denen es leichter ist, sind deutlich weniger verschuldet! Dies spricht tatsächlich, ganz anders als die kalifornische Erfahrung, für die These, dass Volksentscheide für die Staatsfinanzen von Vorteil sind. Schauen wir uns das genauer an.

Auf der Einnahmeseite des Haushalts verändert sich durch Volksentscheide nicht viel. Sowohl im Schweizer Bundesstaat als auch in den Kantonen sind Volksentscheide über Steuern eher selten. Gelegentlich versuchen linke Parteien mittels einer Volksinitiative zur Erhöhung der Einkommensteuer Geld in die Kantonskasse zu schaufeln. Auf der anderen Seite sind bürgerliche Gruppierungen ab und zu mit Steuersenkungsinitiativen erfolgreich. Beide Effekte heben sich gegenseitig weitgehend auf, sodass insgesamt der Einfluss von Volksinitiativen auf die Steuereinnahmen gering ist (vgl. Freitag/Vatter/Müller 2003).

Die Bürger nutzen die direkte Demokratie aber eifrig, um Einfluss auf die Ausgaben der Kantone und Gemeinden zu nehmen. Der wichtigste Hebel ist das *Finanzreferendum*, gelegentlich auch als *Ausgabenreferendum* bezeichnet. Damit ist Folgendes gemeint: Wenn eine Kantonsregierung oder ein Gemeindeparlament eine neue Ausgabe beschließen will, die es in den Vorjahren nicht gab, muss die Bevölkerung darüber abstimmen, sofern ein bestimmter Betrag überschritten wird. Will eine Stadt zum Beispiel eine Schule bauen, erhalten die Bürger vorher einen Brief, in dem die Kosten des Schulbaus aufgeführt sind und die wichtigsten Argumente genannt werden, die für den Neubau sprechen. Gibt es ein Komitee gegen den Schulbau, kann dieses seine Argumente ebenfalls darstellen. Es kann zum Beispiel vorrechnen, dass es viel billiger wäre, eine vorhandene Schule zu erweitern und entfernt wohnende Schüler mit dem Schulbus abholen zu lassen. Beim nächsten Abstimmungstermin können die Wahlberechtigten über diese Frage, neben zahlreichen anderen, abstimmen. Entscheidet sich die Mehrheit gegen einen Schulneubau, bleibt das Geld dafür im Staatssäckel. Über die konkrete Ausgestaltung des Finanzreferendums entscheiden Kommunen und Gemeinden selbst. Daher bestehen hier enorme Unterschiede.

In fünf Kantonen gibt es ein *obligatorisches Finanzreferendum*: Bei Ausgaben ab einer bestimmten Größenordnung kommt es automatisch zur Abstimmung. Dabei spielt natürlich die Frage, bei welchem Betrag die Grenze gezogen wird, eine entscheidende Rolle. Im Kanton Schwyz wird abgesehen vom Straßenbau über alles abgestimmt, was mehr als 250.000 Schweizer Franken kostet, im Kanton Luzern nur über Ausgaben ab 25 Millionen Franken.

Sieben Kantone haben ein *fakultatives Referendum*. Die Bürger dürfen nur über Ausgaben abstimmen, wenn sie zuvor Unterschriften gesammelt haben. Hier kommt es zusätzlich natürlich auch auf die Zahl der notwendigen Unterschriften an. Sie schwankt je nach Kanton zwischen 0,5 Prozent und 5,7 Prozent aller Wahlberechtigten.

13 Kantone haben eine Kombination aus fakultativem und obligatorischem Referendum: Große Ausgaben werden immer abgestimmt, über mittlere Ausgaben wird abgestimmt, wenn die notwendige Zahl der Unterschriften gesammelt wurde. In der Verfassung des Kantons Thurgau liest sich das folgendermaßen: »Beschlüsse des Grossen Rates, die neue einmalige Ausgaben von mehr als 3.000.000 Franken oder neue jährlich wiederkehrende Ausgaben von mehr als 600.000 Franken vorsehen, unterliegen der Volksabstimmung. Beschlüsse, die neue einmalige Ausgaben von mehr als 1.000.000 Franken oder neue jährlich wiederkehrende Ausgaben von mehr als 200.000 Franken vorsehen, unterliegen der Volksabstimmung, wenn 2.000 Stimmberechtigte dies innert drei Monaten seit der Veröffentlichung verlangen ...«

Solche Regeln haben nachweislich eine disziplinierende Wirkung auf das Ausgabeverhalten des Staates. Dort, wo das Finanzreferendum schon bei niedrigen Summen greift und mit wenigen Unterschriften oder ganz ohne Unterschriftensammeln eingeleitet wird, sind die Ausgaben des Kantons deutlich niedriger. Der gleiche Effekt ist bei den Gemeinden zu beobachten: Im Durchschnitt ist die Verschuldung pro Kopf in Gemeinden, in denen es ein Finanzreferendum gibt, um 15 Prozent niedriger als in Gemeinden ohne Finanzreferendum.[6]

So weit, so gut. Allerdings hat die Sache auch eine Kehrseite. Denn natürlich ist denkbar, dass die Bürger in ihrer Sparwut Ausgaben kippen, die eigentlich sinnvoll sind und die sich, über einen längeren Zeitraum betrachtet, durchaus auszahlen würden. Zugeben muss man auch, dass die ausprägte Sparsamkeit der Schweizer in Verbindung mit den Möglichkeiten der direkten Demokratie den Ausbau des Schweizer Sozialstaats verlangsamt hat. Ohne Ausnahme wurden seit 1874 alle nationalen Volksinitiativen, die zu mehr Sozialausgaben geführt hätten, abgelehnt. Auch vom Parlament beschlossene Ausgabenerhöhungen für Sozialpolitik wurden in der Hälfte aller Fälle im Referendum wieder gekippt. Allerdings wurden auch Kürzungen bei Sozialausgaben im Volksentscheid meistens abgelehnt.

Weitere spektakuläre Fälle dieser Art sind aus der Schweiz aber nicht bekannt. Gut begründeten und nachvollziehbar notwendigen Ausgaben stimmen die Bürger in aller Regel zu. Ein Schweizer Hochschullehrer, den ich zu einem Vortrag nach Deutschland eingeladen hatte, erzählte mir beim Abendessen, dass eine Abstimmung über ein Zusatzgebäude für sein Institut anstehe. Er war aber nicht im Geringsten deswegen besorgt. Die Universität habe einen guten Ruf, das wisse auch die Bevölkerung. Die Investition werde sicher ohne Probleme bewilligt werden. So kam es dann auch.

Wenn sich das Parlament weitgehend einig ist, werden die Ausgaben meist auch von der Bevölkerung genehmigt. Aber die öffentliche Debatte darüber ist eine zusätzliche Kontrolle. Mit der abstimmenden Bevölkerung tritt nach der parlamentarischen Opposition ein weiterer Vetospieler auf. Eine Ausgabe muss zweimal genehmigt und zweimal diskutiert werden: das erste Mal durch die Parlamentarier, das zweite Mal durch die Bevölkerung. Investitionen, die hauptsächlich Lobbyinteressen dienen, fallen spätestens in der öffentlichen Debatte vor dem Volksentscheid durch.

---

[6] Freitag/Vatter/Müller 2003 kommen in ihrer Untersuchung der Kantone zu dem Ergebnis: »Je weniger Barrieren den Zugang zu direktdemokratischen Institutionen verstellen, umso geringer ist der öffentliche Steuerkonsum.« (362) Die Untersuchung der Verschuldung der Kommunen findet sich bei Feld/Kirchgässner 2001.

Deutschland: »Finanztabu« bei Volksentscheiden

Wer angesichts der kalifornischen Erfahrungen ein leichtes Unbehagen verspürt, kann beruhigt werden: Über Geldausgaben oder Steuern per Volksentscheid zu beschließen, ist in Deutschland nur in sehr bescheidenem Umfang möglich. Dieses Recht behalten sich die Parlamentarier vor. In fast allen deutschen Bundesländern gibt es das so genannte *Finanztabu* bei Volksentscheiden. »Wenigstens von den Staatsfinanzen, so das Flehen aus den Parteizentralen, sollte der gemeine Bürger die Finger lassen. Wenn das Volk erst Verfügung über die Staatskassen bekomme, seien die bald leer«, fasste DER SPIEGEL im Mai 2003 treffend die Haltung der meisten Abgeordneten zusammen. Häufig finden sich daher in den Verfassungen oder Volksentscheidsgesetzen der Länder Formulierungen wie: »Volksentscheide über den Landeshaushalt sind ausgeschlossen.«

Das klingt harmlos. Wer kommt schon auf die Idee, über den gesamten Haushalt einen Volksentscheid zu machen? Der Satz wird aber meist so interpretiert, dass nicht nur der Landeshaushalt als Ganzes vom Volksentscheid ausgenommen ist, sondern jeder Beschluss, der Geldausgaben verursacht und damit den Haushaltsplan verändert. So wie Eltern vernünftigerweise ihren minderjährigen Kindern keine Kontovollmachten einräumen, meint auch der Staat, seine Bürger vom Staatshaushalt fernhalten zu müssen.

Kurioserweise sind die Regelungen so weit gefasst, dass selbst Volksentscheide, die Ausgaben vermeiden, unzulässig sind. Eine Volksentscheidsinitiative in Bayern, die sich gegen den Bau der Hochgeschwindigkeitsbahn Transrapid zwischen Münchener Flughafen und Innenstadt hauptsächlich wegen der enormen Mehrkosten für Stadt und Land richtete, befand das bayrische Verfassungsgericht für unzulässig. Auch wenn weniger Geld ausgegeben wird, ist das ja ein Eingriff in den Haushaltsplan!

Es ist nun aber klar, dass jedes Volksbegehren und jeder Volksentscheid zu gewissen Geldausgaben führen. Schon die Durchführung der Abstimmung selbst ist ja mit Kosten verbunden. Ein Einfluss auf die Staatsfinanzen ist also immer gegeben, und sei er noch so bescheiden. Streng genommen würde das Finanztabu bedeuten, dass alle Volksentscheide unzulässig sind. Das kann irgendwie nicht sein, denn die Staatsgewalt wird vom Volk *in Wahlen und Abstimmungen* ausgeübt, wie das Grundgesetz ausdrücklich feststellt und auch die Länderverfassungen sehen Volksentscheide vor. Abstimmungen kann es, ja muss es also geben.

Diverse Staatsgerichtshöfe diverser Bundesländer haben sich inzwischen mit der Frage befasst, wo die Grenze zu ziehen ist. Der Staatsgerichtshof Sachsen ging 2002 so weit, nur Volksentscheide, die wirklich den Staatshaushalt als Ganze zum Thema haben, zu untersagen. Von diesem ohnehin unrealistischen Fall einmal abgesehen, sind in Sachsen somit Volksentscheide auch dann zulässig, wenn sie zu Mehrkosten für den Staat führen, egal wie hoch.

Auch das Berliner Verfassungsgericht hält Volksentscheide, die Kosten verursachen, für zulässig. Es hob das Verbot eines Volksbegehrens zur besseren Ausstattung der Berliner Kindertagesstätten wieder auf. Eine Obergrenze der Belastungen für den Landeshaushalt durch Volksbegehren hielten die Richter für unnötig. Einzige Einschränkung: Volksentscheide dürfen nur Auswirkungen auf das kommende, nicht auf das laufende Haushaltsjahr haben.

Alle anderen Ländergerichte kamen aber übereinstimmend zu der Auffassung, dass Mehrkosten für den Staatshaushalt in gewissem Umfang zulässig sein müssen, wenn Volksentscheide nicht völlig verunmöglicht werden sollen, dass sie aber nicht die *Struktur* des Haushalts durcheinander bringen dürften.

Die Auswirkungen dürften nicht *erheblich* oder *wesentlich* sein. Das klingt zwar ganz vernünftig, öffnet aber willkürlichen Interpretationen Tür und Tor. Was ist *wesentlich* oder *erheblich*? Sind Ausgaben in Höhe von zehn Prozent des Landeshaushalts *erheblich* oder erst 15 Prozent? Weit gefehlt: Das Bundesverfassungsgericht hat in einem Urteil zu einem Volksbegehren in Schleswig-Holstein bereits eine Ausgabe von weniger als einem Prozent des Gesamthaushalts als *wesentlich* bezeichnet und deswegen verboten.

In der Realität führt diese Unbestimmtheit der Begriffe dazu, dass praktisch jedes Volksbegehren vor Gericht landet, wenn seine finanziellen Auswirkungen nicht zweifelsfrei ganz gering sind. Wie die Gerichte entscheiden, ist selbst für Fachleute unvorhersehbar – vieles hängt schlicht von der personellen Zusammensetzung des jeweiligen Gerichts ab. Das ist eigentlich ein unhaltbarer Zustand. Es ist auch nicht recht einsehbar, warum die Bevölkerung nicht über Geldausgaben des Staates entscheiden soll. Schließlich sind es Steuergelder, die sie selbst aufgebracht hat. Oder warum sie nicht über die Höhe der Steuern, die sie selbst bezahlen muss, mit entscheiden soll.

Überraschenderweise wurde ein viel beachteter Volksentscheid, der sicherlich nach diesen Kriterien nicht zuläßig gewesen wäre, nicht verboten: der Volksentscheid in Baden-Württemberg über das Bahnhofsprojekt Stuttgart 21. Die Bundesbahn forderte bei einem Stopp des Bahnhofsneubaus Entschädigungen von sage und schreibe 1,5 Milliarden Euro.

Hier ging es also nicht um bescheidene Beträge, sondern um Belastungen für den Landeshaushalt, die zweifellos *erheblich* sind. Wenn irgendwann überhaupt, dann wäre in Baden-Württemberg 2011 eine Überprüfung der Zulässigkeit eines Volksentscheids sinnvoll gewesen. Allein, der Staatsgerichtshof blieb untätig, weil niemand Klage gegen den Volksentscheid erhob. Und wo kein Kläger ist, da ist auch kein Richter. Von den Initiatoren der Abstimmung – SPD und Grüne – war das natürlich nicht zu erwarten, aber auch CDU und FDP verzichteten auf eine Klage, die zwar aussichtsreich, aber äußerst unpopulär gewesen wäre. Zumal sie sich, legal oder nicht, gute Chancen ausrechneten, die Abstimmung zu gewinnen. Was sich dann auch bestätigte.

Welche Schlüsse lassen sich aus den internationalen Erfahrungen für die deutsche Politik ziehen? Der Bürger ist zweifellos sparsam mit seinen Steuergeldern, wie es aussieht, sogar sparsamer als die Parlamentarier. Auch wenn man zugeben muss, dass der Staatshaushalt ein komplexes Gebilde ist, bei dem die direkte Demokratie an ihre Grenzen stößt, ist das deutsche Finanztabu unsinnig. Langfristiges Festschreiben von Steuersätzen oder die dauerhafte Blockade von Teilen des Haushalts für bestimmte Ausgabenfelder sind problematisch, wie das kalifornische Beispiel zeigt. Steuern und Ausgabenerhöhungen vom Volksentscheid generell auszuschließen, geht aber viel zu weit. Die Bürger sind mit Geld nicht leichtfertiger als die Parlamentarier. Wenn das Parlament Ausgaben beschließen kann und Steuersätze festlegt, sollte das genauso durch Volksentscheid möglich sein. Ganz dringend aber sollte in Deutschland das Finanzreferendum eingeführt werden. Über Investitionen wie die Münchener Transrapidstrecke oder den Stuttgarter Bahnhof müsste dann vor Baubeginn ein Volks- oder Bürgerentscheid stattfinden. Angesichts der hohen Verschuldung vieler Bundesländer und Städte ist das geradezu überfällig. Das Finanzreferendum kann nicht zu zusätzlichen, vom Parlament nicht gewollten, Kosten führen, wird aber helfen, unnötige Ausgaben zu vermeiden.

Einen mutigen Schritt in die richtige Richtung hat das kleine Bundesland Bremen 2009 mit einer Änderung seines Volksentscheidsgesetzes gemacht. »Finanzwirksame Volksentscheide mit Wirkung für zukünftige Haushaltspläne sind zulässig ...«, heißt es hier jetzt. Für Volksentscheide gelten nun die gleichen Haushaltsspielregeln wie für das Parlament. Die Initiatoren müssen außerdem einen Kostendeckungsvorschlag vorlegen. Sie müssen also genau erklären, wo das Geld für die Zusatzausgaben herkommen soll. Der Volksentscheid hat erst im kommenden Haushaltsjahr Auswirkungen. Das Parlament kann also bei der Haushaltsaufstellung flexibel darauf reagieren. Wenn das gewährleistet ist, spricht nichts dagegen, das Finanztabu bei Volksentscheiden zu streichen.

Volkes Stimme: Ausländer, Juden und Schwule raus?

1893, zwei Jahre nach ihrer Einführung auf Bundesebene, stimmten die Schweizer zum ersten Mal über eine Volksinitiative ab. Sie wurde mit einer Mehrheit von 60 Prozent angenommen. Erstmals hatte die Bevölkerung von sich aus einen Vorschlag erarbeitet, die notwendigen Unterschriften geleistet und der Regierung einen Denkzettel erteilt. Und was wollte das Volk? Es ging ihm um besseren Tierschutz. Die Volksinitiative, getragen von den Schweizer Tierschutzvereinen, wollte ein Verbot des Schlachtens von Tieren ohne vorherige Betäubung durchsetzen.

Dieses »Schächten« ist freilich eine rituelle Praxis der jüdischen Glaubensgemeinschaft. Es wird auch in islamischen Ländern praktiziert. Die Zahl moslemischer Einwanderer in die Schweiz war damals allerdings so gering, dass sie keine Rolle spielten. Um die jüdische Einwanderung hatte es aber schon vorher Konflikte gegeben. Die Schweiz musste, um Handel mit Frankreich zu treiben, die freie Einwanderung französischer Bürger *egal welchen Glaubens* akzeptieren, also auch und vor allem jüdischer Einwanderer. Die französische Regierung machte auch zur Bedingung, dass die französischen Juden frei wählen durften, wo sie sich ansiedeln wollten. Schweizer Juden dagegen durften sich nur in den beiden Aargauer Ortschaften Oberendingen und Lengnau niederlassen – eine unhaltbare Situation. Die Schweizer Regierung, der Bundesrat, traute sich anfangs nicht, daran etwas zu ändern, da sie ein Nein des Volkes im Referendum befürchtete. Denn zur Gewährung der Niederlassungsfreiheit für Juden in allen Kantonen musste die Verfassung geändert werden. 1866 kam es dann doch zur Abstimmung über die notwendige Verfassungsänderung. Und die Bevölkerung stimmte zu. 53 Prozent waren dafür, dass Juden frei wählen konnten, wo sie in der Schweiz leben wollten.

Das war zwar einerseits ein durchaus erfreuliches Ergebnis, zeigte aber andererseits schon, dass sich die Bevölkerung mit den Rechten religiöser und – wie man sehen wird – auch anderer Minderheiten schwerer tut als das Parlament. Im Parlament war die Zustimmung zur Niederlassungsfreiheit laut Einschätzung der Neuen Zürcher Zeitung *»recht einmütig«* gewesen, der Volksentscheid ging aber nur ganz knapp zugunsten der Juden aus. Für Christian Bollinger bleibt daher »der Eindruck zurück, dass der Bundesrat und die Parlamentsmehrheit ... früher bereit gewesen wären, die Niederlassungsfreiheit einzuführen als erst 1866«. Die Angst der Parlamentarier vor dem drohenden Volksentscheid scheine »die Gleichstellung der Juden tatsächlich – gemeinsam mit anderen Faktoren – verzögert zu haben.«[7]

Wie knapp es war und wie berechtigt die Befürchtungen der Parlamentarier gewesen waren, zeigt eine am gleichen Tag abgehaltene Volksabstimmung zur *Glaubens- und Kultusfreiheit* der Juden. Regierung und Parlament hatten für ein *Ja* geworben und es als *logische Nothwendigkeit* bezeichnet, den Juden, wenn man ihnen schon erlaube, sich frei anzusiedeln, auch die Ausübung ihres Glaubens und die damit verbundenen Rituale zu gestatten. Die Bevölkerung sah das anders. Nur 49 Prozent stimmten mit *Ja*. Erst 1874, nachdem Holland einen Handelsvertrag mit der Schweiz hatte platzen lassen und »die Isolierung der Schweiz im zivilisatorisch fortgeschrittenen Westeuropa offen zutage trat«, wurde die Glaubensfreiheit vom Parlament beschlossen und von der Bevölkerung bewilligt. Das Parlament bediente sich dabei eines Tricks: Die Glaubensfreiheit wurde gemeinsam mit einer *Totalrevision der Bundesverfassung* verabschiedet. Man schnürte also ein Paket mit vielen Verfassungsänderungen. Glaubensfreiheit war ein Punkt unter vielen. Bollinger drückt es so aus: Die Bevölkerung sei mitunter geneigt, eine bittere Pille zu schlucken, wenn sie ihr mit einem gut gesüßten Cocktail gereicht werde.

Diesen Trick wendet die Schweizer Regierung noch heute des Öfteren an. Auch das Verhalten des Stimmvolkes hat sich nicht grundlegend geändert. Andersdenkenden oder anders Lebenden mehr Rechte zu gewähren, fällt ihm schwerer als dem Parlament. Die Bevölkerung verhält sich gegenüber Minderheiten dabei nicht brutal. Sie hat ja zum Beispiel nicht die Ausweisung der Juden beschlossen. Wenn es alle von ihr erwarten, stimmt sie sogar zögernd einer Ausweitung von Minderheitenrechten zu, nutzt aber die erste Gelegenheit, diese Minderheit ein bisschen zu schikanieren. Deswegen die Verweigerung der Glaubensfreiheit nach Gewährung der Niederlassungsfreiheit.

[7] Dieses und weitere Zitate zur jüdischen Glaubensgemeinschaft in der Schweiz sind den beiden Aufsätzen von Christian Bollinger im von Adrian Vatter herausgegebenen Buch »Vom Schächt- zum Minarettverbot« entnommen.

In diesem Zusammenhang muss man leider auch die oben erwähnte Volksabstimmung für ein Schächtverbot sehen. Zwar betonten die Befürworter, dass es ihnen nur um Tierschutz gehe. Aber Berichten zufolge »strotzten die Flugblätter, Vorträge, Presseerzeugnisse und Leserbriefe von judenfeindlichen Vorurteilen und Klischees«. Die Gegner der Initiative erhielten finanzielle Unterstützung von jüdischen Organisationen, was sie aber tunlichst zu verheimlichen suchten. Regierung und Parlament lehnten das Schächtverbot ab. Die Bevölkerung war mehrheitlich dafür. Viele Zeitungen interpretierten das Ergebnis damals mehr als Sieg der Judenfeindlichkeit denn als Tierliebe.

Das Schächtverbot wurde später in ein allgemeines Tierschutzgesetz integriert. 2001 allerdings schlug der Bundesrat eine Reform vor. In Anlehnung an das deutsche Tierschutzgesetz sollte es gewisse Ausnahmebestimmungen geben, um Juden ihre Religionsausübung zu erleichtern. Die Ablehnung war sofort enorm. Der Tierschutzverein startete eine Volksinitiative, um das Schächtverbot auszudehnen, und sammelte die notwendigen Unterschriften. Anders als vorher sollte nun auch Geflügel ins Schächtverbot eingeschlossen werden. Außerdem hätte eine Annahme der Initiative faktisch auch den Import von Schächtfleisch verhindert. Erst als der Bundesrat seine Pläne für eine Lockerung des Schächtverbots aufgab, zog auch der Tierschutzverband seine Volksinitiative zurück. Es bleibt also alles beim alten. Nach wie vor hat die Schweiz im europäischen Vergleich eine der restriktivsten Regelungen zum Schächtverbot.

Es mag dahin gestellt bleiben, ob auch 2001 antisemitische Vorurteile eine Rolle gespielt haben. Unstreitig ist aber, dass in den rein parlamentarischen Nachbarländern die Gesetzgebung stärker auf religiöse Juden Rücksicht nimmt und dass die parlamentarischen Gremien der Schweiz dies übernehmen wollten. Man weiß natürlich nicht, ob die vom Tierschutzverband gestartete Volksinitiative zur Verschärfung des Schächtverbots auch durchgekommen wäre, sie wurde ja vor der Abstimmung zurückgezogen. Diese Initiative hätte den Schweizer Juden die Religionsausübung spürbar erschwert. Die Tatsache, dass die Schweizer Regierung lieber auf ihre Reformpläne verzichtete, als es auf eine Abstimmung ankommen zu lassen, spricht allerdings für sich.

Anerkennung anderer Religionen

Der Vorgang ist auch ein gutes Beispiel dafür, dass sich Parlamentarier an bestimmte Dinge erst gar nicht herantrauen, weil sie befürchten, vom Volk abgestraft zu werden. In einer recht umfangreichen Untersuchung ist Anna Christmann der Frage nachgegangen, warum in Deutschland und Österreich zahlreiche mitunter exotische Gruppen als Religionsgemeinschaften anerkannt sind, in der Schweiz aber nur Protestanten und Katholiken, außerdem in neun von 26 Kantonen auch die christkatholischen und in sechs die jüdischen Gemeinschaften. Das ist alles. In Österreich dagegen sind sage und schreibe 12 Kirchen und Religionsgemeinschaften offiziell anerkannt. Anerkannt sind Buddhisten, Moslems und Zeugen Jehovas, um nur einige zu nennen. Christmanns These, die sie in einer genauen Analyse der einschlägigen Parlamentsdebatten bestätigt findet, ist, dass die Angst vor dem *Damoklesschwert Referendum* die Parlamentarier von weiteren Anerkennungen abhält.

Nicht selten wurden Anträge beispielsweise der Grünen mit dem Argument abgelehnt, dass zu viele Rechte insbesondere für Muslime zur Ablehnung des Gesetzes im Referendum führen würden. Die Parlamentarier griffen mitunter zu dem schon bekannten Trick, Rechte für weitere religiöse Minderheiten bei einer kompletten Neufassung der Kantonsverfassung, einer »Totalrevision«, mit einzubauen. Die problematischen Paragrafen standen dann nicht im Zentrum der öffentlichen Debatte und rutschten beim obligatorischen Referendum gewissermaßen mit durch. »Außerhalb von Totalrevisionen wurden kaum liberale Anerkennungsregeln umgesetzt, die Gefahr der Ablehnung durch das Volk schien zu groß.« (Christmann 2010: 32) Insbesondere dann, wenn die erstarkende Schweizer Volkspartei (SVP) ankündigte, die neuen Regelungen mit den Mitteln der direkten Demokratie zu Fall zu bringen. Dieses Argument entfaltete stets Wirkung.

Diese Angst der Parlamentarier vor dem Volke ist leider durchaus berechtigt, wenn es um Minderheitenfragen geht. Die Schweizer Politikwissenschaftler Adrian Vatter und Deniz Danaci haben 2010 eine umfassende Analyse zu der Frage vorgelegt, wie Minderheiten bei Volksentscheiden in der Schweiz abschneiden. Sie nahmen alle Volksentscheide im Bund und in den Kantonen zwischen 1960 und 2007 unter die Lupe. Die Ergebnisse sind nicht gerade ermutigend. Wenn von unten, per Volksinitiative, Minderheitenrechte erweitert werden sollten, war das stets zum Scheitern verurteilt. Alle derartigen Volksinitiativen auf nationaler Ebene wurden ausnahmslos abgelehnt, und in den Kantonen sah es nur wenig besser aus. Lediglich einmal, im Kanton Genf, stimmten die Bürger einer Volksinitiative zur Einführung des Ausländerwahlrechts zu.

Häufig nutzen die Bürger auch das Referendum, um zu verhindern, dass das Parlament Verbesserungen für Minderheiten einführt. Um es in Zahlen auszudrücken: 50-mal stimmte die Bevölkerung über Vorschläge ab, die sich positiv für Ausländer ausgewirkt hätten. 21-mal war sie dagegen. In fast der Hälfte der Fälle führte die direkte Demokratie also für Ausländer zu einer schlechteren Situation, als wenn das Parlament allein entschieden hätte. Auf der anderen Seite gab es nur drei Volksentscheide, in denen das Volk minderheitenfreundlicher abstimmte als die Parlamentarier. Die Autoren, ansonsten durchaus Befürworter der direkten Demokratie, fassen zusammen: »Damit bestätigt sich unsere Hypothese, wonach die direkten Effekte der direkten Demokratie tendenziell minderheitenfeindlich sind.« (Vatter/Danice 2010: 227) Homosexuelle und Behinderte hatten in der Schweiz keine Nachteile. Was aber Ausländer und religiöse Minderheiten betrifft, so kann man kaum bestreiten, dass es für sie durch die direkte Demokratie nicht leichter wurde. Besonders problematisch wird die Sache, wenn es um Moslems geht. Zwischen 1963 und 2007 wurde in den verschiedenen Schweizer Kantonen achtmal über Vorlagen abgestimmt, die zumindest indirekt die Rechte der muslimischen Religionsgemeinschaft betrafen (vgl. Vatter [Hrsg.] 2011: 103). Bei diesen acht Volksentscheiden stimmten die Schweizer viermal mit Ja und viermal mit Nein. So weit, so gut. Aber bei genauerer Betrachtung stellt sich heraus: Wenn mit Ja gestimmt wurde, rutschten die Moslems unbeachtet sozusagen am Rande mit durch. So war es zum Beispiel im erzkatholischen Tessin im Jahr 1975. Im Volksentscheid ging es vor allem darum, endlich die evangelische Kirche als Religionsgemeinschaft anzuerkennen. Der Text war aber so gehalten, dass auch weitere Religionsgemeinschaften zumindest theoretisch die Möglichkeit zur Anerkennung bekamen. Die Moslems profitieren also, ohne dass dies zum Zeitpunkt der Abstimmung besonders beachtet wurde.

Immer dann aber, wenn rechte Parteien eine Kampagne starteten und die drohende muslimische Unterwanderung hervorhoben, lehnten die Bürger den Vorschlag ab. Eine Verfassungsreform im Kanton Zürich 1982 sah beispielsweise vor, neben der evangelischen und katholischen Kirche weitere Religionsgemeinschaften anzuerkennen. Außerdem sollten Kirchen künftig ihr internes Wahlrecht für kirchliche Ämter selbst beschließen. Besonders letzterer Punkt rief den Widerstand der konservativen Schweizer Volkspartei (SVP), überraschenderweise aber auch der liberalen FDP hervor. Die SVP fürchtete, die Kirchen könnten Ausländern das Wahlrecht geben, und diese könnten damit über die Kirchen Einfluss auf die staatliche Politik nehmen. Außerdem gäben die Kirchen damit ein schlechtes Beispiel, dem möglicherweise andere Verbände folgen würden. Die FDP wiederum war besorgt, Religionsgemeinschaften könnten Frauen das innerkirchliche Wahlrecht entziehen. Offenbar dachte man dabei vor allem an die Moslems. Die Verfassungsänderung wurde im Volksentscheid abgelehnt. 2003 ging es in Zürich abermals um eine Verfassungsänderung zur Anerkennung nicht-christlicher Religionen. Die Gegner plakatierten mit der Parole *Steuergelder für Koranschulen?* Die Bevölkerung lehnte wieder ab.

Minarett- und Ausschaffungsinitiative

Bei diesen Volksentscheiden handelte es sich um Referenden, also Abstimmungen über Vorlagen, die das Parlament schon beschlossen hatte. Die SVP, inzwischen größte Partei der Schweiz, beschränkt sich aber nicht darauf, Mehrheitsbeschlüsse des Parlaments im Referendum zu Fall zu bringen. Sie lanciert auch regelmäßig eigene Volksinitiativen mit tendenziell ausländerfeindlichem Inhalt und stellt sie zur Abstimmung. Lange Zeit hatte sie damit wenig Erfolg. In den Jahren 2009 und 2010 konnte sie sich aber zweimal durchsetzen, was international viel Aufsehen erregte.

Im November 2009 unterstützte sie eine Volksinitiative, die nur aus einem einzigen Satz bestand: »Der Bau von Minaretten ist verboten.« Die Bevölkerung stimmt dem zu und der Satz wurde in die Schweizer Verfassung aufgenommen. Die Welt reagierte entsetzt über so viel Intoleranz. Im November 2010 kam dann die so genannte *Ausschaffungsinitiative* zur Abstimmung. Sie sah vor, rechtskräftig verurteilte Ausländer ohne Rücksicht auf den Einzelfall sofort auszuweisen, was der Europäischen Menschenrechtskonvention widerspricht. Nach dem Willen der Initiatoren sollen zum Beispiel Ausländer, die jahrelang in der Schweiz leben, ausgewiesen werden, wenn sie beim Bezug der Sozialhilfe etwas geschummelt haben. Auch diese Initiative wurde mit 52 Prozent Ja-Stimmen angenommen. Allerdings waren das seit langem die ersten siegreichen minderheitenfeindlichen Initiativen in der Schweiz. Seit dem Schächtverbot 1893, also im gesamten 20. Jahrhundert, wurde keine einzige bundesweite Volksinitiative angenommen, die sich gegen Ausländer oder andere Minderheiten richtete.

Die statistischen Auswertungen der Abstimmungen zeigen zweierlei: Einerseits ist recht offensichtlich, dass die Bevölkerung bei Verbesserungen für Minderheiten, speziell für Moslems, zurückhaltend ist und dem Parlament oft einen Strich durch die Rechnung macht. Sie zeigen aber andererseits, dass die Bevölkerung bei Volksentscheiden zur Rücknahme von Ausländerrechten meist auch nicht zustimmt. Die *Ausschaffungsinitiative* und die *Minarettinitiative* sind Gegenbeispiele, aber sie sind eher die Ausnahme als die Regel. Noch im Jahr 2008 hatte die SVP mit einer Initiative nicht so viel Erfolg. Dabei ging es scheinbar um ein urdemokratisches Anliegen, nämlich um die Frage, ob die Schweizer über Einbürgerungen von Ausländern abstimmen sollen.

Einbürgerung durch Bürgerentscheid

Tatsächlich gab es lange Zeit in vielen Gemeinden der Schweiz die Praxis, die Einwohner über jedes einzelne Einbürgerungsgesuch abstimmen zu lassen. Denn darüber entscheiden in der Schweiz die Gemeinden, in denen der Einbürgerungswillige lebt. Einige Gemeinden lassen die Gemeinderäte oder die Verwaltung die Entscheidungen treffen, andere ließen die Bevölkerung abstimmen. Man hatte hier also einen direkten Vergleich: Wie werden die Einbürgerungen von Politikern und Verwaltung gehandhabt, wie von der Bevölkerung selbst? Das Ergebnis einer Untersuchung von 207 Schweizer Gemeinden war ziemlich eindeutig: Die Ablehnungsquote liegt bei drei Prozent, wenn der Gemeinderat oder die Gemeindeverwaltung zu entscheiden haben. 97 Prozent der Einbürgerungswilligen werden also eingebürgert, wenn sie die rechtlichen Voraussetzungen erfüllen und einen Antrag auf Einbürgerung stellen. Wenn die Bürger in einer Bürgerversammlung entscheiden, springt die Ablehnungsquote auf acht Prozent, fast das Dreifache. Wird über Einbürgerungen in einer Urnenabstimmung entschieden, haben die Einbürgerungswilligen noch einmal deutlich geringere Chancen. In der Anonymität der Wahlkabine, unbeobachtet von politisch korrekten Nebenleuten, stimmen die Schweizer in über 30 Prozent der Fälle gegen Einbürgerungen! (Helbling/Kriesi 2004: 33-58)

Vor allem die Gemeinde Emmen bei Luzern fiel auf: In einer Abstimmung im Frühjahr 2000 wurden 48 von 56 Einbürgerungsgesuchen abgelehnt, also die weitaus meisten. Alle Anträge türkischer, ungarischer und polnischer Einwanderer sowie von Antragstellern aus dem früheren Jugoslawien waren den Emmener Bürgern nicht genehm und wurden ausnahmslos verworfen. Nur einige italienische Einwanderer erhielten die Schweizer Staatsangehörigkeit. Das ist nachvollziehbar: In Emmen mit knapp 30.000 Einwohnern können die Bürger unmöglich alle einbürgerungswilligen Ausländer persönlich kennen, geschweige denn beurteilen. Sie entscheiden also nach gängigen Einschätzungen über die Zuverlässigkeit von Nationalitäten. Und Italiener gelten im Vergleich beispielsweise mit Türken als »weniger problematisch«. Der jeweiligen Person des Einwanderers wird ein solches Verfahren natürlich nicht gerecht. Er wird, obwohl möglicherweise gut integriert und völlig unbescholten, abgelehnt, weil er den falschen Namen trägt.

Es ist daher völlig richtig, dass das Schweizer Bundesgericht 2003 diesen Modus des Einbürgerungsverfahrens verboten hat. Die Gemeinde Emmen musste fünf Antragsteller aus dem Balkan nachträglich einbürgern. Ihre Ablehnung habe das Diskriminierungsverbot verletzt, meinte das Gericht.

Dieses Urteil rief die Schweizer Volkspartei auf den Plan. Sie startete eine Volksinitiative, um Urnenabstimmungen über Einbürgerungen wieder möglich zu machen. Im Kanton Schwyz hatte sie damit ein paar Jahre vorher Erfolg gehabt. Die schon erwähnte Initiative trug den hübschen Namen *Für demokratische Einbürgerungen* und setzte auf die Freiheit der Gemeinden, selbst über den Modus der Einbürgerungen zu entscheiden. Die Gemeinden sollten selbst regeln, ob per Verwaltungsakt, durch Ratsbeschluss oder durch die Bevölkerung über Einbürgerungen entschieden werden sollte. Das klingt sehr volksnah und gar nicht ausländerfeindlich. Doch obwohl die Erweiterung demokratischer Rechte normalerweise bei Volksentscheiden ein Selbstläufer ist, stimmten diesmal nur 36 Prozent zu. Interessant bei diesem Ergebnis ist auch Folgendes: Die beiden konservativen Parteien zusammen hatten bei den vorhergehenden Wahlen 43 Prozent der Bürger hinter sich gebracht, im Volksentscheid selbst brachten sie es dann nur auf 36 Prozent. Man hört ja oft, dass Volksabstimmungen für Populismus besonders anfällig seien. Die Zahlen stützen das in diesem Fall nicht, die konservativen Parteien konnten ihr bei Wahlen erzieltes Potenzial nicht einmal ganz ausschöpfen.

Die Initiative *Für demokratische Einbürgerungen* war nicht der einzige Fehlversuch der Schweizer Volkspartei. Auch schon in den Jahren zuvor hatten die Schweizer Bürger Volksinitiativen der SVP abgelehnt und somit eher ausländerfreundlich abstimmt. Zum Beispiel eine Initiative im Jahr 2000, die den Ausländeranteil der Schweiz auf 18 Prozent begrenzen wollte. 18 Prozent wohlgemerkt! In Deutschland ist er etwa halb so hoch. Auch bei dieser Initiative war nur ein gutes Drittel der abstimmenden Schweizer dafür. Die Mehrheit wollte keine gesetzliche Begrenzung des Ausländeranteils, nicht einmal auf 18 Prozent. Die Mehrheit der Schweizer stimmte auch den Schengener Übereinkommen zu, dem Abbau der Grenzkontrollen. EU-Bürger können frei und unkontrolliert in die Schweiz reisen und dort auch arbeiten. Auch die Ausweitung des Schengen-Raums auf die neuen EU-Mitglieder Osteuropas, Bulgaren und Rumänen, wurde von den Bürgern gutgeheißen. Diese positiven Beispiele relativieren das Bild der minderheitenfeindlichen direkten Demokratie etwas. Sie ändern aber nichts daran, dass der Schweizer Volksgesetzgeber in der Regel unfreundlicher zu Ausländern ist als der parlamentarische Gesetzgeber.

Kalifornien: Intoleranz gegen Minderheiten

In Kalifornien sind die Erfahrungen ähnlich. Es gab zahlreiche Initiativen gegen den spanischsprachigen Schulunterricht für Einwandererkinder oder gegen Quotenregelungen, die Einwanderern bei Einstellungen und bei der Studienplatzvergabe einen bestimmten Anteil sichern sollten. Auch Ausländer als Nachbarn riefen den Volksgesetzgeber auf den Plan. In den 1960er Jahren hatte das kalifornische Parlament so genannte *Fair housing laws* verabschiedet. Hausbesitzern wurde darin untersagt, farbige und andere Einwanderer bei Wohnungsvermietungen zu übergehen oder irgendwie zu benachteiligen. Mit großer Mehrheit stimmte die kalifornische Bevölkerung 1964 für eine Abschaffung dieser Gesetze. Das oberste Bundesgericht der USA sah darin einen Verstoß gegen den Gleichheitsgrundsatz der Bundesverfassung und hob den Beschluss des Volkes wieder auf. Ein Beispiel von vielen.

Barbara Gamble hat von 1959 bis 1993 die Volksentscheidsstatistik der USA ausgewertet und fand 74 Initiativen und Referenden, die sich mit Minderheitenrechten befassten (Gamble 1997: 262). Alle bis auf sechs wollten Minderheitenrechte einschränken oder vom Parlament beschlossene Verbesserungen für Minderheiten rückgängig machen. In knapp 80 Prozent der Fälle schafften sie das auch, die Bevölkerung stimmte gegen Verbesserungen für Minderheiten. Von den sechs Initiativen, die Minderheitenrechte erweitern wollten, war lediglich eine einzige erfolgreich! Zweifellos, Minderheiten sind auch in den USA nicht gerade die Profiteure der direkten Demokratie. Betroffen waren von diesen Volksentscheiden nicht nur Ausländer, sondern auch Homosexuelle.

Gambles Zahlen wurden in der Folge oft angezweifelt. Sie habe die untersuchten Volksentscheide willkürlich ausgewählt, zum Beispiel auch kommunale Abstimmungen einbezogen, und sich bei der Einschätzung der Ergebnisse auf Zeitungsberichte verlassen. Es sei in Wirklichkeit nicht so schlimm. Hermann K. Heußner, an sich ein Befürworter von Volksentscheiden, kommt in einer 2012 erschienenen Auswertung aller Volksinitiativen in den USA allerdings zu ähnlichen Zahlen. Er zählt im Zeitraum 1950 bis 2009 insgesamt 53 Volksinitiativen in den verschiedenen Bundesstaaten der USA, die Rechte von Ausländern, Homosexuellen oder AIDS-Kranken einschränken wollten. Von diesen wurden fast drei Viertel gewonnen. Zum Vergleich: Die durchschnittliche Erfolgsrate für Volksinitiativen in den USA beträgt 41 Prozent. Die Wahrscheinlichkeit, dass eine Initiative durchgeht, ist also fast doppelt so hoch, wenn sie sich gegen Minderheiten wendet.

Kalifornien sorgte zum Beispiel am 4.11.2008 für Schlagzeilen, weil die Bürger in einem Volksentscheid am Tage der Wahl Barack Obamas zum US-Präsidenten für eine Verfassungsänderung stimmten, mit der die vom Parlament beschlossene so genannte Homosexuellen-Ehe verunmöglicht wurde. Und das war beileibe kein Einzelfall: Es gab bis Ende 2012 34 Abstimmungen in den USA über *Same Sex Marriage*. 29-mal wurde die Homosexuellen-Ehe vom Volk abgelehnt. Auch in Europa war sie schon einmal Gegenstand eines Volksbegehrens: Eine Initiative in Portugal Anfang 2010 erreichte mühelos die erforderliche Unterschriftenzahl. Allerdings liegt in Portugal die letztliche Entscheidung darüber, ob ein Volksentscheid stattfinden soll, beim Staatspräsidenten. Dieser weigerte sich, sodass es nicht zur Abstimmung kam.

Andere Themen für Volksinitiativen in den USA waren Quotierungen für ethnische Minderheiten. Fünfmal stimmten die Amerikaner darüber ab, ob Bewerber ausländischer Abstammung bevorzugt eingestellt werden sollten, bis ihr Anteil an den Beschäftigten im öffentlichen Dienst ihrem Bevölkerungsanteil entspricht. Viermal stimmten sie dagegen.

Zwölfmal wurde darüber abgestimmt, ob neben dem Englischen noch eine andere Sprache zugelassen werden solle, zum Beispiel muttersprachlicher Schulunterricht für lateinamerikanische Einwanderer. Zehnmal waren die Bürger dagegen. In Kalifornien wurde 1984 sogar die Ausgabe von Wahlinformationen und Stimmzetteln in Spanisch abgelehnt. Es wurde auch abgestimmt, ob es Schulbusse geben solle, die Kinder aus anderen Stadteilen abholen, damit Schulkinder verschiedener sozialer Schichten und Ethnien die gleiche Schule besuchen könnten – eine integrationspolitische Maßnahme. Sie fand keine Zustimmung bei den Wählern. Fünfmal wurde abgestimmt, fünfmal waren die Amerikaner dagegen.

In den USA ist es ähnlich wie in der Schweiz: Der Bürger nutzt die Volksrechte gerne, um Minderheiten zu schikanieren. Harte Maßnahmen nach dem Motto *Ausländer raus!* werden aber nicht beschlossen. Zwei Initiativen, die AIDS-Kranke unter Quarantäne stellen wollten, brachten es gerade mal auf 30 Prozent. Auch Initiativen, die Homosexualität als *abnorm* bezeichneten und die Entlassung homosexueller Lehrer aus dem Schuldienst forderten, hatten keine Chance. Bei der Homosexuellen-Ehe aber, einer eigentlich eher symbolischen Angelegenheit, gibt es immer wieder ablehnende Entscheide. Wirklich dramatisch ist das nicht, aber auch nicht gerade sympathisch.

Alkoholsteuer und Rauchverbote

In die gleiche Kategorie – nicht bösartig, aber intolerant – fallen auch zahlreiche Initiativen zu Rauchverboten und Alkoholprohibition. In der Schweiz hatte 1908 eine Volksinitiative großen Erfolg, die »Fabrikation, Einfuhr, Transport, Verkauf und Aufbewahrung zum Zwecke des Verkaufs des unter dem Namen Absinth bekannten Liqueurs« sowie seiner Derivate verbot. Bei diesem einen Volksentscheid sollte es allerdings lange Zeit bleiben. 1990 kam das Thema Alkohol in Kalifornien zur Abstimmung. Eine von Kirchen und Gesundheitsverbänden unterstützte Initiative forderte die Erhöhung der Alkoholsteuer bei Bier von vier auf 57 Cent pro Gallone, bei Wein von einem Cent auf 1,29 Dollar und bei Schnaps von 2 auf 8,40 Dollar. Sie wurde aber deutlich abgelehnt, auch eine gemäßigtere Vorlage des Parlaments fand nicht die Zustimmung der Bürger. Erfolgreicher waren Volksentscheide gegen Tabakkonsum. Es begann 1980 in Kalifornien mit einer Volksinitiative, die in allen öffentlichen Gebäuden und an Arbeitsstellen Raucher- und Nichtraucherzonen schaffen wollte. Sie wurde damals noch knapp abgelehnt. 1988 folgte dann eine Initiative zur Erhöhung der Tabaksteuer. Die zusätzlichen Staatseinnahmen sollten zweckgebunden verwendet werden, unter anderem für Gesundheitsaufklärung und Forschung über die Schädlichkeit des Rauchens. Sie sollten also, zumindest teilweise, finanziell den Unterstützern der Initiative selbst zu Gute kommen. Die Gegner formulierten daher bissig, es handele sich um eine Steuererhöhung von 250 Prozent mit Selbstbedienungscharakter, die sich als Gesundheitsinitiative tarne (Glaser 1997: 299). Obwohl die Tabakindustrie eine teure Gegenkampagne finanzierte, wurde die Initiative mit großer Mehrheit angenommen. Weitere Einschränkungen für Raucher wurden vom kalifornischen Parlament beschlossen, die Raucherzonen wurden abgeschafft, sodass das Rauchen in Kalifornien inzwischen auch im Freien weitgehend verboten ist.

2009 erreichte die Anti-Raucher-Welle auch Deutschland. In Bayern startete ein Volksbegehren für ein völliges Rauchverbot ohne Ausnahmen in Kneipen, Restaurants, Festzelten und so weiter. Der Erfolg war überwältigend: In kurzer Zeit trugen sich 14 Prozent aller Bayern in amtliche Unterstützungslisten ein – das beste Ergebnis eines Volksbegehrens seit mehr als 30 Jahren. Beim Volksentscheid stimmte dann eine deutliche Mehrheit von 61 Prozent für das Totalverbot des Rauchens in Gaststätten. Eine Untersuchung über das Abstimmverhalten beim Volksentscheid kommt zu dem Ergebnis, dass ziemlich genau nach der Trennlinie Raucher/Nichtraucher abgestimmt wurde. Da nur ein knappes Drittel der Bevölkerung raucht, war das Ergebnis vorhersehbar. Die Nichtraucher bilden die große Mehrheit der Gesellschaft. Sie sahen gar nicht ein, dass sie einer Minderheit Zugeständnisse machen sollten. »Zusammengenommen scheinen die Gegner des strikten Rauchverbots einen Kampf geführt zu haben, den sie kaum gewinnen konnten«, schlussfolgern die Autoren (Schoen/Glantz/Teusch 2011).

Allerdings war die Idee nicht neu. Ein rigides Rauchverbot hatte in Bayern schon vorher bestanden. Als die FDP in die Regierung eintrat, hatte man es aber abgemildert und das Rauchen in abgetrennten Raucherräumen und gekennzeichneten Eckkneipen wieder erlaubt. Dagegen wandte sich das Volksbegehren und ging noch einen Schritt weiter: Auch in ausgewiesenen Raucherclubs, die nur für Mitglieder zugänglich waren, sollte zukünftig das Rauchen untersagt sein! Selbst türkische Wasserpfeifenkneipen sollten frei von Rauch bleiben. Die Betreiberin einer Zigarrenlounge klagte gegen das neue Gesetz. Vergeblich, sie musste ihr Lokal schließen. Mit Nichtraucherschutz hatte das nichts mehr zu tun, es richtete sich gegen einen Lebensstil, der den Vorstellungen der eher gesundheitsbewussten Bevölkerungsmehrheit nicht entsprach. DIE ZEIT drückte es so aus: »Es handelt sich um eine pädagogische Gesetzgebung, die Volkserziehung und manchmal auch, aber mit noch dürftigeren Gründen, volkswirtschaftlichen Nutzen nur vorschützt. In Wahrheit geht es darum, die Wünsche eines Bevölkerungsteils zu befriedigen, die darin bestehen, einen anderen Bevölkerungsteil gängeln zu wollen.« (Jessen 2011)

Ähnlich sind die Volksentscheide gegen die Liberalisierung des Abtreibungs- und des Scheidungsrechts zu sehen. Die Sicherung der öffentlichen Moral durch Volksentscheid war besonders im katholischen Irland ein Thema, wo seit 1972 sechs Abstimmungen zu diesen Fragen stattfanden und sich immer die konservativen Positionen durchsetzten. Eine religiös-konservative Mehrheit konnte es nicht akzeptieren, dass ein Teil der Bevölkerung einen sexuell freizügigeren Lebensstil pflegte, und nutzte die Demokratie, um der Minderheit ihre Moralvorstellungen aufzuzwingen. Auch im ebenso katholischen Portugal wurde die Liberalisierung der Abtreibung im Volksentscheid zunächst verhindert. Erst 2007 erhielt ein leicht liberalisiertes Abtreibungsrecht den Segen der Bevölkerungsmehrheit.

2011 plante die neu gegründete Freiheitspartei in Berlin einen Volksentscheid über ein Burkaverbot. Strenggläubigen muslimischen Frauen sollte Hausarrest verordnet werden, wenn sie sich nicht westlichen Kleidungsnormen beugten. Zwei Millionen Christen wurden ein paar hundert Burkaträgerinnen entgegengestellt. Der Volksentscheid kam nicht zustande, da die Partei organisatorisch dazu nicht in der Lage war. Sein Ausgang wäre leicht vorherzusehen gewesen: Die Minderheit hätte keine Chance gehabt. Solche *Volksentscheide für Intoleranz* sind ein Manko der direkten Demokratie.

Dass Minderheiten bei Volksentscheiden nur auf ein Wunder hoffen dürfen, merkte im Februar 2012 auch die russischsprachige Minderheit in Lettland. Die russischstämmigen Letten stellen mehr als 30 Prozent aller Einwohner. Doch die einzige Staatssprache in Lettland ist das Lettische. Der Versuch, dies über eine Volksinitiative zu ändern, scheiterte erwartungsgemäß. Das Unterschriftenquorum von zehn Prozent hatte die Initiative geschafft. 270.000 Ja-Stimmen beim Volksentscheid lassen auch vermuten, dass alle wahlberechtigten Russischstämmigen dafür gestimmt haben. Offensichtlich mobilisierte das Thema aber auch viele andere Letten. Mit 61 zu 39 Prozent lehnte die Bevölkerung ab, einer Minderheit mehr Rechte zu geben, die die Sprache der vormaligen Besatzungsmacht spricht. Die Beteiligung lag bei 77 Prozent und damit um 20 Prozentpunkte höher als die Wahlbeteiligung der letzten Parlamentswahl.

Tyrannei der Mehrheit

Viele Bürger neigen dazu, die direkte Demokratie als Ganze in Frage zu stellen, weil sie mit dem Ausgang einer Abstimmung nicht einverstanden sind. Doch was der eine falsch findet, findet der andere richtig. Allerdings gibt es dann ein Problem, wenn im Volksentscheid nicht eine Entscheidung für die gesamte Bevölkerung getroffen wird, sondern ein Teil der Bevölkerung über die Rechte eines anderen Teils abstimmt. Die Einführung des Euro oder die Übernahme einer europäischen Verfassung zum Beispiel betrifft alle. Es liegt in jedermanns ureigenem Interesse, dass eine gute Entscheidung getroffen wird. Der Streit geht nur darum, was die richtige Entscheidung ist. Das Verbot von Minaretten betrifft aber nur Muslime, das Verbot der Homosexuellen-Ehe nur Homosexuelle, die Erhöhung der Tabaksteuer nur Raucher. Hier sind falsch und richtig ziemlich klar zwischen verschiedenen Teilen der Bevölkerung verteilt, und was für den einen richtig ist, ist für den anderen zumindest von Nachteil. Warum sollte ein Christ akzeptieren, dass ihn möglicherweise morgens vom nahen Minarett der Muezzin weckt? Dies hinzunehmen, erfordert Empathie und Toleranz für die Bedürfnisse anderer. Damit sieht es in der breiten Bevölkerung nicht besonders gut aus.

Unter Demokratie wird gemeinhin der Grundsatz *Die Mehrheit entscheidet* verstanden. Diese Forderung wurde ursprünglich gegen die despotischen Herrscher des Feudalismus erhoben. Dass nicht ein Fürst oder König, sondern die Mehrheit der Bevölkerung entscheidet, war in der Tat revolutionär und der Gedanke der Demokratie war eng verbunden mit dem Gedanken an Freiheit und Selbstbestimmung. So ist es im Prinzip noch heute: Immer dann, wenn die Bevölkerung den Eindruck hat, bei Entscheidungen übergangen zu werden, wird der Ruf nach Demokratie laut. Da nun Deutschland aber zweifellos schon eine Demokratie ist, lauten die Forderungen konkreter: Mehr Demokratie, mehr Bürgerbeteiligung oder eben: Volksentscheid!

Ein typisches Beispiel ist die Bewegung gegen den milliardenschweren Neubau des Stuttgarter Bahnhofs, bekannt geworden als *Stuttgart 21*. Ein Großteil der Bevölkerung hatte den Eindruck, dass hier hinter ihrem Rücken etwas beschlossen worden war, was man nicht wirklich wollte und was sehr viel Geld kosten würde. Daher tauchte rasch die Forderung auf, einen Volksentscheid über die Frage zu machen. Volksentscheid und Demokratie also als Forderungen aus der Bevölkerung, um dem Treiben der Herrschenden, hier in Gestalt der Landesregierung und der Bundesbahndirektion, Einhalt zu gebieten.

John Stuart Mill wies in seinem 1859 erschienenen Essay *Über die Freiheit* aber schon darauf hin, dass mehr Demokratie keineswegs immer mehr Freiheit bedeutet und man gelegentlich auch der Demokratie Einhalt gebieten müsse.

Die Idee, dass der Demokratie Schranken auferlegt werden müssten, war natürlich zunächst mal überraschend – sie ist es übrigens für die meisten, die *mehr Demokratie* fordern, noch heute. Den Herrschenden müssen Schranken auferlegt werden, aber doch nicht dem Volk selbst! Die Vorstellung, dass das Volk die Macht benutzen könnte, um sich selbst zu unterdrücken, erscheint tatsächlich ziemlich abwegig, meinte selbst Mill: »Das Volk aber brauchte nicht gegen seinen eigenen Willen geschützt zu werden. Es brauchte nicht seine eigene Tyrannei gegen sich selbst zu fürchten.« Dann verweist er aber zu Recht darauf, dass der häufig geradezu mythisch verwendete Begriff *Volk* keineswegs eine einheitliche Gruppe bezeichnet. »Der ›Wille des Volkes‹ bedeutet praktisch: Der Wille der zahlreichsten und tätigsten Mitglieder des Volkes«, so Mill. Daher sei es durchaus denkbar und praktisch auch immer wieder vorgekommen, dass eine Mehrheit des Volkes versuche, eine Minderheit zu unterdrücken. Die Menschen hätten die ärgerliche Neigung, »entweder als Gesetzgeber oder als Mitbürger die eigenen Meinungen und Neigungen als Regeln des Verhaltens auf andere zu übertragen...« So gesehen könne die Gesellschaft eine soziale Tyrannei ausüben, nämlich wenn sie sich »in Dinge mischt, mit denen sie sich besser nicht befasste«. Dazu gehört für Mill die Religion, aber er geißelt auch die Bemühungen puritanischer Bewegungen zur Durchsetzung der Alkoholprohibition. Zwar sei diese soziale Tyrannei in der Regel weniger brutal. Aber »sie lässt weniger Wege zum Entkommen, sie dringt viel tiefer in die Einzelheiten des Lebens und versklavt die Seele selbst«.

Schon Alexis de Tocqueville, der sich etwas früher als John Stuart Mill mit diesen Fragen befasste, war überzeugt, dass man eine Beschränkung der Volksherrschaft brauche, so wie früher der Herrschaft eines Despoten Schranken gesetzt werden mussten: »Was ist denn die Mehrheit im Ganzen genommen anderes als ein Individuum mit Ansichten und Interessen, die meistens denen eines anderen Individuums, genannt Minderheit, zuwiderlaufen? ... Niemals werde ich die Befugnis, schlechthin alles zu tun, die ich einem Einzelnen unter meinesgleichen versage, einer Mehrheit zugestehen.« Ob ein König die absolute Macht habe oder das Volk, beides sei eine Tyrannei, sofern es nicht eine weitere Instanz gebe, die die Rechte der Minderheit sichere.

Nun gibt es diese weitere Instanz durchaus. Es ist die Justiz. Jeder Volksentscheid kann auf seine Verfassungsmäßigkeit überprüft und zurückgewiesen werden, wenn er zum Beispiel Minderheiten diskriminiert. In den USA erfolgt diese Überprüfung erst nach der Abstimmung. Es kommt dort nicht selten vor, dass das Verfassungsgericht nach der Abstimmung einen Volksentscheid für ungültig erklärt. 2012 beispielsweise hob das kalifornische Verfassungsgericht den Volksentscheid gegen die Homosexuellen-Ehe als unzulässig wieder auf. Natürlich ist es seltsam, wenn die Bevölkerung mit Mehrheit etwas entscheidet und eine Handvoll Richter diese Entscheidung wieder aufhebt. Dennoch ist die Justiz zum Schutze von Minderheiten als zusätzliche Kontrolle sinnvoll.

Allerdings sollte sich das Gericht besser vor als nach dem Volksentscheid mit der Frage der Zulässigkeit befassen. In den deutschen Bundesländern ist das auch so geregelt. In Bremen beispielsweise muss zunächst eine überschaubare Zahl von Unterschriften für einen »*Zulassungsantrag*« gesammelt werden. Wenn die Regierung an der Zulässigkeit Zweifel äußert, befasst sich das Verfassungsgericht damit. Nur wenn das Gericht zur Auffassung kommt, dass das Volksbegehren zulässig ist, kann die eigentliche Unterschriftensammlung starten.

Volksbegehren müssen nicht nur verfassungsgemäß sein, sie dürfen auch keine schon bestehenden Gesetze verletzen. Es gibt in Deutschland »Allgemeines Gleichbehandlungsgesetz« – umgangssprachlich auch Antidiskriminierungsgesetz genannt. Es verbietet zum Beispiel, Ausländer, Homosexuelle oder Frauen bei der Wohnungsvergabe oder im Beruf zu benachteiligen. Auch die Benachteiligung von Behinderten ist gesetzlich untersagt. Damit haben Personen, die einer solchen Gruppe angehören und ein Gesetz diskriminierend finden, egal ob durch Volksentscheid oder Parlamentsbeschluss eingeführt, die Möglichkeit, vor Gericht zu ziehen.

Natürlich ist ein solches Antidiskriminierungsgesetz kein Allheilmittel. Viele Entscheidungen, etwa die Abtreibungsverbote in Irland oder Portugal oder das Verbot von Raucherclubs in Bayern, stellen keine Diskriminierung im Sinne des Gesetzes dar, sondern sind eher Ausdruck von Intoleranz. Das bleibt gewissermaßen unterhalb der Schwelle, die man durch ein Antidiskriminierungsgesetz regeln kann. Trotzdem ist das Gesetz sinnvoll und sollte noch erweitert werden, damit die Justiz die Demokratie bremsen kann, wenn sie beginnt, sich gegen Minderheiten zu wenden. Da natürlich im ungünstigsten Fall auch ein solches Gesetz durch Volksentscheid oder Parlamentsbeschluss entkräftet oder aufgehoben werden kann, sollte es Verfassungsrang bekommen.

Neben den Gerichten gibt es noch weitere Instanzen, die einer *Tyrannei der Mehrheit* Grenzen setzen: die internationalen Organisationen. Um die Minderheiten besser zu schützen, verabschiedete der Europarat 1995 ein Rahmenabkommen, das die volle Gleichberechtigung von Minderheiten fördern und deren Kultur sichern soll. Deutschland hat es ratifiziert, und auch Volksentscheide müssen sich danach richten. Auch eine Etage höher, auf UNO-Ebene, gibt es eine ganze Reihe von Vereinbarungen, die zum Beispiel die Diskriminierung der Frauen verhindern sollen. Natürlich könnte Deutschland diese Abkommen kündigen und aus der UNO austreten. Ein hundertprozentiger Schutz ist das nicht. Aber dass es soweit kommt, ist doch recht unwahrscheinlich.

Der beste Schutz ist sicherlich eine tolerante Grundhaltung der Bevölkerung sowie eine gewisse politische Ächtung derjenigen, die Minderheiten oder andere Lebensstile diskriminieren. Umfragen in der Schweiz zeigen, dass die Schweizer nicht nur Moslems als Fremde empfinden, sondern nahezu die gleiche Distanz zu Juden haben. Trotzdem gibt es, abgesehen von den Vorgängen um das Schächtverbot, keine Volksinitiativen gegen Juden. Es wäre dies eine gravierende Tabuverletzung, und niemand aus der politischen Elite würde ein solches Volksbegehren unterstützen. Ebenso wenig gibt es in der Schweiz Volksinitiativen gegen Homosexuellenrechte, wie sie aus den USA bekannt sind, und auch in Deutschland wäre das schwer vorstellbar. In Zeiten, in denen der deutsche Außenminister seinen gleichgeschlechtlichen Partner zu Staatsbesuchen mitnimmt, hätte ein Volksbegehren zur Wiedereinführung des Verbots von Homosexualität keine Chance. Wenn ein solches Klima der Akzeptanz und Toleranz auch gegenüber dem Islam und seinen Anhängern bestünde, käme es wohl kaum zu Minarett- und Burkaverboten per Volksentscheid.

1989: Frauenwahlrecht in der Schweiz überall eingeführt

Ein besonderer Fall der *Tyrannei der Mehrheit* betraf übrigens keine Minderheit, sondern eine Mehrheit, die vom Stimmrecht ausgeschlossen war: die Frauen. Gemeint ist die groteske Geschichte der Einführung des Frauenwahlrechts in der Schweiz. Es ist dies zugegebenermaßen kein Ruhmesblatt der direkten Demokratie.

Ab 1929 gab es diverse Versuche, das Frauenstimmrecht in den Kantonen einzuführen – sie scheiterten alle in der Volksabstimmung. 1959 kam es zur ersten Abstimmung auf Bundesebene – die Männer lehnten das Frauenstimmrecht im Verhältnis zwei zu eins ab. Erst 1971 wurde es auf Bundesebene in der Schweiz eingeführt. Nur das diktatorisch regierte Portugal war noch langsamer und führte erst nach der Revolution 1974 das Frauenstimmrecht ein. Alle europäischen Länder mit parlamentarischer Demokratie kannten längst, die meisten schon seit dem Ersten Weltkrieg, das Frauenstimmrecht.

Als die Schweizer Männer 1971 endlich im Bundesstaat Frauen als vollwertige Staatsbürgerinnen akzeptierten und ihnen das Wahl- und Stimmrecht gaben, taten sie das fast mit Zweidrittelmehrheit. Aber diese Mehrheit war keineswegs gleichmäßig über die ganze Schweiz verteilt. Im Kanton Appenzell Ausserrhoden wie in der gesamten Ostschweiz war der Anteil der Neinstimmen viel höher und lag bei 60 Prozent. Auf Bundesebene waren sie überstimmt worden. In ihrem Kanton aber bildeten sie die Mehrheit. Es war aber absehbar, dass die Einführung des regionalen Stimmrechts für Frauen in diesen Kantonen nicht einfach sein würde. Denn jeder Kanton entscheidet autonom. In der Folgezeit kam es mitunter zu abenteuerlichen Situationen.

Am langsamsten war der Kanton Appenzell Ausserrhoden. Denn hier wurde nicht in einer Volksabstimmung, sondern urdemokratisch in einer Volksversammlung, der oben bereits beschriebenen Landsgemeinde, abgestimmt. Da es kein Frauenstimmrecht gab, war sie natürlich ausschließlich männlich besetzt. Damit war ein langer Streit programmiert. So wurde 1970 über die Einführung des Frauenstimmrechts abgestimmt.

Die Appenzeller Zeitung berichtet: »Viermal wurde bei pfeifendem Eiswind und heftigem Schneegestöber ausgemehrt (ausgezählt, P. T.) und die Vorlage schließlich für abgelehnt erklärt.« Das wiederholte sich in den Folgejahren mehrmals. Erst 1989 stimmte die Versammlung zu, und das ist nur die offizielle Version.

Die Abstimmung war nämlich ausgesprochen knapp ausgegangen. Wenn eine klare Entscheidung durch optische Ermittlung der Mehrheit vom Podium nicht möglich war, sah das Reglement eigentlich ein Auszählen der Stimmen vor. Nach wiederholtem Schauen und langem Zögern erklärte der Versammlungsleiter die Vorlage diesmal jedoch ohne Auszählung der Stimmen für angenommen. Er sei sich sicher, die Mehrheit sei diesmal dafür, man brauche nicht auszuzählen. Die Gegner des Frauenstimmrechts hatten das keineswegs so gesehen. Nur ein rascher Abbruch der Versammlung verhinderte größere Tumulte. Die Entscheidung galt. Der letzte Schweizer Kanton hatte das Frauenstimmrecht eingeführt. 1989!

Die direkte Demokratie trägt wohl nicht die Alleinschuld an diesem Desaster. Die späte Einführung des Frauenstimmrechts hat zweifellos auch damit zu tun, dass sich die Schweiz aus beiden Weltkriegen hatte heraushalten können. In den Nachkriegswirren war die Stabilität der politischen Institutionen erschüttert und dies gab in den betroffenen Ländern Reformern oder Revolutionären die Chance, ihre Ziele durchzusetzen – nicht so in der Schweiz. Es lässt sich aber nicht leugnen, dass die direkte Demokratie eine Bremserrolle gespielt hat. In Kalifornien war das nicht der Fall: 1911 wurden der Bevölkerung 23 Verfassungsänderungen zur Abstimmung vorgelegt. Ein Punkt war die Einführung des Frauenstimmrechts. Die Männer stimmten zu.

Wo die rein parlamentarische Demokratie ausnahmsweise überlegen ist

Wolf Linder, ein Politikwissenschaftler aus Bern, sieht hier trotzdem ein generelles Problem der direkten Demokratie. In rein parlamentarischen Systemen *»gab es inhärente Anreize für die politische Elite, das Frauenstimmrecht einzuführen: wer dies mit Erfolg versuchte, hatte eine gute Chance, die nächsten Wahlen – mit den Frauen – zu gewinnen.«* (Linder 1999: 62) Für die männlichen Wähler blieben Parteien, die das Frauenwahlrecht forderten, wegen ihrer anderen Programmpunkte trotzdem attraktiv. Es wurde sozusagen ein Programmpaket geschnürt, in dem neben vielen süßen Bonbons ein saures war.

Wird aber das Programmpaket aufgeschnürt und jeder Punkt einer Einzelabstimmung unterworfen, hat das saure Bonbon keine Chance. So wählten in Deutschland viele Männer nach dem Ersten Weltkrieg die

SPD wegen ihrer Sozialpolitik. Die Forderung nach dem Frauenstimmrecht nahmen sie in Kauf. In der Schweiz konnten sie über das Frauenstimmrecht getrennt abstimmen. Sie lehnten es erst mal ab.

Es ist einfacher, eine Partei zu beeinflussen als ein ganzes Volk. Das ist zunächst ein Vorteil der direkten Demokratie, denn es erschwert Lobbyismus, der auf wirtschaftliche Vorteile aus ist. Mitunter wird aus dem Vor- aber ein Nachteil. Denn es gibt auch Lobbyismus von Bürgerrechtsverbänden und Initiativen. Diese Gruppen wollen politisch etwas erreichen und pflegen deswegen regelmäßigen Kontakt mit Abgeordneten. Geld fließt dabei nicht. Sie versorgen einen Parlamentarier mit Argumenten, die es ihm ermöglichen, im Parlament oder auf Parteiversammlungen zu glänzen. Wenn dieser Parlamentarier in ein Amt aufsteigt, wird er sich verpflichtet fühlen, die Anliegen seiner Unterstützer zumindest teilweise umzusetzen. Falls er das nicht tut, werden die Verbände ihn anrufen, freundlich um einen Termin bitten und ihn in eine hochnotpeinliche Diskussion verwickeln. Auf diese Art können auch fortschrittliche Forderungen durchgesetzt werden, für die die Gesamtgesellschaft noch kein Bewusstsein hat. So arbeiteten die Homosexuellenverbände in den USA. Sie überzeugten Abgeordnete der demokratischen Partei, die Homosexuellen-Ehe zu legalisieren.

Leider werden nicht selten politische Beschlüsse, die eine Minderheit betreffen, im Volksentscheid dann wieder gekippt. Ein oft zu beobachtender Ablauf: Eine progressive Gruppe innerhalb der Regierungspartei setzt auf dem Verhandlungswege etwas durch, was der Mehrheit der Bevölkerung nicht behagt. Hat die Mehrheit das demokratische Recht des Volksentscheids und gibt es Aktivistengruppen, die dieses Recht zu nutzen wissen, wird die Reform in der Regel wieder abgeschafft. Gibt es dieses Recht nicht, bleibt sie in Kraft – die Mehrheit gewöhnt sich nach einiger Zeit daran.

Auch Koalitionsverträge können Minderheiten Erfolgserlebnisse verschaffen. Die Grünen als kleine Partei konnten in Koalitionsverträgen im Ausländerbereich Forderungen durchsetzen, die beide großen Parteien alleine nicht beschlossen hätten. Auch die Durchsetzung der *Eingetragenen Lebenspartnerschaft* für Homosexuelle war ein Erfolg des kleineren Partners in der ersten rot-grünen Koalition im Bund. Koalitionsverträge geben nicht in allen Punkten die Meinung der Mehrheit wieder. Der kleine Koalitionspartner mit nur zehn Prozent der Stimmen erreicht auch etwas. Er setzt etwas durch, womit die Mehrheit nicht einverstanden ist. Etwas, was nur eine Minderheit will.

Die direkte Demokratie kennt diesen Prozess der Ausbalancierung von Interessen nicht. Der bayrische Volksentscheid zum Rauchverbot ist ein Beispiel hierfür. Die FDP, ihrem liberalen Image verpflichtet, setzte 2009 in Koalitionsverträgen verschiedener Bundesländer durch, dass Raucher in Gaststätten rauchen dürfen, wenn keine Nichtraucher behelligt werden. In Bundesländern ohne funktionierende Volksentscheide klappte das. In Bayern wegen der vergleichsweise guten Volksentscheidsregelung nicht. Zwar setzte auch hier die FDP im Koalitionsvertrag gewisse Rechte für die rauchende Bevölkerungsminderheit durch, die Mehrheit schaffte diese aber umgehend wieder ab.

Die repräsentative Demokratie ist hier der direkten Demokratie überlegen. Man muss befürchten, dass die Schweiz bis zum heutigen Tage noch kein Frauenstimmrecht hätte, wäre die Sache nicht langsam peinlich geworden, weil alle rein repräsentativ regierten Nachbarländer dieses längst beschlossen hatten.

Barbara Gamble zieht aus ihrer oben schon dargestellten Auszählung der US-amerikanischen Minderheiten-Volksentscheide folgende Schlussfolgerungen: Die Auffassung, dass die amerikanischen Wähler mit Minderheiten ähnlich fair umgingen wie die Parlamentarier, »könnte kaum falscher sein«, fasst sie die Ergebnisse ihrer Untersuchung zusammen. »Ganz im Gegenteil. Es zeigt sich, dass amerikanische Wähler bereitwillig Gesetze, die die Bürgerrechte schützen, aufheben, und geradezu enthusiastisch Gesetze in Kraft setzen, mit denen ihre gewählten Repräsentanten daran gehindert werden, neue Schutzmechanismen zu beschließen.« Beim Thema Minderheiten sei die repräsentative Demokratie klar im Vorteil: »Anhörungen, Koalitionen, öffentlich wahrgenommene Abstimmungen und die Notwendigkeit, das Abstimmungsverhalten zu erklären, tragen dazu bei, das Verhalten der Repräsentanten zu lenken. Keines dieser Filtersysteme existiert, wenn die Öffentlichkeit direkt wählt ... Wenn die Bürgerrechte einer politischen Minderheit auf dem Spiel stehen, öffnet das Fehlen repräsentativer Filter deshalb die Tür zur Tyrannei.« (Gamble 1997: 248)

Ganz so euphorisch wie Barbara Gamble würde ich die repräsentative Demokratie allerdings nicht sehen. Spätestens in Zeiten des Wahlkampfs versuchen auch die gewählten Repräsentanten immer, die schlummernde Intoleranz der Bevölkerung zu aktivieren. Über Jahrzehnte dramatisierte die CDU mit der Parole *Das Boot ist voll* die ihrer Meinung nach zu hohe Zahl von Asylbewerbern in Deutschland. In Ermangelung eines funktionierenden Volksentscheidsrechts griff sie 1998 im hessischen Landtagswahlkampf zum Mittel der öffentlichen Unterschriftensammlung, um die doppelte Staatsbürgerschaft für Ausländer zu verhindern – mit Erfolg. Es gelang ihr auch mittels Abstimmungen im Bundesrat und Anrufung des Bundesverfassungsgerichts das von der rot-grünen Bundesregierung eingeführte *Lebenspartnerschaftsgesetz* für Homosexuelle abzuschwächen.

Grüne und SPD machen es auch nicht anders. Der Rauchverbots-Volksentscheid in Bayern wurde von den oppositionellen Sozialdemokraten und Grünen betrieben, die im Jahr vorher in Bremen zusammen genauso ein liberales Gesetz beschlossen hatten, wie sie es nun in Bayern bekämpften. Es ging ihnen eigentlich nicht um die Sache, sondern darum, der regierenden Koalition in Bayern eins auszuwischen. Das kennen wir auch aus den USA: Hinter Volksentscheiden für Intoleranz stecken in der Regel republikanische Politiker, die sich profilieren wollen. Gäbe es keine Volksentscheide, würden sie in Wahlkämpfen für ihre intolerante Politik die Trommel rühren.

Allerdings gibt es einen wichtigen Unterschied: Eine gelungene Mobilisierung von Ressentiments in einer Wahlkampagne führt vielleicht zum Wahlerfolg, aber keineswegs automatisch auch zu einer intoleranten Politik. Haben sich die Emotionen des Wahlkampfs beruhigt, verschwindet das als unverzichtbar geforderte Gesetzesprojekt nicht selten in der Schublade. Auch die Notwendigkeit, sich eventuell mit einem Koalitionspartner zu einigen, führt zur Abmilderung der ursprünglich harten Forderungen. Das ist beim Volksentscheid anders. Auf dem Höhepunkt der Kampagne wird auch entschieden.

Minderheiten haben in allen Demokratien Schwierigkeiten, weil die Mehrheit bestimmt, und je demokratischer, desto größer die Schwierigkeiten. Man kann es auch so ausdrücken: Die Politik richtet sich in der direkten Demokratie stärker nach den Wünschen des Medianwählers. Das ist für die meisten auch gut so, aber eben nicht für alle. Man kann den Politik-Output bei einer Mehrparteienkoalition mit einem nach Verhältniswahlrecht gewählten Parlament vergleichen. Die Mehrheit der Bevölkerung wird auch durch die Mehrheit der Sitze vertreten, verschiedene Minderheitsmeinungen der Bevölkerung sind aber ebenfalls präsent. Eine direkte Demokratie funktioniert dagegen wie ein Mehrheitswahlsystem. *The winner takes it all.*

Es ist schwer zu leugnen: Die direkte Demokratie hat hier eine Schwachstelle. Aber daraus zu folgern, dass man auf Volksentscheide besser verzichten sollte, wäre ganz falsch. Denn die direkte Demokratie hat auch viele Vorteile. Und der Schaden, so schmerzhaft er für die Betroffenen im Einzelfall auch sein mag, ist alles in allem nicht besonders groß. In den USA richteten sich gerade mal fünf Prozent aller Volksentscheide gegen Minderheiten, die restlichen 95 Prozent hatten andere Themen. Eine Auswertung des Vereins Mehr Demokratie e.V. von über 1.700 Bürger- und Ratsbegehren in Bayern in einem Zeitraum von 15 Jahren kam zu dem Schluss, dass sich weniger als ein Prozent mit Minderheitenrechten befasste (Vatter/Danaci 2010).

Nicht vergessen sollte man auch, dass Minderheiten ja neben ihrem Minderheitenstatus normale Staatsbürger sind und von den Vorteilen der direkten Demokratie profitieren. Der moslemische Schweizer ärgert sich über das Minarettverbot per Volksentscheid, aber als Steuerzahler profitiert er von den Möglichkeiten, per Volksentscheid unsinnige Staatsausgaben oder Steuererhöhungen zu vermeiden.

Gegen grobe Verletzungen der Minderheitenrechte hilft die Justiz, gegen Intoleranz und Nickeligkeiten nur der Appell an die Einsicht der Mehrheit. Volksinitiativen, selbst wenn sie verloren gehen, können durchaus zur Bewusstseinsbildung beitragen. Ein Beispiel sind die *Legalize it!* Initiativen. In Zeiten allgemeiner Gesundheitshysterie und zunehmender Rauchverbote starteten die Schweizer Kiffer eine Initiative zur Legalisierung von Haschisch und Marihuana, Stoffen, die bekanntlich mit Tabak gemischt und tief inhaliert werden. Zwar scheiterten sie im Volksentscheid, aber immerhin fast 37 Prozent der Schweizer konnten sie während der Kampagne davon überzeugen, dass vom Genuss dieser Drogen keine Gefahr für das Gemeinwesen ausgeht. Erfolgreicher sind solche Initiativen in den USA. In Kalifornien stimmten Ende 2010 46 Prozent mit *Ja* – knapp gescheitert. Im November 2012 fanden sich dann in Colorado und Washington erstmals Mehrheiten dafür, den Besitz und Konsum von Marihuana zu legalisieren.

»Als erstes würde dann die Todesstrafe wieder eingeführt ...«

Die Bundesrepublik Deutschland hat die Todesstrafe 1949 abgeschafft. In der Schweiz passierte das schon etliche Jahre früher, nämlich 1874. Dann aber ereignete sich Folgendes: Am 28. November 1878, also vier Jahre später, wurde Anna Keller aus Beringen, die gerade auf dem Weg zum Schaffhauser Wochenmarkt war, im Wald brutal mit der Axt erschlagen. Von einem *»jungen Burschen«,* wie es in zeitgenössischen Berichten heißt. Ein Sturm der Empörung erfasste den Kanton. Der Ständerat Hermann Freuler machte sich zum Sprecher der Unzufriedenen und forderte von der Bundesregierung, das Volk entscheiden zu lassen, ob es die Todesstrafe wieder geben solle oder nicht. Beide Kammern des Schweizer Parlaments sprachen sich dafür aus, den Kantonen in dieser Frage Autonomie zuzugestehen. Nicht mehr das Bundesparlament, sondern jeder einzelne Kanton sollte selbst entscheiden, ob er die Todesstrafe wieder einführen wollte.

Den Kantonen dieses Recht zu geben, bedeutete eine Verfassungsänderung, über die letztlich das Schweizer Volk entscheiden musste. Und schon damals erhitzte das Thema die Gemüter. Selten hatte es vor einem Volksentscheid eine derart aufgeheizte Stimmung gegeben. Dem Ständerat Freuler, der die Sache ins Rollen gebracht hatte, stellten Unbekannte nachts Kübel voller Schweineblut vor die Haustür. Das Ergebnis des Volksentscheids war denkbar knapp: 186.092 Schweizer stimmten für die Aufhebung des generellen Verbots der Todesstrafe, 175.511 dagegen. Jetzt konnte jeder Kanton selbst entscheiden.

Im Kanton Schaffhausen, wo der Mord an Anna Keller stattgefunden hatte, hatten gut 60 Prozent in der landesweiten Abstimmung für die Todesstrafe votiert. Die Schaffhauser Kantonsregierung hätte nun eigentlich die Todesstrafe im Kanton wieder einführen können, doch der liberale Regierungsrat zögerte. Da kam es abermals zu einem Mord, einer *scheußlichen Bluttat,* der die Familie des Sebastian Walter mit drei Angehörigen zum Opfer fiel. Sogleich wurde eine Volksinitiative auf den Weg gebracht, und die Schaffhauser beschlossen wenig später, nun mit einer satten Mehrheit von 80 Prozent, die Wiedereinführung der

Todesstrafe in ihrem Kanton. Viele Skeptiker der direkten Demokratie befürchten, dass das, was sich damals in der Schweiz ereignete, sich heute in Deutschland womöglich wieder so abspielen könnte, gäbe es Volksentscheide – dass nämlich nach einem Gewaltverbrechen die Todesstrafe wieder eingeführt wird.

Nachdem die Todesstrafe in der Schweiz wieder möglich geworden war, sollte sie sich lange Zeit halten. Am 18.10.1940 wurde der dreifache Mörder Hans Vollenweider in Stans mit der Guillotine geköpft. Er war der vorletzte Schweizer, der hingerichtet wurde, denn 1942 wurde die Todesstrafe abermals abgeschafft, zumindest für zivile Straftaten. Trotzdem fand 1944 noch einmal, nun aber tatsächlich zum letzten Mal, eine Hinrichtung statt. Nach Militärrecht war die Verhängung der Todesstrafe nämlich weiterhin möglich. Damit war erst 1999 Schluss. Denn in diesem Jahr verabschiedeten die Schweizer eine neue Verfassung, die die Todesstrafe generell ausschloss. 59 Prozent stimmten für die neue Verfassung. Die Todesstrafe war nun definitiv kein Thema mehr, das emotionalisierte.

Entwarnung für die Schweiz und Deutschland

Das hatte sich schon 1985 abgezeichnet, als eine Gruppe Schweizer Bürger die Todesstrafe im zivilen Strafrecht wieder einführen wollte. Ihre Initiative mit dem Titel *Zur Rettung unserer Jugend* forderte, vier Punkte in die Verfassung aufnehmen:

»1. Wer mit harten Drogen handelt, wird mit dem Tode bestraft.

2. Wer versucht, eine minderjährige Person zum Drogenmissbrauch zu bewegen, wird mit Zuchthaus bestraft.

3. Wer eine Person, die mit harten Drogen handelt, nicht anzeigt, macht sich der Gehilfenschaft schuldig.

4. Für Drogensüchtige werden fürsorgerische Maßnahmen zur sozialen Wiedereingliederung getroffen.«

Der Versuch endete kläglich, da die notwendige Unterschriftenzahl nicht zustande kam, obwohl sie in der Schweiz sehr niedrig ist. Seitdem ist die Einführung der Todesstrafe in der Schweizer Politik Vergangenheit.

Mit einer Ausnahme: 2010 bildete sich ein Komitee, das die Wiedereinführung der Todesstrafe für Täter forderte, die »in Kombination mit einer sexuellen Handlung mit einem Kind, sexueller Nötigung oder

Vergewaltigung eine vorsätzliche Tötung oder einen Mord begehen«. Alle Mitglieder des Komitees stammten aus dem Umfeld eines Opfers. Die Ablehnung in der Politik und bei der Bevölkerung war aber dermaßen stark, dass die Initiatoren noch vor dem Beginn der Unterschriftensammlung einen Rückzieher machten.

Immerhin lässt sich aber ein Muster feststellen, das zwar nicht mehr in der Schweiz, wohl in den USA des Öfteren zu beobachten ist: Wenn die Todesstrafe abgeschafft wird und sich kurz danach ein Gewaltverbrechen ereignet, gibt es Volksinitiativen zur Wiedereinführung. Häufig sind sie von der parlamentarischen Opposition gesteuert. Wenn die Todesstrafe jedoch lange abgeschafft ist und es weder im Parlament noch in der Bevölkerung starke Kräfte gibt, die sie wieder einführen wollen, haben Volksinitiativen keine Chance.

Für Deutschland kann deswegen Entwarnung gegeben werden – ähnlich wie in der Schweiz ist die Todesstrafe hier kein ernsthaftes politisches Thema, zumal sich bei Umfragen immer eine große Mehrheit dagegen ausspricht. So etwa bei einer Umfrage des SPIEGEL im Januar 2007: 76 Prozent der Deutschen waren gegen die Todesstrafe. Nur einmal gab es in Deutschland eine Umfrage, die eine Mehrheit für die Todesstrafe erbrachte: 1977, unmittelbar nach der Entführung und späteren Ermordung des Arbeitgeberpräsidenten Hanns-Martin Schleyer. Bei der Entführung waren Schleyers drei Leibwächter und sein Fahrer sofort erschossen worden. Der entführte Arbeitgeberpräsident wurde während der sechswöchigen Gefangenschaft, die Deutschland völlig in den Bann zog, mehrfach auf Fotos und Videos im Fernsehen präsentiert. Am 19.10.1977 fand man schließlich den durch drei Kopfschüsse getöteten Schleyer im Kofferraum eines Autos in Frankreich. Nach diesem Verbrechen sprachen sich in Umfragen 44 Prozent der Deutschen für die Todesstrafe aus. Immer noch keine absolute Mehrheit, aber erstmals überwogen die Befürworter die Gegner. Ein Volksentscheid hätte damals vielleicht Erfolg gehabt. Allerdings muss man bedenken, dass in der Regel ein bis zwei Jahre zwischen der ersten Unterschrift für ein Volksbegehren und der tatsächlichen Abstimmung vergehen. Das ist eine lange Zeit, und häufig beruhigen sich die Gemüter im Verlaufe eines Jahres wieder erheblich. Ob auch ein oder zwei Jahre nach der Ermordung Schleyers die Mehrheit der Deutschen für die Todesstrafe gestimmt hätte, weiß niemand. Denn es gab auch damals keine größere Partei und keine ernstzunehmenden Gruppen, die in Deutschland ihre Einführung gefordert hätte.

USA: Todesstrafe populär

Das ist in den USA allerdings anders. Arnold Schwarzenegger setzte sich während seiner Gouverneurszeit so offensiv für die Todesstrafe ein, dass die österreichische Regierung erwog, ihm deswegen die Staatsbürgerschaft zu entziehen. So weit kam es nicht, aber die Stadt Graz mochte ihr Fußballstadion nicht mehr länger *Arnold Schwarzenegger Stadion* nennen und beschloss eine Namensänderung. Selbst Barack Obama hat sich als Befürworter der Todesstrafe geoutet, und mit ihm ist ein großer Teil des politischen Establishments dafür.

Die verschiedenen Bundesstaaten der USA können selbst entscheiden, ob sie die Todesstrafe praktizieren oder nicht. Und da, wo die Bürger per Volksentscheid entscheiden, ist das Ergebnis ziemlich eindeutig: Alle zehn Volksinitiativen, die bis 2007 abgestimmt wurden und bei denen es um Einführung, Ausweitung oder Bestätigung der Todesstrafe ging, wurden angenommen. Man muss bis ins Jahr 1916 zurückgehen, um ein Gegenbeispiel zu finden. Damals stimmten die Bürger in Arizona tatsächlich für die Abschaffung der Todesstrafe. Allerdings blieb Arizona nur kurze Zeit ohne Todesstrafe, dann änderten die Bürger ihre Meinung und führten sie wieder ein, ebenfalls durch Volksentscheid. Genauso lief es in Oregon. Im November 2012 gab es nochmal eine Volksinitiative zur Abschaffung der Todesstrafe, diesmal in Kalifornien. Sie scheiterte erwartungsgemäß, allerdings nur knapp.

In aller Regel folgt die Volksentscheidsgesetzgebung dem Muster, das wir auch schon aus dem Umgang mit Minderheiten kennen: Eine demokratische Parlamentsmehrheit oder liberal gesinnte Richter schaffen die Todesstrafe als inhuman ab, die republikanische Opposition läuft dagegen Sturm und startet ein Volksbegehren. Oder sie unterstützt ein solches, wenn es von anderen in die Wege geleitet wurde. So war es zum Beispiel 1972 in Kalifornien. Ein Urteil des obersten Gerichts hatte die Todesstrafe als verfassungswidrig abgeschafft. Konservative Politiker unterstützten daraufhin eine Verfassungsinitiative, die die Todesstrafe wieder ermöglichen sollte. Mit Erfolg. Es kam aber noch schlimmer: Im Jahr 1978 war eine Initiative erfolgreich, die die inzwischen wieder praktizierte Todesstrafe ausweitete. Die Gerichte konnten nun bei mehr Verbrechen die Todesstrafe verhängen, mildernde Umstände wurden nur noch wenig berücksichtigt.

Es wäre aber ganz verkehrt, anzunehmen, dass die Todesstrafe in den USA immer oder auch nur in der Regel auf Volksentscheide zurückginge. Die Parlamente sind keineswegs besser. Die 1978 in Kalifornien eingeführten Regelungen wurden im Jahr 1990 nochmals verschärft, diesmal aber durch Beschluss des kalifornischen Parlaments. Der Volksgesetzgeber ist, was die Todesstrafe angeht, nicht schlimmer als der parlamentarische Gesetzgeber. Im Gegenteil. Rechnen wir mal ein bisschen: In 33 Bundesstaaten der USA gibt es die Todesstrafe. Aber nur 20 von diesen haben überhaupt direkte Demokratie von unten und lassen Volksinitiativen zu. In mehr als einem Drittel der Bundesstaaten mit Todesstrafe kann deren Einführung also gar nichts mit direkter Demokratie zu tun haben. Selbst in den 20 Staaten, in denen Volksinitiativen möglich sind und in denen es die Todesstrafe gibt, ist sie nur selten auf eine Volksinitiative zurückzuführen. Es gab Volksentscheide, um die Todesstrafe zur verschärfen oder zu bestätigten, aber für ihre Einführung ist in fast allen US-Bundesstaaten das Parlament verantwortlich. Ausnahmen bilden nur Washington, Colorado und Oregon. In Bundesstaaten, die das Initiativrecht in den letzten Jahrzehnten neu eingeführt haben, kam es in keinem einzigen Fall zu einem Volksentscheid über die Todesstrafe.

Wisconsin ist ein Sonderfall. 2006 beschloss der Senat von Wisconsin mit seiner republikanischen Mehrheit die Einführung der Todesstrafe, die es dort 150 Jahre nicht gegeben hatte. Es war also zunächst einmal ein Parlamentsbeschluss, dem die Bevölkerung aber nachträglich im Referendum zustimmen musste. Das tat sie auch. Bei den gleichzeitig stattfindenden Wahlen wählte sie aber eine demokratische Mehrheit und einen Gouverneur, der erklärter Gegner der Todesstrafe ist. Der legte sofort sein Veto ein, sodass bis heute die Todesstrafe in Wisconsin nicht eingeführt ist. Dieser Vorgang ist nun allerdings merkwürdig: Die Bevölkerung wählt demokratisch, ist also eher liberal eingestellt. Sie zeigt aber trotzdem eine Tendenz zu Strafverschärfungen, wenn sie direkt darüber abstimmen darf.

Volksentscheide für härtere Strafen

Dieser Hang zu Strafverschärfungen zeigt sich in der Tat häufiger bei Volksentscheiden. Ähnlich wie bei Minderheiten ist die Bevölkerung auch gegenüber Straftätern wenig verständnisvoll. Anders als in Wisconsin geht es in der Regel jedoch nicht bis zur Todesstrafe. Aber es gibt verschiedene Beispiele dafür, dass durch direkte Demokratie härtere Gesetze gegen Kriminalität verabschiedet wurden, als Parlamente dies getan hätten.

Typisch dafür war zum Beispiel die *Reynolds-Initiative* 1994 in Kalifornien. Auslöser war die Ermordung zweier Jugendlicher. Die 18jährige Kimber Reynolds kam aus einem Restaurant, als ein Motorrad neben ihr anhielt. Der Beifahrer versuchte, ihr die Geldbörse zu entreißen. Als sie sich wehrte, zog er eine Pistole und schoss ihr in den Kopf. Der Mörder war schon mehrmals wegen kleinerer Straftaten verurteilt worden, aber inzwischen wieder auf freiem Fuß. Eineinhalb Jahre später wurde die zwölfjährige Polly Klaas vergewaltigt und danach umgebracht, als sie von einer Party kam. Hier war der Täter bereits wegen Mord, Raub und Kidnapping verurteilt gewesen, aber auf Bewährung vorzeitig frei gekommen. In beiden Fällen handelte es sich um Täter, die schon vorher mit dem Gesetz in Konflikt geraten waren. Wahlen standen vor der Tür und die politischen Parteien waren sich einig, dass etwas passieren musste. Beide großen Parteien befürworteten härtere Gesetze. Mike Reynolds, dem Vater des zuerst ermordeten Mädchens, ging das aber nicht weit genug. Er formulierte eine Volksinitiative, die unter dem Namen *Three Strikes Law* bekannt wurde. 1994 nahmen die Kalifornier die Initiative mit großer Mehrheit an.

Der Begriff *Three strikes and you are out* (Drei Verstöße und du bist draußen) ist aus dem Baseball bekannt. Der Schlagmann darf am weiteren Spielgeschehen nicht mehr teilnehmen, wenn er dreimal daneben geschlagen hat. Bei der Volksinitiative war damit folgendes gemeint: Wer einmal wegen schweren Raubes oder eines Gewaltverbrechens verurteilt wurde, erhält immer das doppelte Strafmaß, wenn er rückfällig wird. Auch wenn er beim zweiten Mal nur ein Fahrrad geklaut hat. Wird ein Straftäter ein drittes Mal verurteilt, ist er endgültig *out* und muss mindestens 25 Jahre ins Gefängnis, egal was er gemacht hat. Es braucht keine besonders schwere Straftat zu sein. Dabei gilt keine Verjährung. Jugendstraftaten zählen noch mit, wenn jemand im Rentenalter zum dritten Mal verurteilt wird. Auch vorzeitige Entlassung bei guter Führung ist nicht möglich. Man kann sich leicht vorstellen, dass ein solches Gesetz auch an deutschen Stammtischen beziehungsweise in den entsprechenden Internetforen auf große Zustimmung stoßen könnte, besonders wenn kurz vorher zwei brutale Morde passiert sind. Allerdings war auch vorgezeichnet, dass in einigen Fällen Strafmaß und Schwere des Verbrechens auf absurde Art und Weise auseinanderklaffen sollten.

Die *Pasadena Weekly* berichtete am 2.2.2006 über den Fall von Santos Reyes, der zu 25 Jahren verurteilt wurde, weil er für einen Freund illegaler Weise die theoretische Führerscheinprüfung abgelegt hatte. Reyes, der Besitzer eines Dachdeckerbetriebs, wollte einen arbeitslosen Freund bei sich einstellen. Notwendig war dafür aber ein Führerschein, den der Freund nie gemacht hatte, denn er war Analphabet. Also ging Reyes an seiner Stelle zur theoretischen Prüfung. Das fiel leider auf. An und für sich mehr ein Vergehen als eine Straftat, aber Reyes' Pech war, dass er 1982 als Jugendlicher wegen Einbruchs verurteilt worden und 1987 einmal rückfällig geworden war. Oder der Fall Shane Reams. Er verkaufte Kokain im Wert von 20 Dollar und wurde geschnappt. Weil es die dritte Verurteilung war, muss er für 25 Jahre ins Gefängnis.

Das ist unverhältnismäßig und ungerecht. Es kann passieren, dass jemand wegen Totschlags zu zehn Jahren verurteilt wird und bei guter Führung schon wesentlich früher wieder frei ist, wenn es die erste Straftat war. Und es kann passieren, dass jemand wegen einer Kleinigkeit den Rest des Lebens ins Gefängnis muss, wenn es die dritte Straftat war. Es führt zu erheblichen finanziellen Belastungen für den Steuerzahler. Wegen der langen Haftzeiten sind die Haftanstalten übervoll und der Staat muss regelmäßig zusätzliche Gefängnisse bauen. Man schätzt, dass in Kalifornien etwa 3.000 Personen wegen vergleichsweise kleiner Straftaten wie Ladendiebstahl oder Drogenbesitz eine Strafe von 25 Jahren absitzen. Und jeder von ihnen kostet den Staat jedes Jahr um die 50.000 Dollar.

Zweifellos, das kalifornische Gesetz ist populistisch und schlecht. Jedoch ist auch die repräsentative Demokratie nicht vor solchen Fehlern gefeit. In 24 amerikanischen Staaten und auf Bundesebene wurden vergleichbare Gesetze eingeführt. Allerdings ist keines von ihnen so rigide wie das kalifornische. Aber auch beim kalifornischen Gesetz trägt insbesondere die republikanische Partei einen guten Teil Mitschuld. Zwar ging die Initiative 1994 von einem betroffenen Vater aus. Aber der republikanische Gouverneurskandidat sammelte Punkte für die anstehende Wahl, indem er die Initiative unterstützte. Seine demokratische Gegnerin folgte dem nicht und verlor.

2004 wiederholte sich das Ganze. Es gab eine Initiative, *Three Strikes Law* zu modifizieren. Die Strafe von 25 Jahren sollte nur dann verhängt werden, wenn es sich bei der dritten Straftat um ein schwerwiegendes oder ein Gewaltverbrechen handelte. Offensichtlich eine vergleichsweise vernünftige Regelung und die Initiative lag in Umfragen bis kurz vor der Abstimmung vorne. Dann aber mischte sich der zur Wiederwahl antretende Gouverneur Arnold Schwarzenegger massiv ein und verkündete in Fernsehspots, die Annahme der Initiative werde zur Freilassung von 26.000 gefährlichen Verbrechern führen, unter ihnen Mörder und Sexualstraftäter. Das war zwar maßlos übertrieben, sorgte aber dafür, dass nur 47 Prozent für die Initiative stimmten, sie also abgelehnt war. Und es half bei Schwarzeneggers Wiederwahl. Erst 2012 stimmten die Bürger schließlich einer Änderung zu.

So läuft es oft: Vor Wahlen überbieten sich die Parteien mit Forderungen nach Strafverschärfungen, ganz im Sinne eines schlichten Populismus. Selbst die Parlamentarier, weit davon entfernt, Vernunft und Zurückhaltung zu predigen, folgen diesem Trend. Zugegeben: Durch die Möglichkeit des Volksentscheids kommt ein besonderer Drive in die Geschichte. Populistische Volksinitiativen und populistische Kandidaten stärken sich gegenseitig und das Ergebnis ist wenig rational. Muss man daher auf Volksentscheide verzichten? Auch in Ländern ohne Volksentscheide sind Strafverschärfungen beliebte Themen in Wahlkampfzeiten, besonders dann, wenn die mutmaßlichen Straftäter Ausländer sind. Sollte man deswegen etwa auf Wahlen verzichten?

Wegen der bei solchen Themen nicht unproblematischen Vermischung von Wahlkampfdemagogie und Volksentscheiden finden in der Schweiz die Referenden nie am Wahltag statt, anders als in den USA. Der Preis, den sie dafür zahlt, ist eine relativ niedrige Beteiligung an den Volksentscheiden. Aber auch das schützt nicht vor populistischen Strafverschärfungen. Bereits 2004 wurde in der Schweiz eine Initiative angenommen, die lebenslange Verwahrung für besonders problematische Sexualstraftäter forderte. Das Parlament war dagegen, die Bevölkerung dafür.

2008 war dann zur allgemeinen Überraschung eine weitere Initiative erfolgreich, die forderte, dass sexuelle Straftaten an Kindern nie verjähren sollten. Bei der Abstimmung im Nationalrat, dem Bundesparlament, hatten sich gerade mal 19 Abgeordnete dafür ausgesprochen, aber 163 dagegen. Motor der Initiative war der Verein *Marche Blanche*, eine relativ kleine Gruppe von Eltern, deren Kinder teilweise selbst Opfer waren. Die rechtslastige Schweizer Volkspartei sprang auf den rollenden Zug auf und unterstützte die Initiative. Sie gewann die Abstimmung im November 2008 mit 52 Prozent Ja-Stimmen.

Auslöser war in diesem Fall ein Ereignis, das nicht in der Schweiz selbst, sondern im Nachbarland Österreich stattgefunden hatte, allerdings weltweit Aufmerksamkeit erregte: der Fall Josef Fritzl. Am 27.4.2008 meldete die BILD: »Grauenhafter Inzest-Verdacht: 24 Jahre lang soll der Niederösterreicher Josef F. (73) seine eigene Tochter (42) in einem Verlies gefangen gehalten und immer wieder missbraucht haben. Die Frau brachte in dieser Zeit womöglich sieben Kinder zur Welt. Der Tatverdächtige wurde verhaftet.« Der Verdacht sollte sich voll und ganz bestätigen. Fritzl hatte seine eigene Tochter jahrzehntelang in einem elektronisch gesicherten Verlies im Keller seines Hauses mit nur einem Fenster und etwa 1,70 Meter hohen Räumen gefangen gehalten. Erst als seine 19jährige Enkelin in ein Krankenhaus musste, flog die Sache auf. Der Vorgang war zum Zeitpunkt des Volksentscheids noch in aller Munde, erst im März 2009 wurde Fritzl zu lebenslanger Haft verurteilt. Dies alles hat sicherlich zum Erfolg des Volksentscheids beigetragen – doch auch angesichts dieses wirklich unvorstellbaren Verbrechens gab es in der Schweiz keine Bestrebungen, die Todesstrafe wieder einzuführen.

Juristische Hindernisse bei der Einführung der Todesstrafe

Vor dem Hintergrund all dieser Erfahrungen ist es extrem unwahrscheinlich, dass ein bundesweiter Volksentscheid in Deutschland, so es ihn denn gäbe, für die Todesstrafe genutzt würde. Dem stünden aber auch hohe juristische Hindernisse im Wege.

Als die damalige rot-grüne Koalition im Jahr 2002 einen Gesetzentwurf zur Einführung des bundesweiten Volksentscheids in Deutschland in den Bundestag einbrachte, lautete der Artikel 82a (Volksinitiative) folgendermaßen:

»(2) Finanzwirksame Volksinitiativen sind zulässig. Ausgeschlossen sind Volksinitiativen über das Haushaltsgesetz, über Abgabengesetze, Dienst- und Versorgungsbezüge sowie die Rechtsverhältnisse der Mitglieder des Deutschen Bundestages sowie über eine Wiedereinführung der Todesstrafe.«

Der Gesetzentwurf wurde zwar verabschiedet, aber nicht mit der Zweidrittelmehrheit, die für Verfassungsänderungen erforderlich ist. Er trat daher nicht in Kraft. Hätte er die Zweidrittelmehrheit erhalten, wären zwar Volksentscheide auf Bundesebene möglich geworden, aber eben kein Volksentscheid über die Einführung der Todesstrafe. So könnte man es bei einem neuen Anlauf wieder machen.

Natürlich wäre es denkbar, dass der Bundestag dieses Gesetz nachträglich mit Zweidrittelmehrheit wieder ändert und den Ausschluss der Todesstrafe wieder herausnimmt. Dafür müssten – bei der Zusammensetzung des Bundestags im Jahr 2012 – nicht nur alle SPD- und CDU-Abgeordneten zustimmen, sondern auch Abgeordnete von Grünen, Linken oder Liberalen. Extrem unwahrscheinlich.

Aber auch dann träfe der Wunsch nach Wiedereinführung der Todesstrafe auf schier unüberwindliche rechtliche Hürden und würde das Bundesverfassungsgericht beschäftigen. Artikel 1 Absatz 1 des Grundgesetzes garantiert nämlich die Unantastbarkeit der Menschenwürde. Nach Auffassung vieler Juristen schließt dieser Passus der Verfassung die Todesstrafe aus. Und der Passus ist unüberwindbar. Man spricht hier von der Ewigkeitsklausel: Teile des Grundgesetzes können auch mit Zweidrittelmehrheit nicht verändert werden. Die Unantastbarkeit der Menschenwürde gehört dazu. Auch das Völkerrecht stünde im Wege: Deutschland hat die europäische Konvention zum Schutz der Menschenrechte unterzeichnet, nach der die Todesstrafe völkerrechtswidrig ist. Kündigen kann diese Konvention nur die Bundesregierung, nicht das Parlament, und dementsprechend könnte das auch nicht durch Volksentscheid geschehen.

Übrigens hat es auch in Deutschland schon einmal einen Volksentscheid zur Todesstrafe gegeben. Die Todesstrafe war nämlich sage und schreibe bis 1998 noch in der bayrischen Landesverfassung vorgesehen. Seit dem Zweiten Weltkrieg wurde sie freilich nicht mehr angewandt, was auch das Grundgesetz verbot. Erst 1998 wurde sie aber aus der Verfassung gestrichen – problemlos in einem Volksentscheid.

Notlandung oder nicht? Passagiere stimmen ab ...

Die *tz München* berichtete am 5. März 2002: »Flammen aus dem Triebwerk und Panik an Bord! Trotzdem wollte der Pilot eines soeben in Mailand gestarteten Urlauber-Jets weiterfliegen. Doch dann ließ er die verschreckten Reisenden über eine Notlandung abstimmen – per Handzeichen. Fast alle hoben die Hand zum Rückflug ...«

Sehr demokratisch. Kurz nach dem Start mag die Entscheidung auch relativ einfach sein. Aber was, wenn der Flieger irgendwo in der Mitte zwischen Mailand und den Bahamas gewesen wäre? Kann man die Passagiere entscheiden lassen, ob es besser ist zurückzufliegen oder weiter? Lieber nicht. Besser wäre wohl, Leute entscheiden zu lassen, die sich ein bisschen mit dem Flugverkehr auskennen. Die zum Beispiel wissen, ob unter der Wolkendecke Wasser oder Land auftauchen wird. In welcher Richtung der nächste Flughafen liegt. Und wie lange ein Flugzeug mit nur drei Triebwerken fliegen kann. Experten eben, Fachleute.

Nur: Wenn das in diesem Fall richtig ist, sollte man dann nicht auch in der Politik lieber dem Urteil von Fachleuten als dem von uninformierten Laien vertrauen? Es gibt Dinge, die sind recht einfach zu entscheiden: Soll auf diesem Grundstück ein Supermarkt genehmigt werden – oder soll das eine Grünfläche bleiben? Soll eine Straße verkehrsberuhigt werden, oder soll sie für Autos befahrbar bleiben? Dazu kann jeder Anwohner ohne besondere Kompetenz etwas sagen. Aber auch wenn die Sachverhalte etwas schwieriger sind, muss man nicht unbedingt Fachleute entscheiden lassen. Die Bürger können sich informieren. Denn das ist natürlich ein großer Unterschied zur Situation im Flugzeug: Vor dem Volksentscheid haben sie monatelang Zeit, sich Informationen über das Thema zu holen. Sie können sich Talkshows im Fernsehen ansehen und Zeitungsartikel studieren. In einem brennenden Flugzeug ist das nicht empfehlenswert.

Informieren sich die Bürger vor einem Volksentscheid über das Thema? Sind sie kompetent, darüber abzustimmen? Nach Auffassung vieler Journalisten und vor allem Politiker ist Skepsis angebracht. Das

Argument, man könne doch über so wichtige Fragen nicht uninformierte Bürger abstimmen lassen, ist immer wieder zu hören. Das gleiche Argument wurde allerdings schon gegen das Wahlrecht, später gegen das Frauenwahlrecht vorgebracht.

1893 meinte der belgische Politiker De Neef: »Derjenige, der das Wahlrecht fordert, muss natürlich nachweisen, dass er auch in der Lage ist, der von ihm verlangten Aufgabe zu entsprechen. Hat der Unglückliche, der es nicht geschafft hat, die elementarste Bildung zu erlangen, der sich nicht über die aller einfachsten Lebensbedingungen erheben konnte, trotzdem das Recht, über das Schicksal anderer, gar über die allerhöchsten Interessen des Staates zu entscheiden?« Die Antwort auf diese Frage konnte natürlich nur *»Nein«* lauten.

1919 verteidigte der Sozialist Hubin das inzwischen eingeführte Wahlrecht für Männer, wandte sich aber entschieden gegen die Einführung des Wahlrechts für Frauen. »Das Wahlrecht ist eine gefährliche Waffe. Für eine organisierte und gebildete Klasse, die sich ihrer Rechte und ihrer Verantwortung bewusst ist, ist nichts kostbarer als diese Waffe. Aber wollen Sie dieses Recht einem Geschlecht zuerkennen, das nicht darauf vorbereitet ist, sich dieses Mittels zu bedienen?«[8] Diese Argumentation – zu früh, nicht vorbereitet – tauchte viele Jahrzehnte später bei der Einführung des vollen Wahlrechts für Schwarze in Südafrika wieder auf. Die Schwarzen seien einfach zu ungebildet, um wählen zu können. Vielleicht in 20 oder 30 Jahren... Nun, es kam anders und die schwarze Bevölkerung wählte mit großer Mehrheit Nelson Mandela. Keine ganz dumme Wahl. Die Bevölkerung in Europa ist höher gebildet und hat unvergleichlich bessere Informationsmöglichkeiten als in früheren Zeiten. Die Frage ist, ob sie diese auch nutzt, um sich auf die Abstimmungen vorzubereiten.

Im Allgemeinen scheint das der Fall zu sein. In der Schweiz finden nach Volksentscheiden regelmäßig Befragungen statt, bei denen auch der Informationsstand über die Vorlagen abgefragt wird, die *»VOX-Analysen«*. Silvano Möckli, Professor für Politik an der Universität St. Gallen, berichtet, dass eine Auswertung der Kenntnisse der Teilnehmer an insgesamt 41 Abstimmungen halbwegs beruhigende Ergebnisse erbrachte: Weniger als 20 Prozent der Befragten attestierten die Untersucher »schlechte Kenntnisse« über den Abstimmungsgegenstand, die anderen hatten gute oder mittelgute Kenntnisse. Bei der Abstimmung

[8] Beide Zitate aus Verhulst/Nijeboer 2007: 75.

über die viel diskutierte Minarettinitiative fanden die Befrager sogar 82 Prozent der Abstimmenden *sehr gut* informiert. Auch bei der gleichzeitig stattfindenden Abstimmung zur Luftverkehrsfinanzierung – wahrlich kein besonders aufregendes Thema – war der Informationsstand bei 63 Prozent der Abstimmenden *hoch* oder *sehr hoch* (Möckli 1994: 187; Vatter 2011: 152).

In aller Regel können die Befragten ihr Abstimmungsverhalten inhaltlich begründen und argumentativ rechtfertigen. Es wird also nicht einfach auf Basis simpler Zeitungsparolen abgestimmt. Nehmen wir zum Beispiel die Abstimmung über die »Gold-Initiative« am 22. September 2002. Bei der von der SVP lancierten Initiative ging es darum, überschüssige Goldreserven der Nationalbank zur Aufstockung der Finanzen der Rentenversicherung zu verwenden. Der Bundesrat hatte einen Gegenvorschlag zur Abstimmung gestellt. In einer Nachbefragung wurden den Befragten zehn inhaltliche Thesen vorgelegt und ihre Meinung dazu erfragt. Dann wurde abgeglichen, ob die so erfragten inhaltlichen Positionen der Bürger mit ihrem Abstimmungsverhalten kongruent waren. Das war in den allermeisten Fällen zutreffend. Zumindest zeigt dies, dass sich die Bürger mit der Materie beschäftigt hatten und in der Lage waren, die inhaltliche Argumentation bei einem nicht ganz einfachen Thema zu verstehen und ihre Schlüsse daraus zu ziehen (Milic 2010: 17).

Natürlich wird mitunter auch bei Volksentscheiden und Volksbegehren versucht, die Bevölkerung ein bisschen hinters Licht zu führen. 1998 startete im US-Staat Washington eine Initiative mit der Fragestellung: »Soll die Regierung daran gehindert werden, Bevorzugungen oder Benachteiligungen wegen Rasse, Geschlecht, Hautfarbe ... vorzunehmen?« Hier neigt der fortschrittliche Mensch natürlich spontan zu einem *Ja*. Dass die Regierung jemanden wegen Rasse oder Hautfarbe benachteiligt, kann niemand wollen. Dem Initiator Ward Connerly ging es aber nicht um Benachteiligungen, sondern um die Bevorzugungen: Er wollte die Quotierung von Stellen im öffentlichen Dienst und von Studienplätzen abschaffen. Die Quotierung soll nun aber gerade den Benachteiligten – in diesem Fall Frauen und ethnischen Minderheiten – zu gleichem Recht verhelfen. Tatsächlich gewann die Initiative die Abstimmung, obwohl sie praktisch das ganze politische Establishment gegen sich hatte. Haben die Bürger sich also hier von einer geschickten Fragestellung irritieren lassen und eine Sache abgeschafft, die sie eigentlich richtig finden? Was zunächst so scheint, erwies sich aber nach genaueren Befragungen der Wähler als falsch. Eine Umfrage der *Seattle Times* noch am Abend der Abstimmung zeigte, dass nur sieben Prozent der Ja-Stimmer einen Ausbau der bestehenden Quotierungsmaßnahmen befürworteten und nur zehn Prozent derjenigen, die mit Nein stimmten, die Gleichstellungsmaßnahmen beenden wollten. Nur diese sieben beziehungsweise zehn Prozent hatten also gemessen an ihren politischen Intentionen falsch gestimmt. Alle anderen hatten durchaus verstanden, um was es ging (Broder 2000: 178ff.).

Übrigens legen Bürger, die regelmäßig entscheiden sollen, an politischen Kenntnissen spürbar zu. Volksentscheide sind ein Bildungsprogramm für die Bevölkerung. Wer – wie in der Schweiz üblich – drei- oder sogar viermal im Jahr über verschiedene Dinge abstimmt und sich vorher mit der Materie vertraut macht, hat nach ein paar Jahren mehr Wissen und Erfahrung als diejenigen, die das nicht machen. 1995 wurden in der Schweiz die politischen Kenntnisse von Bürgern aus Kantonen mit vielen Volksentscheiden und Kantonen mit wenigen Volksentscheiden verglichen. Dabei wurde zum Beispiel gefragt: »Wie heißt der Präsident des Bundesrats?« oder »Wie viele Parteien sind im Bundesrat?« Tatsächlich ergaben sich deutliche Unterschiede zwischen den Kantonsbürgern. Kurz gesagt war es so, dass im Kanton Basel mit sehr guten Bedingungen für Volksentscheide und dementsprechend vielen Abstimmungen Grundschulabsolventen in etwa so viele richtige Antworten gaben wie im Kanton Genf die Akademiker. In Genf haben die Bürger wesentlich weniger Mitentscheidungsmöglichkeiten (Benz/Stutzer 2004).

Allerdings hängt die Qualität der Kenntnisse nicht immer und nicht ausschließlich vom guten Willen der Bürger und von ihrer politischen Erfahrung ab. Manche Sachverhalte sind unübersichtlich oder erfordern wissenschaftliche Vorbildung. Sind moderne Atomkraftwerke sicher oder nicht? Man müsste eigentlich Physiker sein, um darauf qualifiziert eine Antwort zu geben. Und selbst die Physiker sind sich untereinander alles andere als einig. Inzwischen ist über Atomkraft schon eine Menge geschrieben und diskutiert worden, in den 1970er Jahren begann die Beschäftigung mit ihr aber gerade erst. Dementsprechend unsicher zeigten sich die Bürger damals vor Abstimmungen über die Nutzung von Atomkraft. 1976, nach einer Reihe von Abstimmungen zu diesem Thema in den USA, sollten die Bürger ihre Meinung zu folgender Aussage äußern: »Die Abstimmungsgegenstände auf dem Stimmzettel sind normalerweise so kompliziert, dass man kaum versteht, um was es eigentlich geht.« Fast drei Viertel der Befragten stimmten der Aussage zu! (Cronin 1999: 74) Nun wird es allerdings heikel. Wenn die große Mehrheit nicht mal versteht, um was es überhaupt geht, wie soll sie da vernünftig abstimmen?

Das ist zweifellos nicht optimal und dürfte auch damit zu tun haben, dass in den USA immer sehr viele Abstimmungen am gleichen Tag stattfinden und sich die Bürger durch Massen von Papier wälzen müssen. Manchmal sind einzelne Abstimmungsvorlagen 30 oder gar 40 Seiten lang. Ein Wunder, dass das überhaupt jemand liest.

Freilich ist die Alternative, bei komplizierten Themen das Parlament statt der Bevölkerung abstimmen zu lassen, auch nicht optimal. Denn die Abgeordneten, sofern sie nicht zufällig von ihrer Ausbildung her Spezialisten für dies Thema sind, verstehen die Dinge auch nicht richtig. Sie sind zwar Berufspolitiker und man sollte von ihnen erwarten können, dass sie das Plus an Zeit, das ihnen für die Beschäftigung mit Politik zur Verfügung steht, nutzen, um sich besser zu informieren. Aber andererseits müssen sie in jeder Parlaments- und Ausschusssitzung eine derart hohe Zahl von Entscheidungen treffen, dass sie sich nicht über alles schlau machen können. Niederländische Abgeordnete lesen nur circa ein Viertel der Unterlagen, die sie lesen müssten. Dies geht aus einer Untersuchung hervor, über die das *Handelsblad* am 28.2.1997 berichtete. Man kann auch zweifeln, ob sie überhaupt Lust haben, alles zu lesen. Anders als Bürger in der Wahlkabine sind Abgeordnete in ihren Entscheidungen nämlich nicht frei: Die Fraktion hat bereits entschieden, wie sie abzustimmen haben. Warum sollen sie sich da noch groß in die Themen einlesen?

Einige europäische Länder haben das Volk über die europäische Verfassung abstimmen lassen, unter ihnen Frankreich. In ihrer Mehrheit haben die Franzosen sie abgelehnt, was ihnen von Seiten der meisten Europapolitiker heftig verübelt wurde. Die Bürger seien überfordert gewesen, sie hätten den Verfassungstext gar nicht gelesen. Tatsächlich war der Text ein unglaublich mit Details überfrachtetes, mehrere hundert Seiten dickes Buch. Zwar lag es in den Postämtern zur Mitnahme aus und Fachliteratur zum Thema verkaufte sich gut. Es ist trotzdem kaum anzunehmen, dass viel mehr als ein Prozent der Franzosen dieses Werk durchgelesen hat. In Deutschland stimmte nur der Bundestag darüber ab. Er stimmte zu. Weil die Abgeordneten so viel besser informiert waren als die Bürger? Zweifel sind angebracht.

Gestresste Abgeordnete

Nach dem Scheitern des Verfassungsvertrags im französischen Referendum wurde er als Vertrag von Lissabon den EU-Mitgliedsstaaten erneut zur Ratifizierung vorgelegt. Zwei Tage vor der Abstimmung im April 2008 haben Mitarbeiter von Mehr Demokratie e.V. 20 zufällig herausgesuchte Abgeordnete verschiedener Fraktionen gebeten, einige allgemeine Fragen zum Vertragswerk zu beantworten. Die Mehrzahl von ihnen war vorsichtshalber erst gar nicht dazu bereit. Sie wollten sich nicht blamieren. Nur sieben Abgeordnete beantworteten die Fragen. Vermutlich die, die sich selbst als recht gut informiert einschätzten. Trotzdem taten sich erhebliche Wissenslücken auf, nicht nur in Details, sondern bei den grundlegenden Themen. Auf die Frage »Welche neuen Kompetenzen erhält die EU durch den Reformvertrag?« antwortete zum Beispiel ein Bundestagsabgeordneter: »Die Kompetenz für eine gemeinsame europäische Außenpolitik ... Die Integration im Streitkräftebereich wird erweitert.« Auch ein anderer meinte: »In der Außenpolitik zum Beispiel neue Kompetenzen. Im Wesentlichen Außenpolitik.« Ein dritter Abgeordneter sagte dagegen: »Die EU erhält im Prinzip keine neuen Kompetenzen.« Ein vierter wiederum fand: »Die EU erhält in vielen Bereichen neue Kompetenzen, beispielsweise in dem Bereich, der mir auch sehr nahe liegt, der Säule der Demokratie, Sicherheit und Ähnliches.« Damit hatte er jedenfalls einen richtigen Punkt genannt, die innere Sicherheit. Außenpolitik trifft dagegen nicht zu. Die richtige Antwort wäre gewesen: Energiepolitik, Raumfahrt, Tourismus, Katastrophenschutz, Verwaltungszusammenarbeit, humanitäre Hilfe und Terrorbekämpfung. Ähnlich uninformiert sahen die Antworten bei den anderen Fragen aus. Keiner der befragten Abgeordneten wusste kurz vor der Abstimmung über einen von ihnen drei Jahre vorher schon einmal ratifizierten Vertrag genau, um was es eigentlich ging! Auch die Abgeordneten waren mit dem 1000-seitigen Text überfordert. Und das passiert des Öfteren.

Der sozialdemokratische Bundestagsabgeordnete Marco Bülow hat in einem Artikel in der Wochenzeitung *der Freitag* anschaulich beschrieben, wie die Beschlussfassung im Parlament über den Ausstieg Deutschlands aus der Atomenergie verlief: »Am Montag, dem 6. Juni, beschließt das Kabinett die Vorlage zu 14 Einzelgesetzen, die zu einem Gesamtpaket geschnürt werden. Mit den Anträgen der Opposition kommt es ohne die Last-Minute-Änderungsanträge zu mindestens 29 Abstimmungen. Damit liegen über 1.000 Seiten Gesetzentwürfe und Stellungnahmen der Sachverständigen vor. Dazu mindestens genauso viele Seiten Hintergrundpapiere ... Schon am gleichen Tag treffen die Regierungsfraktionen ihre Vorentscheidungen. Der FDP-Abgeordnete Sebastian Körber twittert: Habe gerade über 350 Seiten Papiere auf dem Schreibtisch zur Energiewende und dafür 1,5 Stunden Zeit bis zur Fraktionssitzung.« Soweit Bülows Insiderbericht. Von informierter Entscheidung und sorgsamer Abwägung keine Spur.

Die Eile beim Entschluss über den Atomausstieg hatte rein taktische Gründe. Zwar hatte es in Fukushima einen Atomunfall gegeben, die deutschen Atomkraftwerke arbeiteten aber so wie immer. Entsprechend dem Parlamentsbeschluss sollten sie das auch noch zehn Jahre weiter tun, um dann vom Netz zu gehen. Man hätte also den Abgeordneten ein paar Monate Zeit geben können, um sich mit dem Thema sachgerecht zu befassen. Die Hektik kam von den bevorstehenden Landtagswahlen. Vorher musste unbedingt ein Ausstiegsbeschluss gefasst werden, um eine Niederlage der Regierungskoalition zu vermeiden. Hätte man stattdessen einen Volksentscheid über den Ausstieg aus der Atomenergie vorbereitet, wäre viel mehr Zeit für Beratung gewesen.

Immer häufiger, so Bülow, würden Abgeordnete »mit weitreichenden Entscheidungen konfrontiert, die wir selbst mit bestem Willen in so kurzen Zeiträumen nicht durchblicken können. Die Bankenrettung, diverse Rettungsschirme, bei denen es um Geldsummen ging, die keiner von uns erfassen kann, wurden ebenfalls im Schweinsgalopp beschlossen.« Die Hektik bei der Bankenrettung schildert er in seinem Buch Wir Abnicker genauer: »Vor der Beschlussfassung blieb keine Zeit zur ausgiebigen Beratung ... Uns wurde von den führenden Politikern und Ökonomen des Regierungsapparates eingeredet – was durchaus plausibel klang –, dass nahezu jeder vom drohenden Zusammenbruch der Banken betroffen wäre, vor allem diejenigen, die am wenigsten zur Krise beigetragen hätten. So gut wie keiner von uns Abgeordneten war in der Lage, dieser Argumentation fundiert etwas entgegen zu halten... Also hoben wir die Hände.« Auf diese Art und Weise beschloss das Parlament Zusatzausgaben von einer halben Billion Euro, das 35-fache der jährlichen Ausgaben für Bildung und das 250-fache der Umweltausgaben. Deutschlands Verschuldung wuchs von etwas über 60 auf mehr als 80 Prozent des Bruttosozialprodukts an. Und das alles ohne ausführliche vorherige Debatte.

Entscheidungsfindung durch Beratung

Wie können Abgeordnete überhaupt abstimmen, wenn sie so wenig über das Thema wissen? Nun, wie gesagt: Sie brauchen meist nur zu wissen, wie der Fraktionsvorsitzende abstimmen wird, denn dessen Vorgabe müssen sie folgen. Da dieser immer vorne sitzt, ist leicht zu sehen, wann er die Hand hebt. Wenn sich der Fraktionsvorsitzende mal vertut und bei einer weniger wichtigen Abstimmung mit *Nein* statt wie geplant mit *Ja* stimmt, kommt es vor, dass die ganze Fraktion seinen Fehler mitmacht. Aber natürlich gibt es auch Themen, zu denen sich Abgeordnete selbst eine Meinung bilden müssen. Zum Beispiel, weil in der Fraktionssitzung eine Debatte dazu stattfindet. Oder weil sie selbst die zuständigen Fachabgeordneten sind und der Fraktion einen Abstimmungsvorschlag unterbreiten müssen. Auch in diesem Fall wird der Abgeordnete in der Regel nicht alle wichtigen Unterlagen selbst lesen, denn das wäre viel zu zeitaufwändig. Er lässt sie von anderen lesen und sich dann berichten. Zum Beispiel von einem Mitarbeiter, dem er vertraut. Es ist auch üblich, dass Fachleute zum Thema eingeladen werden, Wissenschaftler, die dazu arbeiten. In diesen Debatten mit Experten bilden sich die zuständigen Fachpolitiker ihre Meinung. Die teilen sie dem Fraktionsvorsitzenden mit und verkünden sie auf der Fraktionssitzung. Und wenn es keine überzeugenden Einwände gibt, wird dann so abgestimmt.

Dieses Verfahren kann der Bürger vor dem Volksentscheid im Prinzip auch anwenden. Er informiert sich über Dritte und bildet sich seine Meinung in Abgrenzung oder Übereinstimmung mit Fachleuten. Natürlich hat der Bürger keinen Mitarbeiter, der die Texte liest. Es gibt aber Journalisten, die das tun. Und die dann darüber schreiben oder im Radio und Fernsehen berichten. Natürlich kann sich der Normalbürger auch keine Experten einladen. Experten sind aber im Fernsehen, in Talkshows oder Magazinsendungen zu sehen. Es sind oft die Gleichen, die vorher die Abgeordneten beraten haben. In den Schweizer Zeitungen finden regelmäßig vor Volksabstimmungen intensive Debatten über das Thema statt. In der Regel geben die Zeitungen einem prominenten Befürworter und einem Gegner das Wort. Viele Zeitungsredaktionen formulieren selbst einen Standpunkt, eine Abstimmungsempfehlung. Die wird als solche gekennzeichnet abgedruckt – der Leser kann sich an diesem Standpunkt orientieren. Zustimmend oder ablehnend. Und natürlich haben Internetnutzer auf den Internetseiten der Zeitungen und in

Internetforen die verschiedensten Möglichkeiten, Diskussionen zu lesen und sich selbst auch zu beteiligen. Das machen sicher nicht alle. Es gibt aber einen *Trickle-down-effect*. Wer selbst weder Lust noch Zeit hat, im Internet zu surfen, um sich politisch zu informieren, aber weiß, dass ein Freund oder Kollege dies oft tut, wird diesen nach seiner Meinung fragen. Und sich an dieser Meinung orientieren, wenn er ihm vertraut. Ich persönlich erlebe immer wieder, dass ich von Freunden und Bekannten befragt werde, was ich von dieser oder jener Sache halte. Sie wissen, dass ich politisch engagiert bin, und nutzen das.

So wie sich der Abgeordnete auf das Urteil seines Fraktionsvorsitzenden verlässt oder auf das sachkundiger Fachkollegen, wenn er abstimmt, kann sich der Abstimmungsbürger an den Empfehlungen von Personen orientieren, denen er vertraut. Dazu zählen auch die Parteien. Selbst in Zeiten der Parteiverdrossenheit: Wähler haben meist eine, wenn auch begrenzte, Sympathie für die eine oder andere Partei. Sie orientieren sich weniger an Programmen als vielmehr allgemein an Äußerungen von Repräsentanten der Parteien. Sie orientieren sich an Erfahrungen, die sie mit der Regierungstätigkeit ihrer Partei gemacht haben. Parteien geben vor Volksabstimmungen Empfehlungen ab. Umfragen zeigen, dass diese Empfehlungen für die Bürger eine große Rolle spielen. Sie folgen freilich nicht immer und nicht automatisch dem Abstimmungsvorschlag ihrer Partei. Aber selbst die Erfahrungen in der Schweiz, wo Parteien im täglichen Leben eine weit geringere Rolle spielen als in Deutschland, belegen: Auch wenn das Vertrauen in die Parteien zurückgegangen ist, geben sie den Bürgern doch eine wichtige Orientierungshilfe. Weitere Orientierungshilfen sind die Empfehlungen anderer Verbände: Gewerkschaften, Umweltverbände, Menschenrechtsorganisationen. Alle geben – sofern das Thema sie betrifft – Abstimmungsempfehlungen ab, und hieraus bilden sich die Bürger ihre Meinung.

Initiativen, die Unterschriften für ein Thema sammeln, von dem der normale Bürger wenig weiß, sind daher gut beraten, Personen als Unterstützer zu gewinnen, die das Vertrauen der Allgemeinheit genießen. Ich war selbst 2006 an einem Volksbegehren in Bremen beteiligt, das für die Landtagswahl die Einführung des »Kumulierens und Panaschierens« forderte. Wahlrecht ist nicht unbedingt ein Thema, das den Normalbürger beschäftigt, und die Begriffe *Kumulieren* und *Panaschieren* motivieren auch nicht sonderlich, sich damit auseinanderzusetzen (siehe zu diesen Methoden auch die Ausführungen im Kapitel »Mehr

Auswahl bei der Wahl«). Es gelang der Initiative jedoch, einen parteiübergreifend geschätzten ehemaligen Bürgermeister als Unterstützer zu gewinnen. Das Bild des Ex-Bürgermeisters diente praktisch als Türöffner beim Unterschriftensammeln. Die Bürger hatten ihn als kompetenten und integren Mann erlebt und schenkten seinem Urteil Vertrauen. *Wenn der das richtig findet, scheint da was dran zu sein ...*

An dieser Methode der Meinungsbildung ist nichts Negatives. Wer viele Entscheidungen zu treffen hat, kann niemals für alle Themen Fachmann sein. Ein guter Manager zeichnet sich nicht dadurch aus, dass er auf möglichst vielen Gebieten Fachmann ist, sondern dadurch, dass er in relativ kurzer Zeit und mit sehr begrenzten Fachkenntnissen trotzdem die adäquaten Entscheidungen treffen kann. Im Alltag gehen wir übrigens nicht anders vor. Ein neues Auto kaufen die wenigsten Leute auf Grund fundierter Fachkenntnisse. Die Prospekte schauen sie sich vielleicht an, um die richtige Farbe auszusuchen. Aber in den seltensten Fällen machen sie sich mit den Konstruktionsmerkmalen vertraut. Wenn es hochkommt, lesen sie vielleicht zwei oder drei Tests in Fachzeitschriften. Sie sehen oder hören etwas im Fernsehen darüber. Freunde fahren vielleicht den gleichen Wagen und sind zufrieden. Einige werden auch in Internetforen recherchieren. So, äußerst bruchstückhaft informiert, betreten sie den Laden des Händlers und geben einen Betrag aus, für den sie ein komplettes Jahr arbeiten müssen. Trotz dieser mangelhaften Informationsbasis sind viele hinterher ganz zufrieden mit ihrem Auto. Es ist nicht nötig, sich umfassend einzuarbeiten, um die richtige Entscheidung zu treffen. Wichtiger ist es, die richtigen Ratgeber zu kennen.

Im Zweifelsfall dagegen

Zumal der Bürger ja nicht unbedingt zu allem und jedem abstimmen muss. Es gibt die Möglichkeit, sich zu enthalten, also der Abstimmung fern zu bleiben, spazieren zu gehen. Oder mit Nein zu stimmen, wenn man die Sache nicht ganz durchschaut. Es sind in der Schweiz empirisch zwei Verhaltensweisen feststellbar: Wenn die Bürger nicht genau wissen, was sie von einer Sache halten sollen, gehen sie nicht zur Abstimmung, oder sie stimmen vorsichtshalber dagegen. Man nennt dies auch die *Neintendenz*. Dieser fallen häufig Volksinitiativen kleiner Gruppen zum Opfer, die die Schweizer nicht genau einschätzen können. Seit

Einführung der Volksinitiative in der Schweiz im Jahr 1891 war erst 19-mal eine Initiative auf Bundesebene an der Urne erfolgreich. Fast 90 Prozent der Initiativen werden abgelehnt. Vorschlägen, die von kleinen Bürgergruppen, aber auch von einzelnen Parteien kommen, stehen die Schweizer ausgesprochen skeptisch gegenüber, insbesondere, wenn sie auf Bundesebene eingebracht werden. Das ist einerseits schade, weil der innovative Impuls der Volksinitiativen dadurch stark beschnitten wird. Andererseits passiert es wegen der *Neintendenz* in der Schweiz nur selten, dass im Volksentscheid Dinge beschlossen werden, die nach einhelliger Meinung der Fachleute unsinnig und verkehrt sind.

Die *Neintendenz* der Bürger ist bekannt und hat auch positive Effekte. Weil die Politiker befürchten müssen, dass die Bürger mit *Nein* stimmen, wenn sie eine Sache nicht durchschauen, bemühen sie sich, die Vorlagen klar und verständlich zu formulieren und nicht zu lang werden zu lassen. Diejenigen Schweizer Gesetze, die im Volksentscheid bestehen müssen, zeichnen sich oft durch eine erfreuliche Kürze und Klarheit aus. Für das Funktionieren der Demokratie ist das nur von Vorteil.

Es zeigt sich auch, dass die Abstimmungsbeteiligung zurückgeht, je komplizierter das Thema ist. Es verstärkt sich dann ein bekannter Effekt: Der besser informierte und besser gebildete Teil der Bevölkerung beteiligt sich überdurchschnittlich an Volksabstimmungen. Eine Umfrage der Universität von Michigan ergab, dass von denen, die sich an Volksentscheiden beteiligen, durchschnittlich 35 Prozent einen Hochschulabschluss haben – unter denen, die nicht abstimmen, haben nur 19 Prozent einen Hochschulabschluss. 52 Prozent der Abstimmenden, aber nur 21 Prozent der Nichtstimmer lesen regelmäßig Zeitung. Von den Abstimmern geben 47 Prozent an, sich »meistens« um die politisch viel diskutierten Dinge zu kümmern, nur 7 Prozent zeigen sich politisch uninteressiert. Bei denen, die sich nicht an Abstimmungen beteiligen, ist es genau umgekehrt: 34 Prozent kümmern sich »kaum« um Politik.

Für die Schweiz zeigen die VOX-Umfragen nach Volksentscheiden ganz ähnliche Ergebnisse. Diese Umfragen werden in der Schweiz in den zwei bis drei Wochen nach der Volksabstimmung mit einer repräsentativen Stichprobe von circa 1.000 stimmberechtigten Personen durchgeführt, so genannte *Nachanalysen*. Hierbei werden die Bürger zu ihrem Abstimmungsverhalten befragt, es werden aber auch Daten zur Bildung, zum Einkommen, zum Kenntnisstand und so weiter erhoben. Die VOX-Umfragen werden von einem privaten Forschungsinstitut in Bern sowie den Universitäten Bern, Genf und Zürich gemeinsam durchgeführt. Ein Ergebnis: Finanziell schwächere Gruppen, aber auch weniger Gebildete gehen seltener an die Urnen (Cronin 1999; Linder 1999: 284).

Der besser informierte und politisch interessierte Teil der Bevölkerung fällt die Entscheidungen sozusagen stellvertretend für die Gesamtbevölkerung. Wer zum Thema keine Meinung hat, hält sich zurück. Das kann für die Demokratie durchaus zum Problem werden. Denn die Unterschicht ist offensichtlich nicht in gleichem Maße in die politischen Entscheidungen einbezogen wie die Mittel- und Oberschicht. Es ist also denkbar, dass die Volksentscheide gar nicht dem Mehrheitswillen entsprechen. Die VOX-Umfragen belegen das allerdings nicht. Die Resultate der Abstimmungen entsprachen stets dem in Meinungsumfragen abgefragten Willen der Gesamtbevölkerung. Es kommen schon mal kleine Differenzen bei den Prozentzahlen vor. Sie waren aber nur in einem Fall so groß, dass die Meinungsumfrage eine andere Mehrheit ergab als die eigentliche Abstimmung. Die Entscheidungen wären also in den allermeisten Fällen auch nicht anders ausgefallen, wenn sich in größerem Umfang weniger Gebildete am Volksentscheid beteiligt hätten.

Übrigens: Schon bei Wahlen tritt der Effekt auf, dass weniger Gebildete und weniger Interessierte sich auch weniger beteiligen. Das ist nicht optimal und man sollte sicher versuchen, auch bildungsfernere Schichten zur Beteiligung zu bewegen, damit sich ihre Interessen in den Ergebnissen adäquat widerspiegeln. Und natürlich entsprechen die Abgeordneten im Parlament auch nicht exakt dem sozialen Durchschnitt der Bevölkerung. Auch hier gibt es ein Übergewicht bestimmter »besserer« Berufsgruppen wie zum Beispiel Anwälte, sodass eine gewisse Schräglage zu Ungunsten der Unterschicht auch bei Parlamentsentscheidungen auftreten dürfte.

Das Abstimmungsbüchlein

Aber noch einmal zurück zu der Frage, wie sich die Bürger informieren können, so sie es denn wollen. In den USA und in der Schweiz werden vor der Abstimmung per Post Informationen an die Bürger verschickt. In den USA heißt das *Ballot Pamphlet*, die Schweizer sprechen vom *Abstimmungsbüchlein*. Dieses Büchlein ist eher ein Heft und enthält alle wichtigen Informationen zur Abstimmung. Außerdem kommen Befürworter und Gegner zu Wort.

Besonders in Kalifornien ist das Heft schon recht gut ausgetüftelt: Es beginnt mit einer Liste aller zur Abstimmung stehenden Themen. Anschließend wird jede einzelne Vorlage zunächst ganz kurz mit ihren Folgen und den wichtigsten Pro- und Kontra-Argumenten erläutert. Wer mehr wissen will, findet hinten im Heft weitergehende Ausführungen zu jeder Vorlage. Sie beginnen mit einer Kurzzusammenfassung in wenigen Zeilen. Danach folgt eine mehrseitige Darstellung des Gegenstands und der voraussichtlichen – auch finanziellen – Folgen einer Annahme. Ein extra hierzu eingerichtetes Komitee überprüft die Neutralität dieser Darstellung. Auf zwei Dritteln der folgenden Seite können die Befürworter ihre Argumente darstellen. Das restliche Drittel ist für Gegenargumente vorgesehen. Auf der nächsten Seite ist es genau umgekehrt: Die Gegner der Vorlage haben zwei Drittel der Seite für ihre Argumente zur Verfügung, die Befürworter können auf dem restlichen Drittel antworten.

Das Ganze ist eigentlich perfekt gemacht für denjenigen, der sich ausgiebig mit einem Thema befassen will. Ein Problem ist, dass – wie gesagt – viele Abstimmungen an einem Tag stattfinden und dieser Tag zudem in den USA noch der Wahltag ist. Auch die Kandidaten für die Wahlen können sich im *Ballot Pamphlet* vorstellen. Der Umfang des Heftes schwillt also bedenklich an, 100 Seiten sind eher die Regel als die Ausnahme.

Das Schweizer *Abstimmungsbüchlein* ist ähnlich, aber bescheidener im Umfang. Meist ein Heft im DIN A5 Format – selten mehr als 30 Seiten. In der Schweiz finden Abstimmungen und Wahlen nicht am gleichen Tag statt, Informationen zu Parlamentskandidaten finden sich also nicht im Büchlein. Dafür kommen in der Schweiz anders als in Kalifornien noch die Abstimmungen auf Bundesebene dazu. In der Regel bekommt der Bürger also drei Abstimmungshefte nach Hause geschickt – eines für die kommunale Ebene, eines für die Kantone und eines für die Bundesebene. Auch in der Schweiz kommen Pro und Kontra zu Wort. Geht es um eine Abstimmung über eine Baumaßnahme, finden sich kleine Pläne im Heft, eine Kostenkalkulation und Alternativvorschläge.

Wer will, kann sich mit diesem Abstimmungsbüchlein recht gut informieren. Und es scheint so, dass ein nennenswerter Anteil der Bürger es auch tatsächlich nutzt, zumindest von denjenigen, die an der Abstimmung teilnehmen wollen. In den VOX-Nachanalysen wird auch stets die Frage gestellt, ob man das Abstimmungsheft gelesen habe. Ja nach Thema antworten 60 bis 80 Prozent der Bürger auf die Frage »Haben Sie das Bundesbüchlein gelesen?« mit *Ja*. Das deckt sich in etwa mit den Erfahrungen aus den USA. Thomas Cronin schätzt, dass 30 bis 60 Prozent der Wähler das Abstimmungsheft mehr oder weniger intensiv nutzen. Bei einer Befragung von 1.204 Bürgern in Oregon gaben zum Beispiel 45 Prozent an, sie hätten alles oder das meiste aus dem Heft gelesen.[9] Auch einige deutsche Bundesländer, zum Beispiel Hamburg und Bremen, verschicken vor Volksentscheiden Abstimmungshefte nach Schweizer Muster. Vor dem Volksentscheid zu Stuttgart 21 wurde eine solche Broschüre erstellt, die nach eigenen Angaben von 70 Prozent der Bürger gelesen wurde.

Der Volksentscheid bestimmt die Medien – nicht die Medien den Volksentscheid

Im Zusammenhang mit der Kompetenz der Abstimmenden wird oft auch über *Medienmacht* gesprochen. Die Medien dominierten die Meinungsbildung, der Bürger habe nicht die Möglichkeit, dem etwas entgegenzusetzen. Er sei den Manipulationen der Medien ausgeliefert. Häufig fällt dann auch der Name *Berlusconi* – das Musterbeispiel für die Dreieinigkeit von Staats-, Medien- und Wirtschaftsmacht. In der Tat: Wenn die öffentliche Meinung komplett von einer Person beherrscht wird, ist eine ausgewogene Diskussion schwer vorstellbar. Aber auch in Ländern wie Deutschland mit einer vergleichsweise pluralen Medienlandschaft stellt man immer wieder eine Art Selbstgleichschaltung der Medien fest, zumindest der Mainstreammedien. Ein bestimmtes Thema taucht immer wieder auf und wird in ähnlicher Form behandelt. Mal ist es die Überflutung durch Asylbewerber, mal die Angst vor Terroristen, dann dominiert Weltuntergangsstimmung wegen der Klimakatastrophe alle Kanäle. Wenn alle davon reden und sich 90 Prozent einig sind, ist es für Andersdenkende schwierig, sich überhaupt noch Gehör zu verschaffen. Fachleute sprechen vom *Agenda-Setting* durch die Medien. Dahinter steckt keine Verschwörung und auch kein politischer Druck, sondern schlicht der Wunsch nach wirtschaftlichem Erfolg. Es ist eine in der Psychologie oft nachgewiesene Tatsache, dass man ungern ab-

---

9 Voxanalysen: www.polittrends.ch/pub/a64.pdf. Vgl. auch Möckli 1994: 191 und Cronin 1999: 80f.

weichende Meinungen zur Kenntnis nimmt. Psychologen nennen dies den Wunsch, die *kognitive Konsistenz* zu bewahren. Eine Zeitung, die viel verkaufen will, muss also im Wesentlichen die Meinung vertreten, die die Mehrheit der Bevölkerung sowieso schon hat, und diese Mehrheit sieht sich dann in ihrer Meinung abermals bestätigt. Da sich auch Fernsehsendungen nach Quoten ausrichten, entsteht hier der gleiche Effekt. Man kann also nicht so einfach sagen, dass der gesunde Menschenverstand der Bürger durch die Medien manipuliert würde – die Medien schreiben und senden das, was die Leute ohnehin so schon denken. Aber sie verstärken es dadurch noch mal.

Auch das Internet ist hier keine große Hilfe. Dort sind zwar fast alle Informationen und die verschiedensten Meinungen zu finden, sodass die technischen Voraussetzungen für eine pluralistische Meinungsbildung gegeben sind. Jedoch setzt sich hier der Wunsch nach kognitiver Konsistenz noch viel leichter durch. Die schier unbegrenzte Zahl von Blogs zu allen Themen bietet die Möglichkeit, sich exakt in dem Blog zu betätigen, in dem völlig Gleichgesinnte schreiben. Während man in der Zeitung, zum Beispiel bei den Leserbriefen, oder im Fernsehen, besonders bei Diskussionssendungen, doch immer mal wieder auf eine beunruhigend fremde Meinung trifft, kann man das im Internet ziemlich gut vermeiden.

Zugegeben, es wäre für die Demokratie viel besser, wenn die Medien mehr am Erkenntnisgewinn und weniger an der Auflage beziehungsweise Quote interessiert wären. Zumindest bei den überregionalen Tageszeitungen, vielen Wochenzeitungen und Magazinsendungen vor allem im öffentlich-rechtlichen Fernsehen ist aber auch zweifellos ein Bemühen um Pluralität und Qualität feststellbar.

Zwei Wissenschafter der Universität Münster haben insgesamt elf Schweizer Zeitungen verschiedenster Qualität, auch Boulevardzeitungen, jeweils drei Monate vor einem Volksentscheid ausgewertet. Dies wurde für neun Volksentscheide gemacht, von denen drei das Thema der erleichterten Einbürgerung von Ausländern behandelten. Bei den anderen ging es unter anderem um Verkehrsfragen. Ingesamt sei die Berichterstattung überwiegend sachlich und ausgewogen gewesen, so die Wissenschaftler.

In allen drei Volksentscheiden zur Ausländerintegration entschied die Bevölkerung negativ. Doch an der Presse scheint es nicht gelegen zu haben: In den über 1.000 Artikeln, die vor den Volksentscheiden zu diesem Thema publiziert wurden, fanden die Forscher etwa fünfmal soviel positive wie negative Stellungnahmen zur erleichterten Einbürgerung (Marcinkowsli/Donk 2012).

Pluralität der Medienlandschaft ist für die Meinungsbildung in der Demokratie eine wichtige Voraussetzung. Vieles könnte hier besser sein, so schlecht wie man manchmal hört, ist die Medienlandschaft in Deutschland aber nicht. Zu meinen, wegen mangelnder Vielfalt und Qualität der Medien müsse man auf Volksentscheide verzichten, ist aber auf jeden Fall falsch. Ganz im Gegenteil: Volksbegehren können einen Keil ins gleichförmige Mainstreamdenken treiben.

Die Parteien wollen sich in der Regel auch nicht in Gegensatz zum Mainstream setzen. Nehmen wir zum Beispiel das Burkaverbot. Wenn die Islamisierung als großes Problem gesehen wird und in der Bevölkerung Einigkeit besteht, dass das Tragen der Burka im öffentlichen Raum mit den westlichen Werten nicht vereinbar sei und zudem ein Sicherheitsrisiko darstelle, kommt es zu Entscheidungen wie der des belgischen Parlaments, das im Frühjahr 2010 das Tragen der Burka generell verbot. Die Entscheidung wurde einstimmig gefällt – bei zwei Enthaltungen. Auch die Medien begrüßten die Entscheidung fast ausnahmslos. Von Pluralität konnte gar keine Rede mehr sein, die Gesellschaft hatte sich gewissermaßen selbst gleichgeschaltet. Die Politik reagiert auf eine solche Stimmung im Lande oft ziemlich rasch und ohne viel Abwägen.

Volksentscheide sind viel langsamer. Bis zum Volksentscheid vergeht in der Regel mindestens ein Jahr. Gut möglich, sogar wahrscheinlich, dass ein Volksentscheid ebenfalls mit einem Verbot enden würde. Immerhin gäbe er Kritikern aber die Möglichkeit, Argumente vorzutragen. Zum Beispiel, dass die Integration islamischer Frauen durch das Verbot eher erschwert als erleichtert werde. Oder, dass viele Burkaträgerinnen freiwillig vom Christentum zum Islam konvertiert seien. Ein Volksentscheid eröffnet immer eine Debatte. Die sachliche Kontroverse wird zumindest in einigen Medien Widerhall finden. Gerade, wer die Selbstgleichschaltung der Medien kritisiert, müsste für Volksentscheide sein: Sie bringen wieder ein Stück Pluralität.

Zu diesem Ergebnis kommt auch der Medienforscher Josef Klein. Mit Blick auf die Schweiz stellt er fest: »Agenda-setting, d.h. Themenbestimmung, erfolgt nicht durch die Medien, sondern ist den Medien durch Abstimmungsthema und Abstimmungstermin vorgegeben.« (Klein 1996: 244f.) Nicht die Medien dominierten den Volksentscheid, sondern die direkte Demokratie gibt den Medien ihre Themen vor. Die

Art und Weise, wie die Medien die Themen behandelten, sei in der Schweiz »breiter, themenbezogener, argumentativer und weniger personalisierend«. Die wichtigsten Schweizer Medien ließen durchaus unterschiedliche Standpunkte zu. Zudem gäbe es vor Volksentscheiden intensive Diskussionen im privaten Bereich, die den Einfluss der Medien relativierten. Im Vergleich zur Bundesrepublik Deutschland seien die Schweizer weit weniger gefährdet, »Opfer medialer Manipulation« zu werden. Ziemlich klare Worte eines Wissenschaftlers, den Wikipedia als den profiliertesten Vertreter der Forschung zur politischen Kommunikation bezeichnet, der vier Jahre für die CDU im Bundestag saß und damit sicher der Voreingenommenheit zugunsten direkter Demokratie unverdächtig ist.

Volksentscheid – Prämie für Demagogen?

Volksentscheide stehen in Deutschland in dem Ruf, etwas Konservatives zu sein, wenn nicht schlimmer. Zumindest denken das viele Mitglieder der SPD und der Linkspartei, mit denen ich über direkte Demokratie gesprochen habe. Sie wissen es nicht genau, aber sie haben den Verdacht, Volksentscheide seien eine Erfindung der politischen Rechten. Zu dieser Auffassung trägt bei, dass in der Tat viele Parteien der extremen politischen Rechten geradezu euphorisch für Volksentscheide eintreten. Das Volk steht für sie für das Gute, die politische Klasse, die Parteien, der Parlamentarismus dagegen für Korruption. Daher soll das Parlament entmachtet, die Staatsgewalt dem Volk direkt übergeben werden. Das erinnert in der Tat an Adolf Hitler, der die *Quasselbude* Parlament auflösen wollte.

Parlamentarismuskritik von links

Allerdings gibt es auch eine lange Tradition der Parlamentarismuskritik von links. Angefangen hat es mit der Idee, ein sozialistischer Staat solle nach dem Modell der Pariser Kommune von 1871 gestaltet sein. Die Bevölkerung müsse »sich sichern ... gegen ihre eigenen Abgeordneten und Beamten, indem sie diese, ohne alle Ausnahme, für jederzeit absetzbar erklärte ... «[10] Das daraus resultierende Modell einer Rätedemokratie ist allerdings über einige vage Skizzen nie hinausgekommen. Realistischer war da schon die junge SPD in ihrem Gothaer Programm von 1875, in dem sie »direkte Gesetzgebung durch das Volk. Entscheidung über Krieg und Frieden durch das Volk«, also Volksentscheide, forderte. In der Folge gerieten solche demokratischen Forderungen allerdings mehr und mehr in Vergessenheit, hauptsächlich, weil die anfangs revolutionären Parteien selbst Herrschaftsparteien wurden. Wo sie in der Opposition waren und wo die Möglichkeit dazu bestand, nutzten

---

[10] F. Engels, Einleitung von 1891 zu K. Marx: Bürgerkrieg in Frankreich, MEW 17: 623ff.

die Sozialdemokraten aber weiterhin den Volksentscheid, um politisch Einfluss zu nehmen.

Die SED, die nach dem Krieg in der sowjetischen Besatzungszone gegründete Einheitspartei von Kommunisten und Sozialdemokraten, setzte sich zunächst durchaus für Volksentscheide ein. Es wurden auch einige Volksentscheide abgehalten, zum Beispiel zur Enteignung der Kriegsverbrecher. Die Verfassung der DDR sah Volksabstimmungen und Volksbegehren vor. Nachdem die SED aber mit russischer Hilfe sichere Regierungspartei geworden war, schmolz ihr Interesse an Volksentscheiden rapide dahin. 1968, im Jahr des Aufstands in der Tschechoslowakei, wurde der Artikel in aller Stille beseitigt.

Parlamentarismuskritik erlebte in Deutschland eine Renaissance mit dem Aufstand der Studenten. Die '68er Studentenrevolte war stark durch das Buch *Die Transformation der Demokratie* von Peter Brückner und Johannes Agnoli beeinflusst – eine anarchistisch geprägte, radikale Kritik der repräsentativen Demokratie. Was an deren Stelle treten sollte, blieb allerdings offen. Die Forderung nach Volksentscheiden brachte später eine kommunistische Kleingruppe, der Kommunistische Bund Westdeutschland (KBW), wieder ins Gespräch. Er debütierte auf der politischen Bühne mit der Forderung nach einem Volksentscheid über das Recht auf Abtreibung und organisierte eine große Demonstration dafür in Bonn, allerdings ohne greifbares Ergebnis. Der KBW ging teilweise in der sich neu gründenden grünen Partei auf. Auch die Grünen waren anfangs ausgesprochen misstrauisch gegenüber den Versuchungen des Parlamentarismus, wechselten ihre Abgeordneten alle zwei Jahre aus und wollten sie über ein *imperatives Mandat* fest an die Beschlüsse der Parteibasis binden. Das ist Vergangenheit, der Forderung nach Einführung von Volksentscheiden bleiben die Grünen allerdings treu. Ebenso wie die SPD, die Liberalen und die Linkspartei, die in ihrem 2011 beschlossenen Programm »erweiterte Möglichkeiten direkter demokratischer Entscheidung und Mitwirkung über Volksinitiativen, Volksbegehren und Volksentscheide« fordert sowie »obligatorische Volksentscheide über die EU-Verträge«.

Hitlers »Machtergreifung« – ohne Volksentscheide

In Verruf kam der Volksentscheid vor allem nach dem Zweiten Weltkrieg, als in der neu gegründeten Bundesrepublik Volksentscheide auf Bundesebene nicht mehr vorgesehen waren. In der Weimarer Republik hatte es sie noch gegeben. Aber sie standen nun in Verdacht, Hitlers Aufstieg erleichtert zu haben. Bis heute bekannt ist der etwas merkwürdige Ausdruck des früheren Bundespräsidenten Theodor Heuss, Volksentscheide seien eine *Prämie für Demagogen*, bei dem er sich auf Hitler bezog und mit dem er seinen Widerwillen gegen Volksentscheide im neuen Deutschland ausdrückte. Allerdings liest sich auch Theodor Heuss' *Prämie für Demagogen* etwas anders, wenn man sich das ganze Zitat anschaut. Er sagt nämlich ausdrücklich, Plebiszite seien in überschaubaren Verhältnissen mit staatsbürgerlichen Traditionen »wohltätig«, jedoch »in der Zeit der Vermassung und Entwurzelung in der großräumigen Demokratie die Prämie für jeden Demagogen ...« Volksentscheide konnten also auch für Theodor Heuss durchaus eine positive Rolle spielen (»wohltätig«), es müsse freilich »staatsbürgerliche Traditionen« geben und die Bevölkerung dürfe nicht »entwurzelt« sein – Bedingungen, die man für das heutige Deutschland zweifellos als gegeben ansehen kann. Allerdings ist hier auch die Rede von »überschaubaren Verhältnissen« ohne »Vermassung«. Offenbar will er andeuten, dass nur in kleinen Staaten wie der Schweiz Volksentscheide sinnvoll seien. Oder auf lokaler und regionaler Ebene.

Es ist vor allem den Arbeiten des Berliner Privatdozenten Otmar Jung zu verdanken, dass die Behauptung, Volksentscheide seien für den Niedergang der Weimarer Republik und den Aufstieg Hitlers verantwortlich, heute als Mythos entlarvt ist. Auch die merkwürdige Tatsache, dass Abstimmungen zwar im Grundgesetz erwähnt werden, aber keinerlei nähere Ausführungen dazu folgen, dass also die Väter des Grundgesetzes hier etwas unentschlossen waren, erklärt sich nach Jung nicht mit den Erfahrungen der Weimarer Republik. Vielmehr seien die Gründungsväter der Bundesrepublik eher kurzsichtigen und realpolitischen Erwägungen gefolgt: Man befürchtete, dass die KPD die pazifistische Stimmung nach dem Krieg nutzen könnte, um die neue Bundesrepublik per Volksentscheid auf einen strikten Kurs der Neutralität festzulegen.

Ein direkter Zusammenhang zwischen Hitlers Machtergreifung und Volksentscheiden besteht offensichtlich nicht. Hitler kam nicht durch

Volksentscheid an die Macht. Er wurde übrigens auch nicht gewählt, jedenfalls nicht von der Bevölkerung. Bei der Wahl zum Reichspräsidenten landete er mit 37 Prozent klar abgeschlagen hinter Generalfeldmarschall Hindenburg, dem Helden des Ersten Weltkrieges, der es auf 53 Prozent brachte. Nachdem die NSDAP bei den Reichstagswahlen stärkste Partei geworden war, ernannte Hindenburg Hitler zum Reichskanzler.

Am 5. März 1933 wurde der Reichstag wiederum neu gewählt. Die NSDAP legte nochmals zu. In dieser ganzen Phase des Übergangs fanden keine Volksentscheide statt. Der Übergang der Regierungsmacht an Hitler erfolgte voll und ganz im Bereich der repräsentativen Demokratie. Auch die Verabschiedung des Ermächtigungsgesetzes, gemeinhin als Beginn der Diktatur angesehen, geschah nicht etwa durch einen Volksentscheid, sondern durch Abstimmung im Parlament. Da die NSDAP keine Mehrheit hatte, stimmten die bürgerlichen Parteien unter Einschüchterung und massivem Druck dem Ermächtigungsgesetz zu. Einer der Abgeordneten, der damals für die Ermächtigung Hitlers die Hand hob, war der spätere Bundespräsident Theodor Heuss. Er versuchte, die Bedeutung der Parlamentsentscheidung später herunterzuspielen, indem er davon sprach, dass Hitler schon vorher die Macht gehabt habe, »dass er sich in der Macht plebiszitär sah durch die Wahl vom 5. März«. Plebiszitär klingt nun wieder stark nach Plebiszit, also nach Volksentscheid.

Die Begriffsverwirrung hatte schon 1933 ihren Anfang genommen, als der berühmt-berüchtigte Staatsrechtler Carl Schmitt auf dem Leipziger Juristentag die Auffassung vertrat, die Reichstagswahl vom 5. März 1933 sei »rechtswissenschaftlich betrachtet, eine Volksabstimmung, ein Plebiszit, durch welches das deutsche Volk Adolf Hitler ... als politischen Führer ... anerkannt hat.« Nun, nach heutiger Begrifflichkeit handelte es sich eindeutig um eine Wahl, nicht um einen Volksentscheid. Wäre es ein Volksentscheid gewesen, hätte Hitler ihn ohnehin verloren. Denn trotz massiver Repression – die SA überwachte die Wahl, viele Mitglieder der linken Parteien waren bereits in Schutzhaft – stimmten nur 44 Prozent der Wähler für die NSDAP.

Der einzige Volksentscheid zu diesem ganzen Themenkomplex fand nicht in Deutschland statt, sondern in der Schweiz. Hier gab es 1934 eine Volksinitiative der nationalen Front für eine *Totalrevision der Bundesverfassung* in Richtung einer autoritären Staatsform nach deutschem Vorbild. Das Parlament mochte sich nicht festlegen und gab keine Abstimmungsempfehlung ab – höchst ungewöhnlich. Aber das Schweizer Volk war nicht dafür zu begeistern. Am 8. September 1935 stimmten 28 Prozent für den Vorschlag, aber 72 Prozent dagegen.

Volksentscheid »gegen die Versklavung des deutschen Volkes«

Man könnte nun vermuten, dass zwar nicht die eigentliche Machtübertragung auf Hitler plebiszitär war, dass dieser aber seinen Aufstieg und seine Popularität in hohem Maße auf Volksentscheide aufbaute und dass Volksentscheide dem Demagogen ein hervorragendes Betätigungsfeld geboten hätten. Aber auch dieses Argument ist nicht stichhaltig. Die NSDAP unterstützte nur eine einzige nationale Volksentscheidsinitiative, die gegen den so genannten Young-Plan 1929. Der offizielle Titel des Volksbegehrens war: *Gesetz gegen die Versklavung des deutschen Volkes,* kurz: *Freiheitsgesetz.* Der Young-Plan, den die Regierung mit den Siegermächten ausgehandelt hatte, sah eine deutsche Reparationsschuld in Höhe von umgerechnet 36 Milliarden Reichsmark vor. Die Zahlungen sollten in Raten erfolgen, die letzte Rate wäre laut Plan 1988 fällig geworden. Per Volksentscheid sollten diese Vereinbarungen mit den Siegermächten gekündigt werden, das war das Ziel der Rechtsparteien.

Organisatorisch war das Volksbegehren gut vorbereitet. Mit dem *Stahlhelm, Bund der Frontsoldaten* standen fast 500.000 Aktivisten zur Verfügung. Über die DNVP (Deutschnationale Volkspartei) und ihren Vorsitzenden Hugenberg hatte man direkten Zugang zu den wichtigsten Medien. Der Hugenberg-Konzern war das zentrale Medienimperium der Weimarer Republik. Ihm gehörten mehr als 30 Regionalzeitungen, unter anderem die *Süddeutsche Zeitung,* diverse Illustrierte sowie die Ufa-Filmgesellschaft. Die *Wirtschaftsstelle für die Provinz* belieferte wie eine Nachrichtenagentur Zeitungen mit druckfertigen Artikeln. Man kann durchaus von einem Meinungsmonopol sprechen, dessen oberster Chef das Volksbegehren nicht bloß unterstützte, sondern zu seinen Organisatoren gehörte. Auch finanziell stand das Volksbegehren optimal da. In den Hochzeiten wurde täglich ein Pressedienst veröffentlicht. Es gab zwölf verschiedene Plakate und schließlich sogar einen eigenen Werbefilm.

Helge Matthiesen, der sich ausführlich mit dem Volksbegehren gegen den Young-Plan beschäftigt hat, fand in historischen Dokumenten eine

Menge Belege, wie von beiden Seiten mit undemokratischen Mitteln versucht wurde, auf die Unterschriftensammlung Einfluss zu nehmen. Die Eintragungsquoten in ländlichen Gebieten mit Großgrundbesitz lagen zum Teil um 300 Prozent über dem Durchschnitt – offensichtlich wurden viele regelrecht genötigt, sich in die Listen einzutragen. In einem Bericht des Regierungspräsidenten aus Stralsund heißt es beispielsweise: »Andererseits ist festgestellt worden, dass der Gutspächter S. in Z. seinem Kutscher erklärt hat, dass, wer nicht zum Einzeichnen in die Eintragungsliste ginge, am 10. November fliegen würde. Der Gutspächter S. hat dann alle Leute mit Fuhrwerken zum Gemeindevorsteher in Z. zur Eintragung schaffen lassen und zwar während der Arbeitszeit.« (Matthiesen 1999: 119)

Da ja die Eintragung öffentlich erfolgte, war leicht beobachtbar, wer sich eintrug und wer nicht. Bei der späteren Abstimmung waren die Ja-Stimmen in diesen Regionen nur durchschnittlich – die Abstimmung war geheim. Wer wo sein Kreuz in der Wahlkabine machte, war nicht mehr zu kontrollieren.

Recht typisch waren die Abläufe in der Stadt Greifswald im heutigen Mecklenburg-Vorpommern. Eine konservative Kleinstadt, in der die nationalistische DNVP dominierte. Sie war hier wie auch anderswo die treibende Kraft des Volksbegehrens, die NSDAP spielte nur eine Nebenrolle. Es gelang ihr, ein breites Bündnis von Vereinen einzubinden, die sich alle für das Volksbegehren einsetzten. »Der ›Deutsche Ostbund‹ schaltete Anzeigen für das Begehren, die ›Freie Studentenschaft‹ schloss sich dem Appell an. Sogar die an sich wenig politischen Bürgerschützen reihten sich ein, und ein Vorsitzender rief seine Schützenbrüder auf, ins Rathaus zu gehen.« Das wichtigste Regionalblatt, die Greifswalder Zeitung, beteiligte sich offen an der Propaganda fürs Volksbegehren. Sie gehörte dem DNVP-Vorsitzenden Hugenberg.

Die Regierungsseite war allerdings auch nicht schlecht gerüstet. Man scheute sich nicht, Behörden und Staatsbeamte, die bei Volksbegehren wie bei Wahlen zur Neutralität verpflichtet sind, für die eigenen Ziele einzusetzen. Aus dem Staatshaushalt wurde eine beträchtliche Summe für den Abwehrkampf abgezweigt. In ungezwungener Umgehung der staatlichen Neutralitätspflicht sprachen sich die Minister über den staatlichen Rundfunk gegen das Volksbegehren aus. Vom Oberpräsidium in Stettin wurde ein Aufruf gegen das Volksbegehren verfasst und auf dem Dienstweg verteilt. Der Text sollte in den Rathäusern öffentlich ausgehängt werden. In Preußen wurde den Beamten schlicht verboten, das Volksbegehren zu unterzeichnen, da die Unterschrift gegen die Beamtenpflichten verstoße. Manche Verwaltungen verordneten *Berichtspflicht* im Falle von Zuwiderhandlung.

Man ging sogar noch weiter: Über die staatliche Verwaltung wurde eine offiziöse Unterschriftensammlung für die Annahme des Young-Plans ins Leben gerufen! Sozusagen ein Gegenvolksbegehren. Beamte, die sich dort nicht eintragen mochten, galten fortan als unzuverlässig und bekamen einen entsprechenden Eintrag in ihre Personalakte.

Die linken Parteien verhielten sich kaum besser als die von ihnen geführten Verwaltungen. So veröffentlichte die SPD die Namen von Befürwortern des Volksbegehrens in ihrer Presse und stellte in Preußen gar Beobachter vor die Eintragungslokale. Alle Beamten, die sich einschrieben, sollten angezeigt werden, denn die sozialdemokratische preußische Regierung hatte dies ja den Beamten untersagt.

Die Unterschriftensammlung für das Volksbegehren war letztlich erfolgreich, allerdings nur um Haaresbreite. 10,2 Prozent aller Wahlberechtigten trugen sich in die Listen ein. Die Zehn-Prozent-Hürde wurde also denkbar knapp übersprungen. Beim Volksentscheid stimmten dann aber nur 5,8 Millionen Bürger mit Ja, was 13,8 Prozent aller Stimmberechtigten entspricht. Insgesamt lag die Wahlbeteiligung unter 15 Prozent. Um gültig zu sein, hätten mehr als 50 Prozent teilnehmen müssen. Der Volksentscheid war also vom Ergebnis her ein klarer Misserfolg. Er war aber auch deswegen ein Misserfolg, weil die unterstützenden Parteien NSDAP und DNVP beim Volksentscheid noch nicht einmal so viele Stimmen wie bei Wahlen erhielten. Sie hatten unter weitgehend optimalen Bedingungen nur 85 Prozent ihrer Wähler von 1928 mobilisieren können. Es spricht also nichts dafür, dass Volksentscheide für demagogische Rhetorik anfälliger wären als Wahlen. Das Gegenteil ist der Fall.

Interessant ist auch noch ein Blick auf den zweiten Volksentscheid der Weimarer Republik, bei dem es SPD und KPD um die Enteignung des Landbesitzes des Adels ging. Der Volksentscheid scheiterte zwar auch am Quorum, war aber im Vergleich viel erfolgreicher als das Volksbegehren der Rechtsparteien für das *Freiheitsgesetz*. Obwohl SPD und KPD nicht über einen demagogischen Rhetoriker vom Schlage Adolf Hitlers verfügten, hatten 14,5 Millionen Wahlberechtigte für die Fürstenenteignung gestimmt – gegenüber nur 5,8 Millionen, die gegen den Young-Plan abgestimmt hatten. Bei den zwei Jahre später stattfindenden Wahlen konnten SPD und KPD nur leicht zulegen, die KPD von

9 auf 10,6 Prozent. Die These, radikale Parteien hätten mittels Volksentscheiden ihren Einfluss vergrößert, bestätigt sich auch hier nicht.

Sind Volksentscheide anfälliger für Demagogie als Wahlen?

Es wird gelegentlich behauptet, der Volksentscheid habe indirekt den Nationalsozialisten genutzt, indem er ihnen Spendengelder zuführte und sie gewissermaßen salonfähig machte. Die NSDAP selbst schätzte die Sache nicht so ein. In ihren Verlautbarungen, aber auch in ihren internen Einschätzungen spielen die Wahlen zu Landtagen und zum Reichstag eine viel wichtigere Rolle.

Schwerer wiegt da sicher das Argument, die Volksbegehren hätten insgesamt zur Verrohung der politischen Sitten beigetragen und die Auseinandersetzungen angefacht. Wenn man an die oben beschriebenen Ereignisse denkt, scheint das zunächst mal nicht abwegig. Allerdings war das politische Klima insgesamt in der Weimarer Republik um einiges rauer als wir es heute gewöhnt sind. Es gab mit der NSDAP auf der einen und der KPD auf der anderen Seite des politischen Spektrums zwei Parteien, die, wenn auch in unterschiedliche Richtungen, offen auf einen Systemwechsel abzielten und beide relativ erfolgreich waren. Es gab Demonstrationen, politische Streiks und Wahlkämpfe, die mit harten Bandagen geführt wurden. Die Volksentscheidskampagnen machten da keine Ausnahme, aber sie spielten auch keine herausragende Rolle. Dafür war schon ihre Zahl viel zu gering. Es gab auf nationaler Ebene während der ganzen Zeit der Weimarer Republik nur drei zugelassene Volksbegehren und nur die zwei bereits erwähnten Volksentscheide – gegen den Young-Plan und zur Fürstenenteignung.

Natürlich haben die Volksbegehren zu den heftigen politischen Auseinandersetzungen beigetragen. Die gleichen Themen standen aber auch im Zentrum der Wahlkämpfe und sonstigen politischen Debatten der damaligen Zeit. Die Frage ist also nicht, ob in den Volksentscheidskampagnen polemisch argumentiert wurde – das war sicher häufig der Fall. Die Frage ist vielmehr, ob dies in höherem Umfang und mit anderer Qualität der Fall war als in den allgemeinen politischen Auseinandersetzungen, ob also der Volksentscheid und die ihm vorausgehende Kampagne zur Demagogie besonders stark verführt. Ob es sich sozusagen bei Volksentscheiden anders als bei Wahlen um eine demokratische Risikotechnologie handelt.

Otmar Jung ist dieser Frage nachgegangen und hat im Einzelnen die Propaganda der Volksentscheidskampagnen zur Fürstenenteignung (1926) mit dem Wahlkampf für die Reichstagswahl (1924) verglichen. Sein Ergebnis: Die Volksentscheidskampagne sei vergleichsweise argumentativ gewesen, »geradezu ein Musterbeispiel staatsbürgerlicher Aufklärung, gemessen an dem bis heute als demokratisch hingenommenen Wahlkampf im Waschmittelstil« (Jung 1989: 57).

Das liegt in der Natur der Sache. Einem Volksentscheid liegt immer ein Reformvorschlag zu Grunde, der realisierbar ist, begründet sein muss und ins geltende Rechtssystem passt. Damit wohnt dem Mittel des Volksentscheids ein Versachlichungselement inne, das bei Wahlen schwächer ausgeprägt ist. Bei Wahlen geht es stets um einen großen Komplex von Fragen, Wahlentscheidungen sind weniger rational und stärker von ideologischen oder sogar religiösen Einstellungen geprägt.

Noch mehr trifft dies Argument auf die Direktwahl von Personen zu. Hier spielt sicherlich das gänzlich unsachliche Element der Sympathie eine Rolle, vielleicht sogar der Idealisierung und Mystifizierung von Führern. Verglichen damit ist ein Volksentscheid eine relativ dröge Angelegenheit. Dass die Initiatoren auch bei Volksentscheiden versuchen zu emotionalisieren, und dass dies bei gewissen Themen wie Homosexuellen-Ehe und Zuwanderung auch oft gelingt, ändert nichts daran, dass es sich im Kern um eine Sachabstimmung handelt, bei der der Verstand und nicht das Gefühl gefragt ist. Volksentscheidskampagnen sind nicht immun gegen Demagogie. Aber Demagogen finden geeignetere Betätigungsfelder als Volksentscheide – zum Beispiel Wahlen.

Wenn Volksentscheide anfälliger wären für Demagogie als Wahlen, müssten Demagogen bei Volksentscheiden bessere Ergebnisse erzielen als bei Wahlen. Zumindest für Hitler trifft das eindeutig nicht zu. Wie gesagt: 5,8 Millionen Wahlberechtigte stimmten 1929 für das Volksbegehren gegen den Young-Plan. Bei der Wahl des Reichspräsidenten gut zwei Jahre später kam Hitler im ersten Wahlgang auf 11,3 Millionen Stimmen, im zweiten sogar auf 13,5 Millionen, war also viel erfolgreicher als im Volksentscheid. Auch aus der jüngeren Zeit ist kein Fall bekannt, dass Demagogen Volksentscheide erfolgreich nutzten, um ihre Macht zu vergrößern.

Arnold Schwarzenegger, zweimal in Direktwahl zum Gouverneur Kaliforniens gewählt, hatte mit Volksentscheiden seine liebe Mühe. »Kaliforniens Wähler demütigen den Gouvernator«, titelte *Spiegel Online* am 20.5.2009. Fünf der sechs Notmaßnahmen, die Schwarzenegger zur Rettung des desolaten Landeshaushalts vorgeschlagen hatte und die per Volksentscheid beschlossen werden mussten, fielen bei den Wählern mit Pauken und Trompeten durch. Nur mit einer einzigen Abstimmung hatte er Erfolg. Darin ging es um den Vorschlag, die Gehälter von hochrangigen Staatsbediensteten und des Gouverneurs in Krisenzeiten einzufrieren.

Viele sehen auch im Staatspräsidenten Venezuelas Hugo Chávez einen Demagogen. Er hat sich des Öfteren mit Volksentscheiden auseinanderzusetzen, sowohl mit solchen, die er selbst gestartet hat, als auch mit von der Opposition gegen ihn initiierten. Auch hier ist zu beobachten, dass Chávez bei Wahlen erfolgreicher ist als bei Volksentscheiden. Bei der Präsidentenwahl 2006 kam er auf 63 Prozent, der Gegenkandidat der Opposition gerade mal auf 37 Prozent. Die beiden Volksentscheide im Jahr 2007 zur Änderung der Verfassung gewann aber die Opposition. 2009 setzte Chávez einen weiteren Volksentscheid an, in dem er die Amtszeitbegrenzung des Staatspräsidenten auf zwei Amtsperioden aufheben wollte – also für sich selbst. Diesmal stimmte die Bevölkerung zu, aber auch jetzt war das Ergebnis für ihn schlechter als bei der Präsidentenwahl.

Es ist sicher richtig, dass Demagogie sowie die Ballung von Medienmacht und politischer Herrschaft die Demokratie gefährden können, wenn das politische und wirtschaftliche Umfeld entsprechend ist. Volksentscheide spielen aber in diesem Zusammenhang eine geringere Rolle als Wahlen. Sie wirken sogar oft als vergleichsweise sachliches Korrektiv gegenüber Wahlen, bei denen sich Charismatiker weit besser in Szene setzen können. Gegenüber der Direktwahl von Staatspräsidenten ist daher weit mehr Skepsis angebracht als gegenüber Volksentscheiden. In gefestigten Demokratien scheint aber auch die Direktwahl für Demagogie nicht mehr besonders anfällig zu sein, die USA, Frankreich oder Portugal sind dafür Beispiele.

Hitler selbst setzte auf die Direktwahl verbunden mit diktatorischen Befugnissen des Gewählten. Von Volksentscheiden hielt er nichts. In Mein Kampf definiert er die »wahrhaftige germanische Demokratie« als die »freie Wahl des Führers mit dessen Verpflichtung zur vollen Übernahme aller Verantwortung für sein Tun und Lassen. In ihr gibt es keine Abstimmung einer Majorität zu einzelnen Fragen, sondern nur die Bestimmung eines einzigen ...« In einer Rede vor 800 Mitgliedern der NSDAP am 29. April 1937 drückte er seine Ablehnung der direkten Demokratie noch klarer aus. Das Volk habe nur das Recht zu applaudieren, keinesfalls aber selbst zu bestimmen: Der Staat »hat das Recht, sich zu diktatorischer Gewalt zu erheben, und die Pflicht, die anderen zu zwingen, dem zu gehorchen. Daher ist auch unser Staat keineswegs aufgebaut auf Volksabstimmungen, das möchte ich betonen, sondern es ist unser Bestreben, das Volk zu überzeugen von der Notwendigkeit dessen, was geschieht. (...) Man wird mir vielleicht sagen: ›Ja, Sie haben ja auch eine Volksabstimmung gemacht.‹ Ich habe aber erst gehandelt. Erst gehandelt, und dann allerdings habe ich der anderen Welt nur zeigen wollen, dass das deutsche Volk hinter mir steht, darum handelt es sich. Wäre ich der Überzeugung gewesen, dass das deutsche Volk vielleicht hier nicht ganz mitgehen könnte, hätte ich trotzdem gehandelt, aber ich hätte dann keine Abstimmung gemacht.«[11]

Hitler spielt hier auf die Plebiszite in der Zeit der nationalsozialistischen Diktatur an und spricht offen aus, dass es dabei nicht um Entscheidungsfindung ging, sondern um Propaganda. Es gab drei von der Regierung beschlossene Plebiszite. Das erste fand parallel zur erneuten Reichstagswahl am 12. November 1933 statt, bei der jetzt nur noch eine Partei antrat. Es sollte nach dem Austritt aus dem Völkerbund und der Genfer Abrüstungskonferenz ein pathetisches Dokument verabschiedet werden (»Billigst Du, deutscher Mann, und Du, deutsche Frau diese Politik Deiner Reichsregierung und bist Du bereit, Dich feierlich zu ihr zu bekennen?«). Da Wahlpflicht bestand, ablehnende Positionen nicht öffentlich vertreten werden durften und das Wahlgeheimnis missachtet wurde, stimmten 89,9 Prozent mit »Ja«, bei der gleichzeitigen Reichstagswahl waren es 87,8 Prozent. Ähnlich waren die Ergebnisse beim Plebiszit 1934, in dem es um die Vereinigung der Ämter Reichskanzler und Reichspräsident ging. Bei der letzten Volksabstimmung 1938 zum militärisch bereits vollzogenen Anschluss Österreichs stimmten dann über 99,7 Prozent mit »Ja«. Diese Volksabstimmungen waren ebenso unfrei wie die Parlamentswahlen in der Zeit des Nationalsozialismus.

[11] Beide Zitate nach Verhulst/Nijeboer 2007: 91. Rede abgedruckt in: Frei 1987: 190-195.

Internet – die virtuelle Volksversammlung

Die Erwartungen an das Internet sind hoch. Und manchmal recht utopisch. Der damalige US-Vizepräsident Al Gore formulierte 1994 euphorisch über die von ihm geschaffene *Global Information Infrastructure*, kurz GII: »In a sense, the GII will be a metaphor for democracy itself ... I see a new Athenian Age of democracy forged in the fora the GII will create.«[12] Das Internet als virtuelle Form der Athener Demokratie? Deren Kernelement war die Volksversammlung, die Ekklesia, die von Sonnenaufgang bis Sonnenuntergang dauern konnte und bei der jeder teilnahme- und stimmberechtigt war, der seinen Militärdienst abgeleistet hatte und die Rechte eines freien Bürger besaß. Wir haben oben schon gesehen, dass solche Volksversammlungen in der Schweiz in zwei allerdings recht kleinen Kantonen noch stattfinden. Sie leiden unter den mitunter widrigen Wetterverhältnissen in der Alpenrepublik sowie unter dem Sachverhalt, dass die allermeisten Teilnehmer die Versammlung im Stehen hinter sich bringen müssen.

Von solchen technischen Schwierigkeiten befreit das Internet in der Tat. Man muss keine verschneiten Bergstraßen bewältigen und stundenlang in Grabeskälte auf einem Marktplatz ausharren. Man kann am heimischen Schreibtisch die Diskussionsbeiträge verfolgen und seine Stimme abgeben. Die Zahl der Teilnehmer ist nicht begrenzt. Wer nicht zu Hause ist, könnte sein Votum per SMS schicken. Ermöglicht das Internet also tatsächlich die Beteiligung aller an allen Entscheidungen? Macht es die Wahl von Delegierten wohlmöglich überflüssig? Ist Internet also nur ein anderer Ausdruck für *democracy itself*, wie Al Gore meinte?

Seit seinen vor Begeisterung strotzenden Sätzen sind fast 20 Jahre vergangen und wir können die Sache etwas besser einschätzen. Von Athener Demokratie durchs Internet kann keine Rede sein. Denn: Der Aufwand, sich physisch irgendwo hinzubewegen, wird zwar aufgeho-

[12] »In gewisser Weise wird die GII eine Metapher für die Demokratie selbst sein ... Ich sehe ein neues athenisches Zeitalter der Demokratie, geschmiedet in den Gremien, die durch die GII geschaffen werden«, www.aka.org.cn/Magazine/Aka4/gorestalk.html (Zugriff 26.1.2012).

ben, der Aufwand, sich zu informieren, aber keineswegs. Direkte Demokratie bedeutet nicht, dass jeder jederzeit über alles abstimmt, sondern dass er ein qualifiziertes Votum zu wichtigen Fragen abgibt. Zugegeben, es ist viel einfacher geworden, sich schlau zu machen zu einem Thema und so zu einer persönlichen Einschätzung zu gelangen. Der Zeitaufwand dafür ist aber nach wie vor enorm und dies setzt den Mitentscheidungsmöglichkeiten quantitative Grenzen. Die Bürger müssen nirgendwo hinreisen und nicht auf einem Platz stehen. Sie müssen aber, statt Wortbeiträgen zu lauschen, nun stundenlang argumentative Beiträge am Bildschirm lesen. Die Bereitschaft und die verfügbare Zeit, dies zu tun, sind naturgemäß begrenzt. Es ist Unsinn, so zu tun, als wären alle Hürden für Partizipation weggefallen, weil man nun zu Hause am Computer bleiben kann, oder womöglich mit dem Smartphone am Strand abstimmt. Eine gänzlich neue Qualität der Demokratie entsteht durch das Internet nicht. Aber es hilft zweifellos.

Informationsbeschaffung ist kein Problem mehr

Zunächst einmal begeistert das Internet durch die besseren Informationsmöglichkeiten. Parlamente, Parteien sowie alle ernsthaften politischen Gruppen betreiben Internetseiten, auf denen sich die wichtigsten Papiere finden lassen. Früher war es zum Beispiel mit einem enormen Aufwand verbunden, das Protokoll einer Parlamentsdebatte nachzulesen. Man fand es eigentlich nur in der Bibliothek des Parlaments der jeweiligen Bundes- oder Landeshauptstadt. Heute ist das eine Sache, die in einer halben Stunde erledigt ist, denn die Protokolle sind online. Dass die enorme Fülle des Informationsangebots im Internet neue Problem mit sich bringt und in der Masse der Informationen das Wichtige schwer zu finden ist, steht auf einem anderen Blatt. Aber wer das Internet zu nutzen weiß, kann sich inzwischen weitaus leichter politische Informationen beschaffen als in der Vor-Internet-Zeit.

Schön am Internet ist auch die Möglichkeit zur elektronischen Diskussion. Das Internet ist hier vor allem dann ein Vorteil, wenn es um Fragen geht, für die es nur wenige Spezialisten gibt. Wie soll jemand, der in einem kleinen Dorf lebt, Leute finden, mit denen er sich qualifiziert zum Beispiel über die Vor- und Nachteile verschiedener Wahlsysteme austauschen kann? Wenn er einen Internetzugang hat, ist das heute kein Problem mehr.

Gab es früher Zeitungen und Zeitschriften aller möglichen politischen Richtungen und Strömungen, so gibt es heute entsprechende Blogs und Foren. Das ist billiger, ressourcensparender und aktueller als Printmedien. Eine neue Qualität entsteht durch die Interaktivität: Zwar kann der Leser auch der Zeitung einen Leserbrief schreiben oder einer Vereinszeitschrift einen Artikel schicken. Die limitierte Seitenzahl des Printmediums setzt hier aber Grenzen. Findet die Diskussion dagegen im Internet statt, kann sich jeder unbegrenzt äußern. Fluch und Segen dieser Technik gehen Hand in Hand.

Die linke Wochenzeitschrift *der Freitag* ist ein Beispiel dafür. Leser können auf der Internetseite *www.freitag.de/community* alle Artikel kommentieren, auf Kommentare anderer Leser antworten und so weiter. Sie können sogar selbst eigene Artikel einstellen. Das Ergebnis ist ausgesprochen zwiespältig. Zwar gibt es hochinteressante Beiträge – sie zu finden ähnelt aber der Suche nach der Stecknadel im Heuhaufen. 51 Antwortkommentare brachte dagegen ein Beitrag mit dem Titel *Lob der heißen Wanne*, im kühlen Monat März verfasst. Während der Fußball-Weltmeisterschaft im Sommer 2010 bildeten dann Meinungsäußerungen zu den Spielen einen gewissen Schwerpunkt. Das Internet bietet hier offenbar hauptsächlich den Vorteil, mit der Abgabe dummer Kommentare nicht bis zum Abend an der Theke warten zu müssen, sondern sie bereits unbeobachtet während der Büroarbeit abliefern zu können.

Wesentlich zielgerichteter geht eine andere Internetseite vor, die sowohl die Möglichkeiten der Information als auch begrenzter Diskussion bietet: die Seite *www.abgeordnetenwatch.de*. Die Geschichte dieser in Hamburg beheimateten Seite ist eng verbunden mit den Reformen des Wahlrechts in Richtung auf mehr Personalisierung, die ebenfalls in Hamburg ihren Anfang nahmen. In vielen Bundesländern, vor allem im Süden der Republik, ist es möglich, bei der Kommunalwahl nicht nur komplette Parteilisten, sondern gezielt bestimmte Personen auf den Listen zu wählen.

Die Wähler haben also mehr Auswahlmöglichkeiten. Sie können Kandidaten wählen, denen sie vertrauen oder die ihrer Meinung nach die richtigen Schwerpunkte setzen. Nur: Wie sollen sie diese Kandidaten finden? In einem Dorf mit überschaubarer Einwohnerzahl geht dies noch über persönliche Bekanntschaft. Man kennt den Landarzt und vertraut ihm. Oder den Schützenbruder. Oder den lokalen Gewerkschaftsfunktionär. In einer Millionenstadt wie Hamburg wird das schwierig.

Nicht nur wegen der puren Größe der Stadt, sondern auch, weil die Bevölkerung durch Zu- und Wegzüge stärker wechselt und sich nicht so leicht stabile lokale Bindungen aufbauen. Hier knüpft *abgeordnetenwatch* an.

Auf der Seite lassen sich Informationen zu allen Abgeordneten des Bundestages und diverser Landtage abrufen. Zum Beispiel Informationen zum Abstimmungsverhalten. Wie hat der betreffende Abgeordnete im letzten Jahr bei dieser oder jener Abstimmung die Hand gehoben? Das ist schon mal ganz interessant. Besser noch: Die Nutzer der Seite können dem Abgeordneten eine Frage stellen. Wie man sich leicht denken kann, ist auch hier Sinnvolles und weniger Sinnvolles bunt gemischt. Die meisten Fragen erhält der Abgeordnete Gregor Gysi von der Linkspartei, und man kann sich nur über die Geduld dieses Abgeordneten freuen, der ja als Fraktionsvorsitzender einen vollen Terminkalender haben dürfte. Gysi behauptet übrigens, alle Fragen wirklich selbst zu beantworten und nicht etwa einen Mitarbeiter damit zu beschäftigen. So gibt es Fragen, die offenbar von Schülern, die ein Referat verfassen müssen, stammen. Sie beginnen mit: »Können Sie mir sagen, warum ...« und enden mit »Ich habe bei Wikipedia nichts dazu gefunden.« Andere wollen nur ihre Meinung einem bekannten Abgeordneten kundtun und kleiden das in die Frageform: »Würden Sie mir nicht auch zustimmen, dass die kleinen Leute ...« Daneben gibt es aber durchaus interessante Fragen zu aktuellen Themen. Sollte die Wehrpflicht abgeschafft werden? Sollte der Bundespräsident anders gewählt werden? Mitunter formulieren die Abgeordneten auf solche Fragen Antworten, die nicht der Parteimeinung entsprechen oder zu denen es keine Stellungnahme der Partei gibt. Mitlesende Journalisten finden auf der Seite nicht selten Stoff für Artikel.

Das Ganze ist natürlich für die Abgeordneten selbst auch ganz interessant. Sie bekommen etwas davon mit, was einen Teil der Wähler beschäftigt, während sich ihr Kontakt zur normalen Bevölkerung sonst im Wesentlichen auf Taxifahrer beschränkt – die Besucher der Abgeordnetensprechstunden haben meist ein ganz konkretes persönliches Anliegen. Anderseits ist das Beantworten der Fragen mit einer nicht zu unterschätzenden Arbeitsbelastung verbunden. Natürlich ist das Beantworten freiwillig – wenn es dem Abgeordneten zu viel wird, antwortet er einfach nicht, was allerdings keinen guten Eindruck hinterlässt. Keine Frage wird ins Internet gestellt, ohne vorher von einem Moderator freigegeben zu sein. Unsinnige, beleidigende oder diffamierende

Fragen fallen durch, ebenso wie Fragen zum Privatleben. Auch wenn die immer gleichen Personen immer wieder Fragen stellen, schreiten die Moderatoren ein. Besonders dann, wenn ein Abgleich der IP-Adressen ergibt, dass die interessanten Fragen an den Abgeordneten aus seinem eigenen Wohnhaus oder dem Fraktionsbüro kommen.

Vor Wahlen wird *abgeordnetenwatch* um ein *kandidatenwatch* erweitert. Bewerber, die bisher nicht im Parlament waren, können nun ebenfalls befragt werden. »Wie werden Sie abstimmen, falls ...?« »Befürworten Sie diese oder jene Reform ...?« Nun gibt es in der Regel mehrere hundert Kandidaten und man hat eine Menge zu tun, wenn man die alle befragen will. Natürlich dürften die Bürger, wenn sie nicht gänzlich politisch naiv sind, in der Regel schon eine gewisse Vorauswahl getroffen haben. Aber auch wenn man schon einigermaßen parteipolitisch festgelegt ist, bleiben noch eine ganze Menge Kandidaten übrig.

abgeordnetenwatch hilft hier mit dem »Kandidatencheck«. Der Wähler beantwortet in einem elektronischen Fragebogen bestimmte Fragen zu seinen politischen Prioritäten und Positionen. Die Kandidaten machen das gleiche. Dem Computer ist es nun ein Leichtes festzustellen, welche Kandidatenantworten am besten mit den Positionen unseres Wählers harmonieren. Eine Art politische Kontaktbörse. Leute, die es ausprobiert haben, meinten, die Wahlempfehlungen der Website seien nicht schlecht gewesen.

Gute Erfahrungen hat auch die Bundeszentrale für politische Bildung mit ihrem *Wahl-O-Mat* gemacht, ein ähnliches online-tool, das allerdings nur zur Findung der richtigen Partei beiträgt, aber keine Personen zur Wahl empfiehlt. Beim Wahl-O-Mat werden die Nutzer mit 30 bis 40 Thesen konfrontiert, die im Wahlkampf eine Rolle spielen. Zum Beispiel: »Es soll ein flächendeckender Mindestlohn eingeführt werden.« Die Nutzer können jetzt antworten: »Ich stimme zu« oder auch »Ich stimme nicht zu« sowie »Weiß nicht«. Nach Auffassung seiner Erfinder gehört der Wahl-O-Mat zu »den am stärksten nachgefragten online-Angeboten im Bereich der politischen Bildung«. (Marschall 2011) Klar ist allerdings auch, dass die Nutzer überwiegend jung und hochgebildet sind, fast die Hälfte sind Akademiker.

Die Schweiz kennt ein ähnliches System unter dem Namen Smartvote. »Smartvote findet für Sie diejenigen Parteien und Kandidierenden, die wirklich zu Ihnen passen«, wirbt die Seite für sich selbst. Für die Nationalratswahlen 2007 habe man 620.000 Wahlempfehlungen für einzelne Kandidaten herausgegeben. Das hieße, dass jeder vierte

Schweizer Wähler oder jeder achte Wahlberechtigte sich von Smartvote hätte beraten lassen. Ein verblüffend hoher Wert.

Unrealistisch ist das nicht: Eine in Bremen 2008 im Auftrag des Bundesinnenministeriums erstellte Studie gibt an, dass circa 20 Prozent der (deutschen) Bevölkerung regelmäßig das Internet nutzen, um sich politisch zu informieren, und gut sieben Prozent schon mal übers Internet politisch aktiv wurden, indem sie eine Unterschriftensammlung online unterzeichneten. [13]

Bürgerbeteiligung vom heimischen Schreibtisch aus

Information und Beratung sind der Einstieg in die politische Internetnutzung und der Einstieg in das »e-Government«. Mit diesem hochtrabenden Begriff ist aber etwas mehr gemeint. Normalerweise wird darunter sowohl *e-Democracy* als auch *e-Administration* verstanden. *e-Administration* ist nichts übermäßig Aufregendes. Man kann Formulare aus dem Netz herunterladen, beispielsweise seine Steuererklärung elektronisch abgeben, muss sich für die Ummeldung eines Autos nicht mehr in Warteschlangen beim Stadtamt eingliedern, sondern erledigt all dies bequem am Computer. *e-Administration* ist recht angenehm, für Bürger wie für die Verwaltung eine Erleichterung und Kostenersparnis, aber gewiss kein großer Gewinn an demokratischer Mitgestaltung.

Unter *e-Democracy* versteht man wiederum zweierlei: *e-Participation* und *e-Voting*. Der Unterschied zwischen beiden ist folgender: Partizipation ist eine Art innerbetriebliches Vorschlagsrecht des Staates. Der Bürger macht Vorschläge, entscheiden darüber kann er aber nicht. Dies tun andere, in der Regel die gewählten Abgeordneten oder Gemeinderäte, beziehungsweise die von diesen gewählten Exekutivorgane. *e-Voting* dagegen heißt, dass der Bürger über das Internet tatsächlich selbst entscheidet. Das ist natürlich der spannendere Teil, den habe ich mir für den Schluss aufgehoben.

Was die Entwicklung der *e-Participation*, also des innerstaatlichen Vorschlagsrechts, angeht, sind die Ergebnisse ziemlich unterschiedlich. Die oben erwähnte Bremer Studie meint, dass die meisten Angebote, zum Beispiel zur Mitwirkung an Flächennutzungsplänen, kaum angenommen werden. Praktische Erfahrungen bestätigen das. Die Enquête-

[13] Institut für Informationsmanagement Bremen GmbH (ifib) 2008.

kommission des Deutschen Bundestags zum Thema *Internet und digitale Gesellschaft* bietet seit dem Frühjahr 2011 interessierten Bürgern an, über eine Diskussionsplattform namens *Adhocracy* online mitzudiskutieren. »Damit sich möglichst viele Bürger gut organisiert und mit dem Ziel der besten gemeinsamen Texte einbringen können, hat die zuständige Enquetekommission des Bundestages ein neues Tool aufgesetzt. Die Beteiligung der Bevölkerung als ›18. Sachverständigen‹ stellt eine neuartige Form der Teilnahme dar. Durchdacht und doch noch experimentell soll hier aus dem Wutbürger ein Mutbürger werden«, heißt es recht vollmundig auf der Startseite.

Obwohl man annehmen kann, dass das Thema der Kommission Internetbegeisterte besonders ansprechen dürfte, hatten sich im Sommer 2012 gerade mal 3.000 Personen für die mit großem medialem Aufwand gestartete Plattform zur Beteiligung eingetragen. Wieviel davon aktiv waren und in welchem Umfang, ist nicht bekannt. Wenn man bedenkt, dass die Kommission ausdrücklich »Vereine, Stiftungen, Verbände und anderen Organisationen« zur Mitarbeit eingeladen hat und sich vermutlich alle fachlich zuständigen Journalisten aus der ganzen Bundesrepublik eingetragen haben, dürfte die Zahl der registrierten Normalbürger im zweistelligen Bereich liegen.

Eine wahre Erfolgsgeschichte, zumindest was die Beteiligung angeht, ist aber die *e-Petition* beim Deutschen Bundestag. Bekanntlich können Bürger Gesuche und Eingaben an den Bundestag sowie an die Landesparlamente richten, so genannte Petitionen. Sie werden im zuständigen Petitionsausschuss behandelt und in der Regel abgelehnt. Daneben gibt es die Möglichkeit, zu einem politischen Anliegen Massenpetitionen einzureichen, die, um ihre öffentliche Bedeutung zu belegen, von vielen Personen unterzeichnet werden. 2005 startete der Bundestag einen Modellversuch, um nach schottischem Vorbild auch übers Internet die Eingabe und das Unterzeichnen von Petitionen zu ermöglichen. Mit Erfolg: Inzwischen ist aus dem Modell ein Regelangebot geworden. Einige Bundesländer, als erstes Bremen, ziehen inzwischen nach und bieten auch auf Landesebene *e-Petitionen* an.

Als Erfolgsgeschichte gilt die Online-Petition vor allem wegen der hohen Beteiligung. Insgesamt wurden von September 2005 bis Ende 2010 mehr als drei Millionen Mitzeichnungen für etwa 2.100 öffentliche Petitionen gezählt und mehr als 100.000 Diskussionsbeiträge geschrieben. Wer sich beteiligen will, muss sich zunächst auf einfache Art und Weise registrieren: mit einer Mail an den Bundestag, auf die eine

Antwortmail zur Überprüfung der E-Mailadresse zurückkommt. Das ist alles. Ging man anfangs von 200.000 Benutzern aus, so haben sich inzwischen mehr als eine Million Bürger registriert. Die Online-Petition mit den bis Ende 2011 meisten Unterschriften schaffte fast 190.000 Eintragungen. Es ging dabei um ein sehr spezielles Thema, das aber wegen der Gefährdung des Berufsstandes breiteres Aufsehen erregte: Haftpflichtprämien für freiberufliche Hebammen. Der Deutsche Hebammenverband hatte offensichtlich erfolgreich seine Mitglieder mobilisiert. Thematisch breiter war eine andere Petition, die über 130.000 Unterschriften zusammenbrachte. Ihr ging es um ein Thema, das auf klassische Weise für Internetbenutzer von Bedeutung ist: keine Sperrung von Internetseiten. Diese Zahlen relativieren den »sagenhaften Erfolg« der Online-Petition ein wenig: 130.000 Unterschriften entsprechen gerade mal zwei Promille der Wahlberechtigten – für Volksbegehren in den Bundesländern müssen zumindest fünf Prozent unterschreiben, und zwar handschriftlich auf der Straße.

Wenn sich mehr als 50.000 innerhalb der ersten vier Wochen eintragen, findet eine öffentliche Beratung im Petitionsausschuss statt. Der Verfasser der Petition wird eingeladen und kann sein Anliegen persönlich vortragen, sofern die Abgeordneten dies nicht mit Zweidrittelmehrheit ablehnen. Die 50.000-Hürde übersprangen bis Sommer 2012 nur zehn Petitionen. Trotzdem: Es zeigt sich, dass die Vereinfachung der Eintragung durch das Internet eine relevante Anzahl von Personen zu politischem Engagement verleitet, zumindest dergestalt, dass man sich als Unterstützer für eine Petition einträgt. Allerdings sollte man nicht vergessen, dass es in den 1950er und 1960er Jahren auch schon Massenpetitionen mit hunderttausenden Unterschriften gab, ganz ohne Internet. Die erfolgreiche Petition führt allerdings nicht dazu, dass es zu einem Volksentscheid kommt. Der Bundestag ist auch nicht gezwungen, ein Anliegen zu übernehmen, selbst wenn die Unterschriftenzahl groß ist. Der Effekt ist lediglich, dass sich ein Gremium des Bundestags mit dem Anliegen befassen muss – Ergebnis offen.

Schauen wir uns unter den bis Sommer 2012 abgeschlossenen Petitionen die 20 größten an, also die mit den höchsten Unterschriftenzahlen. In sechs Fällen wurde beschlossen, das Anliegen an ein anderes Bundestagsgremium zu überweisen. Drei Petitionen wurde *»teilweise entsprochen«*. Vier hatten Erfolg.

Eine von diesen forderte *Kein Verbot von Paintball*, einem Kriegsspiel, bei dem man sich mit Wasserpistolen und Farbe bespritzt. Auch die Petition für die Wiedereinführung der steuerlichen Absetzbarkeit des häuslichen Arbeitszimmers endete erfolgreich, allerdings dürfte die Petition selbst kaum zum Erfolg beigetragen haben: Das Bundesverfassungsgericht hob das Abzugsverbot als verfassungswidrig wieder auf. Bei sieben der 20 größten Petitionen heißt es allerdings: *»Das Petitionsverfahren ist abzuschließen, weil dem Anliegen nicht entsprochen werden konnte.«* Das war's dann.

Viele Bundesländer kennen schon seit langem öffentliche Petitionen oder andere Regelungen wie Volksinitiativen und Bürgeranträge, bei denen durch Sammeln von Unterschriften die Befassung des Parlaments mit einem bestimmten Thema erzwungen werden kann. Allerdings mussten bislang die Unterschriften traditionell gesammelt werden, nicht im Internet. Die Ergebnisse sind recht mager: Die Bürger sammeln monatelang in Wind und Regen Unterschriften, das Parlament befasst sich am Freitagnachmittag vor leeren Bänken eine halbe Stunde damit und lehnt das Anliegen ab. So ist nicht selten der Verlauf. Die Online-Petition stellt demgegenüber eine erhebliche Verbesserung dar, denn sie macht das Unterschriftensammeln viel bequemer und schneller. Außerdem ist die Zahl der zu sammelnden Unterschriften vergleichsweise gering. Beides zusammen führt dazu, dass mehr Petitionen als früher eingereicht werden. Dies ändert aber nichts am Grundproblem: Die Massenpetition ist im Grunde eine bessere Unterschriftensammlung. Sie kann nichts erzwingen, nur appellieren. Im alten Rom nannte man solche Anträge an die Herrscher »Supplikation«, was sich vom Verb *supplicare* ableitet: vor jemandem auf die Knie fallen und flehentlich bitten.

Wählen übers Internet

Das ist anders beim *e-Voting,* dem Mitentscheiden übers Internet. Zunächst ist damit die Wahlentscheidung gemeint (*voting*), aber denkbar wäre natürlich, wenn schon übers Internet gewählt wird, auch Sachentscheidungen, also Volksentscheide, übers Internet zu ermöglichen. Die Technik der Stimmabgabe ist ja bei Wahlen und Volksentscheiden die gleiche: Urnen- und Briefwahl. Beides ist mit einem nicht zu unterschätzenden technischen und finanziellen Aufwand verbunden. Könnte man die Wahlen übers Internet abwickeln, würde man sich das Drucken und Verteilen von Stimmzetteln, das Einrichten von Wahllokalen, das mühselige Auszählen mit der Hand sparen und hätte deutlich geringere Kosten. Auch der Aufwand für den Bürger, der sich beteiligen will, wäre spürbar geringer.

Die Anzahl der Wahlen ist überschaubar. Die Zahl der möglichen Sachabstimmungen ist aber theoretisch unbegrenzt. Wäre das Abstimmen bei Volksentscheiden mit einem Mausklick zu erledigen, der zu einem Impuls bei einem dem Bundestag angegliederten Zentralcomputer führt, der das Abstimmungsergebnis um 00.05 Uhr des nächsten Tages bekannt gibt, könnte rein technisch täglich abgestimmt werden. Die dauernde virtuelle Volksversammlung. Die neue Qualität der Demokratie. Alles wird von allen abgestimmt.

Das ist natürlich eine Illusion. Denn, wie schon gesagt: Es geht nicht allein ums technische Abstimmen, es geht darum, eine qualifizierte Entscheidung zu treffen. Das setzt aber eine gewisse Beschäftigung mit dem Thema voraus. Nun hat nicht jeder Lust und ausreichend Zeit, sich permanent mit Politik zu befassen. Es ist also schon aus diesem Grund sinnvoll, die Volksentscheide weiterhin auf wichtige Themen zu beschränken und die Mehrzahl der Routineentscheidungen von Parlamenten allein treffen zu lassen. Aber das elektronische Abstimmen ist noch aus vielen anderen Gründen problematisch – bei Volksentscheiden wie bei Wahlen. Und die Probleme fangen schon an, wenn nicht einmal übers Internet gewählt wird, sondern mittels Wahlcomputern in der Wahlkabine. Nicht zufällig hat das Bundesverfassungsgericht 2009 den Einsatz von Wahlcomputern bei der Bundestagswahl 2005 für verfassungswidrig erklärt, allerdings den Einsatz *elektronischer Wahlgeräte* nicht grundsätzlich für alle Zukunft ausgeschlossen.

Wahlcomputer, Geräte, bei denen elektronisch die Stimme abgegeben wird, statt auf herkömmliche Art mit Kugelschreiber und Papier, hatten erstmals bei der Wahl des US-Präsidenten im Jahr 2000 internationales Aufsehen erregt. Damals hatten die Wahlgeräte und verwirrende Stimmzettel einen Nachzählmarathon im Sonnenscheinstaat Florida ausgelöst, der nach fünf Wochen vom obersten Gericht in Washington zu Gunsten von George W. Bush beendet wurde. Den Makel, möglicherweise einer gefälschten Wahl sein Amt zu verdanken, wurde Bush nie vollständig los. Denn der Gouverneur von Florida, und damit oberster Aufseher über den Wahlablauf, war sein Bruder Jeb.

Da keine Papierzettel vorhanden sind, lässt sich mit Sicherheit gar nicht feststellen, wie die Wähler in Florida wirklich abgestimmt haben. Die Wähler geben an einem Computer ihre Stimme ab. Ob dieser die

Stimme auch gezählt hat, ob er sie genauso verbucht hat, wie der Wähler es wollte, ist für ihn selbst gar nicht feststellbar. Sicherlich können Fachleute dies überprüfen, wenn der Quellcode der Software bekannt ist. Und zugegebenermaßen ist auch bei Papierwahl Manipulation möglich. Oder Schlamperei, zum Beispiel, wenn Stimmzettel verloren gehen. Aber wenn – wie in Deutschland üblich – die Urnen in aller Öffentlichkeit, in Anwesenheit von Vertretern der verschiedenen Parteien, geöffnet werden und wenn bei der Auszählung das *Vier-Augen-Prinzip* angewandt wird, ist die Sache doch recht transparent und für jeden Bürger ohne Fachkenntnisse nachvollziehbar. Genau das verlangte auch das Bundesverfassungsgericht in seiner Entscheidung von 2009. Die »wesentlichen Schritte der Wahlhandlung müssten vom Bürger zuverlässig und ohne besondere Sachkenntnis überprüft werden können.« Diese Qualität der Transparenz für jedermann kann ein Wahlcomputer niemals erreichen. Die immer wieder neu versuchte Weiterentwicklung der Technik in Richtung geringerer Manipulationsanfälligkeit ist sicherlich lobenswert – das zentrale Problem der Undurchschaubarkeit für Nichtfachleute ist aber nicht zu lösen.

Bei der Stimmabgabe übers Internet kommt noch ein Problem hinzu: Das der Wahrung des Wahlgeheimnisses. Wir haben beim elektronischen Wählen und Abstimmen das Problem, dass der Wähler zunächst eindeutig identifiziert werden muss. Der Computer beim Bundes- oder Landeswahlleiter muss wissen: Wer sich hier eingeloggt hat, ist Karl Meyer. Karl Meyer ist über 18 Jahre alt, er ist Deutscher, er hat einen Wohnsitz im Wahlgebiet und er hat bisher bei dieser Wahl noch keine Stimme abgegeben. Ist das alles positiv beantwortet, sollte der Computer es nun aber rasch vergessen, denn für welche Partei Karl Meyer stimmt, oder wie sein Votum beim Volksentscheid aussieht, muss geheim bleiben.

Das ist offenbar technisch durchaus zu lösen. Es gibt Modellversuche dazu, wie das von der Forschungsgruppe Internetwahlen entwickelte System *e-Vote*. Dieses Internetwahlprogramm setzt eine digitale Signatur ein, um den Wähler eindeutig zu identifizieren und trotzdem das Wahlgeheimnis zu wahren. Der Entwickler, die *T-Systems International GmbH*, bezeichnet das System als sicher und hat hiermit bereits eine rechtsgültige Betriebsratswahl durchgeführt.

Ob es wirklich sicher ist, vermag ich nicht zu beurteilen. Und so dürfte es wohl den meisten gehen. Genau das ist das Problem. Selbst geschulte Informatiker können nie ausschließen, ob nicht doch eine Manipulation am System vorgenommen wurde und eine Identifizierung des Wählers auch nachträglich möglich ist. Bei Wahlen und Abstimmungen ist aber schon der kleinste Zweifel an der Korrektheit der Auszählung und der geheimen Stimmabgabe fatal für die Demokratie. Und dieser kleinste Zweifel ist bei elektronischer Stimmabgabe nie auszuschließen. Vielleicht kann man die Stimmabgabe übers Internet als zusätzliche Option einführen – die Regel sollte sie nicht sein.

Weniger problematisch ist dagegen das »Paper based e-Voting«. Hier wird nur elektronisch ausgezählt, die Wähler machen ihre Kreuze nach wie vor auf dem Papier. Allerdings ist der Stimmzettel mit einem elektronisch lesbaren Strichcode neben den Kandidatennamen markiert. Später reicht es, die Stimmzettel mit einem elektronischen Lesestift auszulesen wie bei einer Supermarktkasse oder sie einzuscannen. Das ist unproblematisch, denn der Wähler muss weder einen speziellen, eventuell manipulierten Stift verwenden, noch muss er blind einem Computer vertrauen. Gibt es Zweifel am Wahl- oder Abstimmungsergebnis, kann man die Stimmzettel nachträglich per Hand auszählen. Man kann stichprobenhaft vorher unbekannte Wahllokale doppelt auszählen, einmal elektronisch und einmal per Hand, um zu überprüfen, ob die Sache wirklich funktioniert.

Ob das elektronische Auszählen dann allerdings noch Geld spart, ist eher fraglich. Die elektronischen Zählhilfen dürften bei komplizierten Stimmzetteln mit Kumulieren und Panaschieren Vorteile haben, bei vergleichsweise simpel auszuzählenden Volksentscheiden bringen sie keinen Zeitgewinn und kosten wahrscheinlich mehr.

Das etwas bedauerliche Ergebnis ist also: Elektronisches Abstimmen und Wählen übers Internet ist zumindest bei wichtigen Wahlen und Abstimmungen nicht zu empfehlen. Das Internet als dauernde virtuelle Volksversammlung, in der die Bürger täglich abstimmen und Parlamente überflüssig werden, ist nicht Zukunftsmusik, sondern schlicht Unsinn. Denn wenn man weiter mit Papier und Urnen hantieren wird, kann die Zahl der Abstimmungen schon aus Kosten- und Organisationsgründen nicht beliebig gesteigert werden. Aber das macht nichts. Die Schweizer stimmen jedes Jahr ganz konventionell über 20 bis 30 Themen ab und der damit verbundene Aufwand hat ihr Land nicht in den Ruin getrieben. Mehr Abstimmungen braucht es nicht. Die Mehrheit der Schweizer praktiziert dabei die Briefabstimmung. Das ist hinsichtlich der Wahrung des Wahlgeheimnisses nicht ganz optimal – schließlich weiß man nicht, ob die Entscheidung im Familienkreis wirklich frei ist. Aber verglichen mit der Internetwahl ist es ein sicheres und durchschaubares Verfahren.

Einen wirklichen Vorteil könnte das Internet aber beim Volksbegehren bieten, der Unterschriftensammlung, die dem Volksentscheid vorausgeht. Bislang ist es so, dass sich die Bürger handschriftlich in Listen eintragen müssen. Die Unterschriftensammler laufen durch die Straßen, sie stellen sich bei Wochenmärkten auf, stehen am Rande von Demonstrationen oder lassen die Listen auch schon mal im Hörsaal durch die Reihen laufen. Wenn sich – je nach Bundesland – fünf Prozent oder mehr der Wahlberechtigten eintragen, ist das Volksbegehren erfolgreich.

Faktisch ist das Quorum aber viel höher, denn auf die oben genannte Art und Weise ist ein Großteil der Bevölkerung gar nicht zu erreichen. Viele Bürger flanieren selten bis nie in den Straßen, gehen nicht auf Demonstrationen und kaufen nicht auf Wochenmärkten. Von denjenigen, die dort zu erreichen sind, müssen also viel mehr unterschreiben als die offiziellen fünf oder zehn Prozent, damit das Quorum geschafft wird. Es mag in einem Dorf oder einer Kleinstadt vor ein paar Jahrzehnten wirklich so gewesen sein, dass man den überwiegenden Teil der ortsansässigen Bevölkerung beim Wochenmarkt oder beim sonntäglichen Dorftanz traf und um eine Unterschrift angehen konnte. In einer modernen Stadt ist das aber eine Illusion. Der Bürger hält sich viel weniger als früher im öffentlichen Bereich auf. Er fährt mit dem Auto in die Tiefgarage des Einkaufszentrums und packt die gekauften Dinge in den Kofferraum, ohne überhaupt eine öffentliche Straße zu betreten. Oder er kauft direkt übers Internet ein.

Auch die Kommunikationsbedürfnisse deckt ein Teil der Bevölkerung in wachsendem Maße ab, ohne den öffentlichen Raum zu betreten. Wer für Blogs oder Foren Texte verfasst, kann nicht vom Unterschriftensammler angesprochen werden, wie das früher beim Besucher politischer Versammlungen gut zu machen war. Auch wer sich in sozialen Netzwerken wie Facebook vergnügt, ist für den Unterschriftensammler auf der Straße nicht oder zumindest seltener zu erreichen. Es ist daher nur fair, diesen neuen virtuellen Lebensbereich zu öffnen und das Unterschriftensammeln hier zu ermöglichen. Das ist wesentlich einfacher als e-Voting: Zwar muss auch hier der Bürger eindeutig identifiziert werden, damit sichergestellt ist, dass er wahl- und damit unterschriftsberechtigt ist. Und damit man überprüfen kann, dass er nur einmal unterschreibt.

Aber die Anonymisierung entfällt. Es gibt beim Volksbegehren kein Wahlgeheimnis. Die Listen sind öffentlich, auch bei der Straßensammlung. Man sieht, wer zum Stand geht und unterschreibt. Jeder kann in den ausgefüllten Listen blättern und schauen, wer sich schon eingetragen hat. Zugegeben, faktisch ist es natürlich so, dass bei mehreren 100.000 Unterschriften der Aufwand herauszufinden, ob sich eine bestimmte Person eingetragen hat oder nicht, unglaublich groß ist. Man müsste ja Dutzende von Leitz-Ordnern mit ausgefüllten Listen durchblättern. Gehen die Listen elektronisch ein, reicht ein Klick auf die Suchfunktion und man stellt sofort fest, ob dieser oder jener Prominente dabei ist. Oder der Nachbar. Natürlich können das nur einige Mitarbeiter an den Computern der Wahlämter tun. Man müsste sie zur Geheimhaltung verpflichten. Nach Abschluss des Volksbegehens sollten die elektronischen Listen gelöscht werden. Wirklich geheim ist das Verfahren nicht. Aber das ist bei einem Volksbegehen auch nicht erforderlich.

Noch einfacher wird die Sache durch den neuen, computerlesbaren Personalausweis. Wer so einen Ausweis bekommt, kann die Zuteilung eines »elektronischen Identitätsnachweises« beantragen. Damit, und verbunden mit einem speziellen Lesegerät, können sogar Dokumente unterzeichnet werden. Wenn die zuständigen Gemeindeämter den Text des Volksbegehrens auf ihrer Homepage veröffentlichen und sich die Bürger dort elektronisch eintragen, würde die Organisation von Volksbegehren erheblich erleichtert. Nicht nur für die Initiatoren, auch für die Verwaltung. Denn das Zählen der Unterschriften, alle kaum lesbar mit der Hand gekritzelt, und der Abgleich jedes Namens mit dem Register des Einwohnermeldeamts würden einfacher. Einfacher, schneller und auch noch billiger. Eine überfällige Reform.

Bürgerhaushalte und andere Beteiligungsverfahren

Kommen wir noch einmal auf die Bürgerbeteiligungsverfahren zurück, das innerstaatliche Vorschlagsrecht. Dank des Internets ist ein bestimmtes Beteiligungsverfahren in Deutschland recht populär geworden, nämlich der Beteiligungs- oder Bürgerhaushalt. Die Bundeszentrale für politische Bildung betreibt eine spezielle Internetseite, die sich nur dem Thema Bürgerhaushalt widmet (www.buergerhaushalt.org). Hier ist zu erfahren, dass sich Ende 2011 in Deutschland 207 Gemeinden mit irgendeiner Form von Bürgerhaushalt befassten. Eine stattliche Zahl, wobei man allerdings sehen muss, dass es circa 14.000 Städte und Gemeinden gibt. In vielen europäischen Ländern sieht es ähnlich aus. Bei all diesen Projekten spielt das Internet eine große, oft sogar die dominierende Rolle.

Ursprünglich hatte der Bürgerhaushalt allerdings mit Interneteinsatz nichts zu tun. Er stammt aus Lateinamerika, wo er nach wie vor populär ist. Genauer gesagt: Er wurde in der südbrasilianischen Millionenstadt Porto Alegre 1989 erstmals mit Erfolg praktiziert. Als der Bürgerhaushalt geboren wurde, hatte Brasilien die Militärdiktatur erst seit wenigen Jahren überwunden. Korrupte Eliten beherrschten die Politik und teilten die Finanzen der Kommune unter sich und ihren Seilschaften auf. Die sozial schwächeren Stadtteile Porto Alegres bekamen wenig ab vom öffentlich zu verteilenden Kuchen und die Elendsbezirke wuchsen rapide. Der Bürgerhaushalt wurde zum Dreh- und Angelpunkt einer politischen Wende. Ihm haftet von daher etwas Rebellisches, wenn nicht sogar Revolutionäres an.

Der Bürgerhaushalt von Porto Alegre

Ich hatte selbst einmal die Möglichkeit, mich in Porto Alegre von den Erfolgen des Bürgerhaushalts zu überzeugen. Es war in einem ziemlich abgelegenen Vorort der Metropole, einer so genannten *Favela*. Die Bewohner der Siedlung waren Vertriebene aus einer anderen Region der

Stadt. Sie mussten dort zu Beginn der 1980er Jahre einem Autobahnbau weichen. Am Stadtrand hatten sie sich auf einem ungenutzten Gelände notdürftig niedergelassen, illegal, aber geduldet. Es gab keine Infrastruktur, keine Polizei, keine Schulen. Aber es gab eine politische Bewegung, organisiert von der *Partido dos Trabalhadores*, der Arbeiterpartei, kurz: *PT*.

Die PT organisierte Bürgerversammlungen, in denen die Bewohner darüber berieten, was für den Stadtteil am nötigsten sei. Sie gründete Anwohnerinitiativen, die sich untereinander vernetzten und eine politische Kraft gegen die konservative Stadtverwaltung entwickelten. Dabei ging es hauptsächlich um Geld. Die *Favelas* brauchten Wasser, Müllabfuhr, Straßen, Licht, also kostspielige Investitionen in die Infrastruktur. Das waren die zentralen Themen. Die *Partido dos Trabalhadores* schaffte es, als Vertreter der *Favelas* eine Art Gegenmacht zur Stadtverwaltung herzustellen, was sich auch für sie selbst positiv auswirkte: 1988 wurde sie bei den Kommunalwahlen stärkste Partei in Porto Alegre, später sollte sie mit mit Lula da Silva den zweimaligen Präsidenten Brasiliens stellen, und auch die derzeitige Staatspräsidentin Dilma Rousseff stammt aus dieser Partei.

Basis des Bürgerhaushalts in Porto Alegre sind die Bürgerversammlungen, die noch immer jedes Jahr zwischen Mai und Juli in den verschiedenen Stadtteilen stattfinden. Sie wählen Delegierte, die sich in einem »OP-Rat« treffen. OP steht für *Orçamento participativo*, das portugiesische Wort für Beteiligungshaushalt. Neben diese Anwohnerversammlungen traten später noch thematische Versammlungen, die ebenfalls Delegierte in den OP-Rat entsenden. In den thematischen Versammlungen geht es um ein bestimmtes Themengebiet für die Gesamtstadt: Gesundheitsversorgung beispielsweise oder Nahverkehr.

Die gewählten Delegierten im OP-Rat diskutieren, welche Stadtteile vorrangig Geld brauchen und welche Aufgaben zuerst angegangen werden sollen. Wasserversorgung? Asphaltierung? Kinderbetreuung? Dazu kann jede Region entsprechend der Wichtigkeit des Themas für sie Punkte vergeben. Die Einwohnerzahl der Stadtteile wird dabei berücksichtigt. Größere Stadtteile haben mehr Punkte zu vergeben als kleine. Mittels dieses Punktesystems wird eine Prioritätenliste erstellt. Ein System, das übrigens auch viele europäische Bürgerhaushalte anwenden. Der OP-Rat wählt ein Präsidium, das dann mit der Stadtverwaltung und dem Stadtparlament in Verhandlungen tritt und versucht, möglichst viel der Prioritätenliste durchzusetzen. Die letztliche Entscheidung über den Haushalt treffen freilich auch in Porto Alegre die in allgemeinen Wahlen gewählten Repräsentanten – der Stadtrat.

Es entstand also neben der traditionellen repräsentativ-demokratischen Struktur eine Art Nebenverwaltung in Form eines Rätesystems. So wurde erreicht, dass Gelder des Stadthaushaltes auch in halb-legale Stadtteile flossen. In der Favela, die ich besuchte, wurde den Bewohnern zum Beispiel Baumaterial zur Verfügung gestellt, damit sie ihre Baracken durch Steinhäuser ersetzen konnten. Die Arbeit mussten sie selbst machen, aber das Material bezahlte die Stadt. Tatsächlich war die Situation bei meinem Besuch im Jahr 2005 viel besser geworden, als sie es zu Beginn gewesen war. Zwar war der Lebensstandard gemessen an europäischen Vorstellungen äußerst bescheiden, die neu entstandenen Häuser klein und die Straßen nach wie vor unasphaltiert. Aber es gab in jeder Straße einen Wasseranschluss und Müllabfuhr. Die öffentliche Sicherheit war, wenn man unserem Begleiter Glauben schenken kann, auch im Großen und Ganzen hergestellt. Das alles wirkte durchaus überzeugend, und Bürgerhaushalte wurden nicht ohne Grund in zahlreichen Städten und Provinzen Brasiliens eingeführt. Ein Erfolgsmodell auch für Europa? Dazu sollte man sich allerdings vor Augen führen, dass es in Porto Alegre eine Reihe von Sonderbedingungen gab, die in Europa in der Regel nicht vorliegen.

Der Sieg des Bürgerhaushalts ist eng mit dem Aufstieg der Partido dos Trabalhadores verbunden. Zwar funktionierte er auch schon, bevor sie stärkste Partei im Stadtrat wurde, und auch in den Phasen, wo sie schwächelte, funktionierte er weiter. Aber es gab immer eine Partei, die sich mit dem Bürgerhaushalt stark identifizierte und die erheblichen Einfluss in Porto Alegre hatte. In Deutschland ist die Situation eine andere. Zwar gibt es viele Parteien, die sich für Bürgerhaushalte aussprechen. Aber für keine sind sie ein zentrales Anliegen, auch nicht für die Grünen und die Linkspartei als Hauptbefürworter.

Auch ist die finanzielle Situation in Porto Alegre besser. Mit der Entwicklung des Bürgerhaushalts 1989 beginnend haben sich die Ausgaben der Stadt in den folgenden zehn Jahren mehr als verdreifacht (vgl. Herzberg 2002: 92) Das Ganze endete aber nicht in einem Schuldendesaster, denn auch die Einnahmen stiegen entsprechend. Porto Alegre hat mehr Möglichkeiten, lokale Steuern und Gebühren zu erheben als deutsche Städte, von denen viele notgedrungen nur noch Schuldenverwaltung betreiben und kaum investieren können. Wenn es Geld zu verteilen gibt, ist es einfacher, die Bürger am Haushalt zu beteiligen, als wenn es nur darum geht, Löcher zu stopfen, indem man neue öffnet. Sicher hat die hohe Beteiligung an den Versammlungen des Bürgerhaushalts von Porto Alegre auch damit zu tun. Man spricht von 20.000 Teilnehmern, wenn man alle Stadtteilversammlungen und sonstigen Treffen zusammenrechnet. Gemessen an einer Einwohnerzahl von circa 1,3 Millionen ist das nicht viel, aber verglichen mit den Bürgerversammlungen in deutschen Städten immer noch ein verblüffend hoher Wert.

Es mag aber auch sein, dass die Beteiligung am Bürgerhaushalt in Porto Alegre aus einem anderen Grund von Beginn an hoch war, während, wie wir noch sehen werden, vergleichbare Versammlungen in deutschen Städten kaum besucht werden: wegen der katastrophalen Zustände in den brasilianischen Stadtteilen. Es ist nachvollziehbar, dass Leute auf Versammlungen gehen und dort stundenlang debattieren, wenn es kein fließendes Wasser gibt, sich der Müll auf den Straßen häuft und man bei Regen das Haus nicht verlassen kann, weil man knietief im Schlamm versinkt. Verglichen damit sind Dinge, die deutsche Bürgerhaushalte beschäftigen, eher harmlos, zum Beispiel die Verlängerung von Fahrradwegen, die Öffnungszeiten der Bibliothek oder die Gestaltung von Spielplätzen. Trotz der Finanzkrise der Kommunen: Die Infrastruktur hierzulande ist verglichen mit brasilianischen Städten auf einem hohen Niveau. Die zentralen politischen Probleme Deutschlands sind nicht in den Stadtteilen zu lösen. Wer mit 50 Jahren arbeitslos wird und von Hartz IV leben muss, hat andere Sorgen, als sich um Fußgängerampeln zu kümmern. Es kommt hinzu, dass auch die emotionale Bindung an ihre Stadt bei vielen Bürgern nicht besonders hoch ist. Auf dem Land und bei Beschäftigten des öffentlichen Dienstes mag es anders sein. Aber der Ausbildungs- und spätere Berufsalltag vieler Deutscher verlangt, dass sie beruflich auf Reisen sind und bereit, falls nötig, den Wohnort zu wechseln. Warum soll ich mich für meinen Stadtteil einsetzen, wenn ich möglicherweise im nächsten Jahr gar nicht mehr dort wohnen werde?

Bürgerhaushalte in Deutschland

Die Unterschiede der deutschen Bürgerhaushalte zum Vorbild Porto Alegre sind daher gravierend. Bereitschaft zu politischem Engagement hat nun mal viel mit Leidensdruck zu tun und der ist in der deutschen

Kommunalpolitik einfach nicht so hoch. Es ist daher nur logisch, dass bei den deutschen Bürgerhaushaltsprojekten von vornherein versucht wurde, den Aufwand für die Bürger zu senken, indem man ihnen die Beteiligung übers Internet anbot. Bei vielen Bürgerhaushalten ist das Internet das wichtigste Zugangsmittel, nicht die Bürgerversammlung. Ein weiterer Unterschied: In Deutschland steht nicht der Gesamthaushalt der Gemeinde zur Debatte, sondern es wird nur ein ziemlich kleiner Teil des Haushalts den Bürgern zur Mitbestimmung angeboten. Böse Zungen sprechen gar von einer Spielwiese. Aber auch ein kleiner Teil des Haushalts kann in einer großen deutschen Stadt schon ein ganz beachtlicher Betrag sein. Köln gibt etwa an, dass durch den Bürgerhaushalt zwei Millionen Euro bewegt wurden. Allerdings beträgt der Gesamtetat der Stadt etwa 3,5 Milliarden Euro.

Nehmen wir als Beispiel den elften Verwaltungsbezirk von Berlin, Lichtenberg. Linke und SPD sind dort mit Abstand die stärksten Parteien. Lichtenberg praktiziert seit Jahren den Bürgerhaushalt. Insgesamt hat der Bezirk ein Haushaltsvolumen von mehr als einer halben Milliarde Euro. Der allergrößte Teil ist dabei durch Pflichtaufgaben von vornherein gebunden, aber immerhin etwa 30 Millionen Euro sind nicht festgelegt und bei ihrer Vergabe können die Bürger mitbestimmen. Aber wie viele haben wirklich Lust dazu? 2009 waren 2.700 Bürger als Teilnehmer für den Bürgerhaushalt im Internet registriert. In Lichtenberg leben gut 265.000 Menschen. Also rund ein Prozent der Einwohner trugen sich als Teilnehmer ein. Nur ein Zehntel von ihnen beteiligte sich aber auch aktiv an den Abstimmungen und Diskussionen im Internet. Also etwa ein Promille. Aber immerhin nahmen circa 2.500 Personen an diversen Regionalkonferenzen teil und stimmten dort über die verschiedenen Vorschläge ab. Das Bezirksamt schrieb 25.000 zufällig ausgewählte Haushalte an und schickte ihnen die Vorschläge, die im Internet und auf den Regionalversammlungen gemacht worden waren. Knapp 1.600 Bürger schickten die Bögen zurück. Wie gesagt, all das bewegt sich gemessen an der Gesamtbevölkerung eher im Promille- als im Prozentbereich. Aber trotzdem – tausende Personen, die sich Gedanken um ihren Stadtteil machen, das ist nicht schlecht.

Was ist nun dabei herausgekommen? Für den Bürgerhaushaushalt Lichtenberg 2008 wurden von den Bürgern auf verschiedensten Wegen – Internet, Bürgerversammlungen oder per Brief – insgesamt 182 Vorschläge gemacht. Eine Redaktionskonferenz, gewählt auf Bürgerversammlungen und im Internet, schrumpfte die Zahl auf 40 zusammen.

Viele Vorschläge der Bürger waren schlicht rechtlich nicht umsetzbar. Inhaltsgleiche Vorschläge wurden in einem zusammengefasst. Diese 40 Vorschläge wurden an die Bezirksverordnetenversammlung weitergeleitet, das zuständige Stadtteilparlament. Das akzeptierte 37 der Vorschläge. Insgesamt wurde zur Umsetzung ein Betrag von 305.000 Euro angesetzt – eine Menge Geld, aber gemessen am Haushaltsvolumen von über 500 Millionen Euro eher bescheiden. Zumal man davon ausgehen muss, dass ein Gutteil dieser 305.000 Euro auch ohne Bürgerhaushalt geflossen wäre. Ein Vorschlag der Bürger lautete zum Beispiel: »Es soll mehr Geld bereitgestellt werden für die Neuanschaffungen in Bibliotheken.« Hierfür wurden 50.000 Euro gefordert. Im Beschluss der Bezirksverordnetenversammlung dazu heißt es: Der Vorschlag ist »aus den von der Bibliothek zu erwirtschaftenden Mitteln zu realisieren«. Mehr Geld aus dem Gemeindehaushalt bekamen die Bibliotheken also nicht. Angesichts der Unbestimmtheit des Vorschlags und des Umstands, dass Bibliotheken immer Neuanschaffungen vornehmen, ist leicht abzusehen, dass der Beschluss wenig praktische Konsequenzen haben dürfte – außer einem gewissen Appellcharakter an die Bibliotheksleitung, doch etwas rascher die Neuerscheinungen anzuschaffen. Ähnlich sieht es mit dem Vorschlag 870014 aus: »Mehr Freizeitmöglichkeiten in Jugendfreizeiteinrichtungen«. Der zustimmende Beschluss der Bezirksparlamentarier lautet: »Öffnungszeiten werden bedarfsgerecht eingerichtet.« Nun, das hätte man ohnehin erwartet. Darüber hinaus ist offenbar nichts weiter geplant. Der Bürgerhaushalt als Beschäftigungstherapie für engagierte Bürger? Das ist vielleicht ein bisschen hart ausgedrückt. Immerhin erwerben die Bürger, die sich beteiligen, politische Qualifikationen. Und vielleicht beeinflussen sie ja auch tatsächlich den einen oder anderen Politiker.

Lichtenberg ist dabei noch ein durchaus aufwändiger und vergleichsweise gut funktionierender Bürgerhaushalt. In anderen Städten hat das Ganze weit mehr den Charakter einer Werbeveranstaltung der Stadtverwaltung. Zum Beispiel Freiburg, wo der überwiegend grüne Gemeinderat 2007 sogar die Einführung eines »geschlechtersensiblen Beteiligungshaushaltes« beschloss. Im Folgejahr wurde ein erheblicher Informationsaufwand betrieben, um die Idee den Freiburger Bürgern nahezubringen. Eine hübsch gestaltete Broschüre wurde an alle Freiburger Haushalte verteilt, eine Straßenbahn mit den Slogans des Beteiligungshaushalts beklebt und eine Bustour durch die Stadtteile organisiert. 92 Prozent der Bürger gaben an, von der Informationskampagne etwas mitbekommen zu haben. An den drei in dieser Phase stattfindenden Informationsveranstaltungen nahmen insgesamt jedoch nur 150 Personen teil.

5.509 repräsentativ ausgewählte Bürger wurden darüber hinaus angeschrieben und gebeten, einen Fragebogen auszufüllen. Knapp die Hälfte tat dies auch und schickte den Bogen zurück. Sie konnten dabei angeben, wo sie Mehrausgaben befürworteten und wo sie einsparen würden. Bei den Mehrausgaben lagen Schulen und Kindergärten ganz oben, bei den Einsparungen Theater, Kultur und Friedhofspflege. Eine Reihe von Bürgern, die im Fragebogen zugestimmt hatten, wurden per Internet und am Telefon noch genauer interviewt. Im Internet konnten die Bürger selbst Vorschläge machen. Knapp 2.000 nutzten diese Möglichkeit. Jedoch nur circa 200 nahmen an einer zentralen Stadtkonferenz teil. Nach Auffassung des recht skeptischen CDU-Stadtrats Berthold Bock waren 70 bis 80 Prozent von ihnen gut bekannte Interessenvertreter und Lobbyisten, die regelmäßig auf Versammlungen anzutreffen sind. Die Konferenz dauerte anderthalb Tage. Welcher normale Bürger hat soviel Zeit?

Die Ergebnisse des Bürgerhaushalts wurden dem Stadtrat vorgelegt und sollten in die Haushaltsberatungen 2009/2010 einfließen. Ob sie die Beratungen nachhaltig beeinflusst haben, kann bezweifelt werden. Eine Examensarbeit an der Universität Hagen kommt zu dem Schluss: »Eine Beurteilung der Steigerung der Outputlegitimität auf kommunaler Ebene war im Fall des Freiburger Verfahrens schwierig, da keine messbaren Politikergebnisse nachgewiesen werden konnten.« Etwas einfacher ausgedrückt: Es hat sich gar nichts geändert. Zwar habe sich der Gemeinderat bei einem Teil seiner Anträge auf die Diskussionen und Ergebnisse des Beteiligungshaushalts bezogen, »dass die Bürgerbeteiligung jedoch der Ursprung der Fraktionsanträge zum Beteiligungshaushalt gewesen ist, konnte hier ebenfalls nicht nachgewiesen werden.« (Eich 2011: 50, 52) Man hat also die Haushaltsanträge gestellt, die ohnehin geplant waren, und wenn der Bürgerhaushalt zufällig die gleiche Forderung stellte, war das eine nützliche Argumentationshilfe.

Im Interview mit TV Südbaden äußerte sich der grüne Bürgermeister Dieter Salomon so: »Ergebnis wird sein, dass man Schwerpunkte im Haushalt vielleicht etwas anders gewichtet. Wobei für mich das Überraschende, oder vielleicht auch nicht überraschende war, dass das, was die Bürger wollen ... eigentlich die Schwerpunkte unserer Stadtpolitik sind. Insofern können wir sagen: Wir liegen schon ganz richtig.« Außer

Spesen nichts gewesen? Die Stadträte wissen jetzt etwas besser, was die Bürger wollen oder auch nicht wollen. Das kann nicht schaden. Ob es aber auch etwas nutzt, ist recht fraglich.

Selbst wenn die Gemeinde Forderungen der Bürger akzeptiert, weiß man nie genau, ob die mit großer Geste zugestandene Maßnahme tatsächlich ein Ergebnis des Bürgerengagements ist oder nicht ohnehin, vielleicht etwas später, sowieso gemacht worden wäre. Über den Ergebnissen der Bürgerhaushalte liegt der Schleier des Ungewissen. Falls es überhaupt konkrete Ergebnisse gibt. Selbst Carsten Herzberg, einer der Hauptprotagonisten der deutschen Bürgerhaushaltsbewegung, äußert in einem Internetbeitrag Zweifel: »Auffällig ist jedenfalls, dass die meisten Bürgerhaushalts-Städte Schwierigkeiten haben, den Gegenwert für die offiziell vom Gemeinderat angenommenen Bürgerhaushaltsvorschläge zu benennen.« (Herzberg 2010) Die Bürgerversammlungen basierten auf der Logik des »selektiven Zuhörens«: Die Anliegen der Bürger würden von der Verwaltung aufmerksam gehört, dann suche sie sich die Dinge heraus, die sowieso den eigenen Planungen entsprechen (Herzberg 2011).

War der Bürgerhaushalt in Porto Alegre, zumindest in seiner Entstehungsphase, ein Kampfmittel, mit dem benachteiligte Stadtteile ihren Anteil an den öffentlichen Geldern erstritten, so hat er in Europa eher den Charakter einer Kontaktpflege. Mit zunehmender Knappheit der kommunalen Finanzen verändert sich der Bürgerhaushalt sogar zu einem Mittel der Stadtverwaltung, Haushaltssanierung durchzusetzen. So wurde der Bürgerhaushalt der Stadt Solingen von vorneherein unter dem zentralen Slogan *Solingen spart* begonnen. Die Stadtverwaltung nannte den Bürgerhaushalt in modischer Terminologie einen *»beispiellosen Prozess der Produktkritik«* und proklamierte: *»Bürger helfen ihrer Stadt beim Sparen.«* Die Bürger sprachen sich dann mehrheitlich dafür aus, eine Festhalle zu schließen und die Hundesteuer zu erhöhen. Man höre und staune: Sogar das Fußballstadion sollte aufgegeben werden, ein Vorschlag, der in München oder Dortmund kaum mehrheitsfähig wäre. Freilich spielt Union Solingen in der Kreisliga.

Alle diese Vorschläge nahm die Stadtverwaltung wohlwollend zur Kenntnis, lehnte aber die Idee, den Dienstwagen des Bürgermeisters durch einen Smart zu ersetzen, brüsk ab. Dieser Vorschlag sei »unwirtschaftlich«, da der Bürgermeister seinen Wagen arbeitend als »rollendes Büro« nutze und größere Mengen an Aktenmaterial transportieren müsse. Ähnlich hat die Stadt Essen ihren Bürgerhaushalt angelegt, der unter dem Slogan *Essen kriegt die Kurve* läuft. In Essen können die Bürger einerseits Sparvorschläge der Verwaltung bewerten und andererseits eigene vorbringen. Man will die Schere nicht ohne das Feedback der Bürger ansetzen. Sie sollen nicht, wie in Porto Alegre, überlegen, was ihnen fehlt und wofür sie gerne mehr Geld ausgeben würden, sondern was überflüssig ist und wo man einsparen könnte. Gut, auch das mag sinnvolle Bürgerbeteiligung sein, man kann es aber auch als Befriedungsstrategie sehen.

Bürgerhaushalte oder Bürgerentscheide?

Vergleicht man Bürgerhaushalte mit dem Volksentscheid als klassischem Mittel der direkten Demokratie, lassen sich Vor- und Nachteile feststellen. Bürgerhaushalte sind kreativ. Die Bürger machen selbst Vorschläge. Das Schweizer Finanzreferendum, bei dem vor großen Ausgaben ein Volksentscheid stattfindet, hat den Nachteil, dass die Bürger nur etwas ablehnen können, was ihnen nicht passt. Sie sind aber nicht selbst gestaltend wirksam. Sicherlich können sie über die Volksinitiative auch zusätzliche Ausgaben für ein bestimmtes Projekt fordern. Der Prozess, den einmal beschlossenen Haushalt nachträglich durch Volksinitiativen und Finanzreferenden zu verändern, ist aber aufwändig und langwierig. Die Idee, dass die Bürger von vornherein mit den Politikern bei der Haushaltsaufstellung kooperieren und ihre Ideen konstruktiv einbringen, hat zweifellos etwas Sympathisches.

Freilich muss man davon ausgehen, dass zumindest in größeren Gemeinden nicht *die Bürger* am Haushalt mitwirken werden, sondern eine besonders gebildete und engagierte Teilgruppe der Bürgerschaft, die über ein hohes variables Zeitbudget verfügt. Überdurchschnittlich viele dieser Teilgruppe beziehen ein gutes Einkommen. Umfragen wie das *Sozio-oekonomische Panel* zeigen sehr klar, dass die Bereitschaft zu politischer Partizipation oder zur Übernahme eines Ehrenamtes bei Gutverdienenden etwa doppelt so groß ist wie bei Geringverdienern (Böhnke 2011: 21, 23). Das wirkt sich bei fast allen Bürgerbeteiligungsverfahren aus und der Bürgerhaushalt wird hier keine Ausnahme machen.

Auch bei Volksentscheiden gibt es einen Unterschichtsbias. Die wenig Gebildeten und wenig an Politik Interessierten beteiligen sich weniger an den Abstimmungen. Beim Bürgerhaushalt dürfte dieser Effekt aber größer sein. Das hängt schon damit zusammen, dass das entscheidende Medium zur Beteiligung an Bürgerhaushalten das Internet ist. Gut die Hälfte der deutschen Bevölkerung nutzt das Internet gar nicht oder nur gelegentlich. Bürgerhaushalte sind ein recht aufwändiges Internetangebot, das einige Erfahrungen im Umgang mit dem Internet und mit Computertätigkeit voraussetzt.

Außerdem ist die tatsächliche Beteiligung so gering, dass es schon ein glücklicher Zufall wäre, wenn das Ergebnis repräsentativ für die Wünsche aller wäre. Wir haben gesehen, dass selbst beim vergleichsweise gut funktionierenden Bürgerhaushalt Lichtenberg die Beteiligung sehr mager ausfällt. Anderswo ist es eher schlechter. In Hamburg zum Beispiel registrierten sich 2009 gerade mal 552 Bürger als Teilnehmer des Bürgerhaushalts. Wahlberechtigt sind in Hamburg über 1,2 Millionen. In Köln, Frankfurt und Aachen registrierten sich 2011 weniger als ein Prozent der Bürger für den Bürgerhaushalt. Und selbst diese Zahlen sind noch geschönt.

Denn zur Anmeldung für die Teilnahme am Bürgerhaushalt reicht eine E-Mail-Adresse. Wer mehrere E-Mail-Adressen hat, kann sich mehrmals anmelden und mehrmals abstimmen. Auch wer nicht wahlberechtigt ist, zum Beispiel Kinder, kann mitmachen. Außerdem wird nicht überprüft, ob die angemeldeten Personen wirklich aus der Gemeinde stammen. Der frühere Bundestagsabgeordnete Stefan Eisel schätzt in seinem Buch *Internet und Demokratie* auf Grund von Stichproben den Anteil der außerörtlichen oder doppelten Anmeldungen auf etwa 30 Prozent. Natürlich sind nicht alle, die sich anmelden, um sich das mal anzuschauen, später auch aktiv. Und nicht alle, die ein bisschen aktiv sind, bewerten alle eingebrachten Vorschläge. Im günstigsten Fall äußert sich etwa ein Drittel der Angemeldeten zu einem Vorschlag. Stefan Eisel gibt an, dass beim Bonner Bürgerhaushalt für das Jahr 2012 der am meisten unterstützte Vorschlag auf nur 300 Stimmen kam, in Köln waren es etwas über 1.000 Stimmen.

Diese niedrigen Beteiligungszahlen laden zur Manipulation durch besonders interessierte Gruppen geradezu ein. In Gütersloh beispielsweise stimmten 375 Bürger für die Einrichtung einer Berufsfeuerwehr, nur 72 dagegen. Nicht Bibliotheken, nicht Schwimmbäder, nicht Radwege, die Berufsfeuerwehr war erstaunlicherweise der heftigste Wunsch der Gütersloher Bürgerhaushälter. Die Feuerwehrleute selbst hatten hier aber etwas nachgeholfen. Am 1.2.2011 berichtete die Regionalzeitung *Neue Westfälische*, dass ein Angestellter der Feuerwache per Facebook seine Kollegen im benachbarten Bielefeld aufgefordert hatte, sich für den Gütersloher Bürgerhaushalt zu registrieren und für eine Berufsfeuerwehr zu stimmen. Die Bielefelder hatten die Bitte ihrerseits an andere Feuerwehren der Region weitergegeben. Die machten mit.

In allen Städten, die sich um Bürgerbeteiligung bemühen und Geld zu vergeben haben, macht man die Erfahrung, dass immer gleiche bezahlte oder zunächst noch unbezahlte Funktionäre diverser Interessengruppen und Verbände die Treffen dominieren. Je zeitaufwändiger und anspruchsvoller demokratische Verfahren werden, desto höher sind die Einstiegshürden für den normalen Bürger und desto größer die Gefahr, dass das Ergebnis hinterher nicht seinen Interessen entspricht. Sondern den Interessen derjenigen, die die Teilnahme an Bürgerbeteiligung zu ihrem Beruf gemacht haben. Zugegeben, selbst wenn sich nur ein paar hundert am Bürgerhaushalt beteiligen, sind das immer noch mehr, als im Stadtrat diskutieren. Aber die Stadträte müssen sich immerhin alle paar Jahre zur Wiederwahl stellen, was besonders bei personalisierten Wahlrechten (siehe nächstes Kapitel) mitunter zu unangenehmen Fragen führen kann. Die professionellen Beteiligungsbürger sind dagegen unkontrolliert.

Klar ist, dass konsensuale Beratungsmethoden wie Bürgerhaushalte die Einführung von funktionierenden Bürgerentscheiden oder von Finanzreferenden nicht ersetzten. Diese mögen etwas grobschlächtig sein, aber sie haben zweifellos mehr als nur symbolischen Effekt. Und auch wenn die Beteiligung an Bürgerentscheiden oft nur um die 40 Prozent liegt, so übertrifft sie doch die Beteiligung an Bürgerhaushalten immer noch um mindestens das 20fache.

Was es noch gibt: Moderationsverfahren und Planungszelle

Der Bürgerhaushalt ist vielleicht das zurzeit populärste Beteiligungsverfahren. Es gibt aber noch viel mehr, zum Beispiel Moderationsverfahren, bei denen Bürger mit der Politik in einen Dialog treten. Ziemliches Aufsehen erregte 2011 das Schlichtungsverfahren unter dem Vorsitz von Heiner Geißler zum Bahnhofsneubau in Stuttgart (*Stuttgart 21*). Das Verfahren trug dazu bei, eine ziemlich blockierte Situation in eine rationale Debatte zu überführen. Ähnliche Verfahren gibt es oft auf kommunaler Ebene. Ein Beispiel: die vom Bremer Senat beschlossene und von der Bundeswehruniversität wissenschaftlich begleitete Bürgerbeteiligung bei der Diskussion um den Ausbau des Bremer Fußballstadions im Jahr 2004. Das Stadion liegt nahe der Innenstadt, und somit waren schon vor dem Ausbau bei Heimspielen des SV Werder sämtliche Wohnstraßen verstopft, zugeparkt und die Straßenbahnen mit Fußballfans überfüllt, ein regelmäßiges Ärgernis für die Anwohner. Sie reagierten daher ungehalten, als bekannt wurde, dass sich auch ein ständig geöffnetes Mc Donalds Restaurant im Stadionbereich ansiedeln werde. Heftiger Bürgerprotest verhinderte diesen Plan. Die Verantwortlichen waren also gewarnt, als sie mit der Idee eines Stadionausbaus an die Öffentlichkeit gingen.

Die Anwohner wollten zwar anders als in Solingen keinesfalls die Aufgabe des Stadions, fürchteten aber zusätzlichen Autoverkehr, wenn es vergrößert würde. Mit etwa 130 Personen wurde ein Moderationsverfahren gestartet, das Anwohner, eine Bürgerinitiative und Kleingartenvereine mit den Verantwortlichen aus Verwaltung und Politik sowie von Werder Bremen zusammenbrachte. Es sollte sich über ein dreiviertel Jahr erstrecken. Zu Beginn wurden 30 Interviews geführt, um einen Überblick über die Beschwerden zu bekommen. Es folgten sieben so genannte *Fokusgruppensitzungen* mit jeweils rund 50 Personen, auf denen die Probleme und Lösungsmöglichkeiten allgemein diskutiert wurden. Das Ziel war ein schriftlicher Vertrag zwischen allen beteiligten Gruppen. Um den auszuarbeiten, fanden drei *Kontraktworkshops* statt. Den Abschluss bildete der *Kontrakt zwischen der Anwohnerschaft Pauliner Marsch, den Vereinen in der Pauliner Marsch, Werder Bremen und dem Senat der Freien Hansestadt Bremen*, der von allen Beteiligten unterzeichnet wurde. Zentrales Ergebnis war, dass die Anwohner, unter ihnen viele Werder-Fans, den Umbau des Stadions akzeptierten, bei Heimspielen jetzt aber die Stadtteile rund ums Stadion weitflächig für den Autoverkehr gesperrt sind und für die Stadionbesucher ein Bus- und Schiffspendelbetrieb eingerichtet ist. Durch das Beteiligungsverfahren wurde mit überschaubarem Aufwand eine für alle tragbare Lösung gefunden.

Schon in den frühen 1970er Jahren wurde ein anderes interessantes Beteiligungsverfahren entwickelt, die »*Planungszelle*«, untrennbar verbunden mit dem Namen des 2006 verstorbenen Wuppertaler Professors Peter Dienel. Es ist das aufwändigste und vielleicht beste Bürgerbeteiligungsverfahren.

Bei der Planungszelle werden zur Lösung eines bestimmten Problems Bürger repräsentativ ausgewählt und angeschrieben. Sie werden gebeten, sich eine Zeit lang – im Idealfall 25 Personen drei Wochen – beurlauben zu lassen und stattdessen täglich acht Stunden an der Planungszelle teilzunehmen. Dafür erhalten sie Geld in Höhe des Lohnausfalls. In diesen drei Wochen diskutieren die Teilnehmer ein bestimmtes Problem und versuchen, eine Lösung zu finden. Die Lösungsvorschläge werden im *Bürgergutachten* zusammengefasst und dann den Auftragstellern der Planungszelle übergeben.

Natürlich klappt das nicht ohne Anleitung und Unterstützung. Neben den Bürgern, Dienel nennt sie *Laienplaner*, gibt es zwei *Prozessbegleiter*, die die Diskussion leiten und allgemein für die Organisation zuständig sind. Nun kann man sich leicht vorstellen, dass Laien von sich aus nicht in der Lage sind, ein Problem qualifiziert zu diskutieren, selbst wenn die Moderation noch so gut ist. Sie brauchen Informationen. Es wird daher noch eine dritte Gruppe an der Planungszelle beteiligt, die *Experten.*

Das sind Leute, die in der Verwaltung mit der strittigen Angelegenheit befasst sind. Ihre Aufgabe ist es, zunächst eine Reihe von einführenden Informationen zu geben. Warum muss neu geplant werden? Welche Gesetze sind zu beachten? Wie viel Geld steht zur Verfügung? Und so weiter. Während der eigentlichen Arbeit der Planungszelle bleiben die Experten zwar anwesend, sitzen aber an einem besonderen Tisch. Sie können jederzeit befragt werden, aber sie können sich nicht an der Diskussion beteiligen. Und das ist clever, denn ansonsten würden sie rasch die Debatte dominieren und mit ihrem Fachwissen die Laienplaner einschüchtern.

Die Idee ist also, dass eine Reihe von repräsentativ ausgewählten Bürgern unter Ausschluss der Öffentlichkeit, aber mit Zugriff auf alle wichtigen Informationen und mit ausreichend Zeit ein bestimmtes Problem diskutiert und versucht, die beste Lösung zu finden. Das klingt zunächst mal durchaus vielversprechend. Allerdings kann man sich leicht vorstellen, dass das Ganze mit einem enormen organisatorischen und finanziellen Aufwand verbunden ist. Die Moderatoren sind drei Wochen täglich im Einsatz, von Vor- und Nachbereitung ganz zu schweigen. Die Teilnehmer müssen bezahlt werden. Fachleute der Verwaltung müssen wochenlang zur Verfügung stehen. Und man kann nicht sicher sein, dass am Ende wirklich etwas Vernünftiges herauskommt, was die Politik verwerten kann – oder will.

In der Praxis hat sich daher eine etwas veränderte Variante der Planungszelle durchgesetzt. Oft tagt sie viel kürzer als die drei Wochen, die ihr Erfinder Dienel als ideal ansah. Dafür werden häufig mehrere Planungszellen abgehalten, um Zufallsergebnisse auszuschließen. Im Jahr 2007 wurden zum Beispiel in Aachen vier Planungszellen zum Thema Müllentsorgung durchgeführt. Sie tagten jeweils vier Tage. Insgesamt nahmen 94 Personen teil, die ihren Bildungsurlaub nutzten, um als Laienplaner täglich dabei zu sein.

Eine Besonderheit der Planungszelle ist, wie gesagt, dass nicht jeder mitmachen kann, sondern gezielt Leute angeschrieben und ausgesucht werden. Damit soll sichergestellt werden, dass wirklich alle Bevölkerungsgruppen einbezogen sind und es nicht zu dem problematischen Unterschichtsbias kommt. Dienel verweist nicht ohne Stolz darauf, dass die Planungszelle damit das einzige demokratische Instrument sei, an dem die Unterschicht angemessen beteiligt werde. In der Tat: Nicht nur bei Volksentscheiden, auch bei Wahlen und besonders bei Bürgerinitiativen gibt es stets ein Übergewicht der Mittelschicht. Wenn es tatsächlich gelingt, eine repräsentative Beteiligung hinzubekommen, wäre das bei der Planungszelle anders. Die Chancen dafür scheinen gut zu sein, denn es wird ja eine Entschädigung für entgangenes Einkommen gezahlt und auch für Kinderbetreuung gesorgt, um wirklich jedem die Teilnahme zu ermöglichen.

Ob das ausreicht, kann man allerdings bezweifeln. Beschäftigte ohne festen Vertrag werden ihren Arbeitgeber nicht damit verärgern wollen, dass sie tage-, wenn nicht wochenlang, wegen der Teilnahme an einer Planungszelle nicht zur Verfügung stehen. Bei vielen Festangestellten sieht es nicht besser aus. Der Stress und die Unsicherheit im Arbeitsleben haben sich so verstärkt, dass viele Arbeitnehmer einen Sonder- oder Bildungsurlaub gar nicht beantragen, selbst wenn sie rechtlichen Anspruch darauf haben. Man muss also genau sehen, ob dieser Anspruch der Repräsentativität auch einzulösen ist.

Auch von ihrer psychologischen Zusammensetzung dürfte die Planungsgruppe kaum ein exaktes Spiegelbild der Durchschnittsbevölkerung sein. Es ist anzunehmen, dass Extrovertierte, sozial Engagierte und Menschen, die sich gut artikulieren können, eher bereit sind, in eine Planungszelle zu gehen. Und natürlich politisch Engagierte. So waren zum Beispiel zehn Prozent der Teilnehmer der schon erwähnten Aachener Planungszellen Mitglied in einer politischen Partei – im Durchschnitt sind gerade mal zwei Prozent der wahlberechtigten Bundesbürger Parteimitglied. Parteimitglieder sehen Planungszellen offenbar als politisches Betätigungsfeld an.

Für eine Planungszelle, die sich mit den Problemen älterer Menschen in Rheinland-Pfalz befasste, wurden 1.500 Personen nach dem Zufallsverfahren ausgewählt und eingeladen. Teilgenommen haben dann aber nur 162. Von diesen beantwortete fast die Hälfte die Frage: »Sind Sie aktives Mitglied in einem Verein, einer Partei, einer Bürgerinitiative oder Sonstigem?« mit »Ja«.

Selbst wenn es gelingt, alle gesellschaftlichen Gruppen numerisch gleichberechtigt an der Planungszelle zu beteiligen, bleibt noch die Frage, ob sie sich auch angemessen in die Arbeit einbringen und entsprechend im Ergebnis wiederfinden. In einer Wahlkabine unbeobachtet ein Kreuz zu machen, ist recht einfach. Als arbeitsloser Jugendlicher in einer Gruppendiskussion mit Lehrern und Rechtsanwälten die eigenen Vorstellungen einzubringen und zu verteidigen, ist schon schwieriger. Der *Unterschichtsbias* findet sich im Idealfall nicht in der Zusammensetzung der Planungszelle. Damit ist aber keineswegs sichergestellt, dass nicht das abschließende Bürgergutachten viel stärker die Handschrift der intellektuellen Mittelschicht trägt, als es ihrem Bevölkerungsanteil entspricht.

Neben der repräsentativen Zusammensetzung ist eine weitere Besonderheit der Planungszelle die Anwesenheit der Experten. Zwar sollen Laien die Planung machen, aber sie sollen das gut informiert und mit Vorkenntnissen tun. Dadurch, dass sich die Teilnehmer wochen-, zumindest aber tagelang mit dem Thema beschäftigten und kenntnisreiche Beratung haben, erwerben sie zweifellos Kompetenz und können ein fundierteres Urteil abgeben, als wenn sie bei einer Meinungsumfrage auf der Straße spontan und unvorbereitet in ein hingehaltenes Mikrofon sprechen. Oder auf der Homepage eines Bürgerhaushalts in einer freien Minute einen Vorschlag unterbreiten, der ihnen gerade in den Sinn kommt. Dienel sieht in der Informiertheit auch einen Vorteil gegenüber dem Bürger- und Volksentscheid, bei dem die Abstimmenden sich vorher nicht so intensiv mit der Materie befassen. Ob dies bei einer Dauer der Planungszelle von nur vier Tagen auch der Fall ist, mag offen bleiben. Vor einem Bürger- und Volksentscheid informieren sich die Bürger in aller Regel auch. Zwar nicht so intensiv, aber über einen längeren Zeitraum.

Unterstellen wir mal, dass es klappt, die Planungszelle repräsentativ für den Bevölkerungsdurchschnitt zusammenzustellen, und dass es der Moderation gelingt, auch die weniger Geübten angemessen zu beteiligen. Dann besteht eine gute Chance, dass das Ergebnis den Wünschen der Normalbürger recht nahe kommt. Denn es kann nicht einfach jeder hingehen und mitmachen. Bei allen öffentlich tagenden Gremien, seien es nun Beiräte, Bürgerhaushaltsversammlungen oder Stadtteiltreffen erweist sich die »Offenheit« als Problem. Nicht nur, weil sie dazu führen kann, dass die intellektuelle Mittelschicht weit überproportional vertreten ist. Sondern auch, weil sie in aller Regel von Interessenvertretern ausgenutzt wird, die Vorteile für sich oder ihre Gruppe herausholen wollen. Bei einer Planungszelle ist, schon wegen der kurzen Tagungsdauer, nicht mit Vorteilsnahme, sei sie nun psychologischer oder materieller Art, zu rechnen. Sie ist etwas ganz anderes als das im grünen Umfeld beliebte Konzept, *Betroffene* anzuhören und ihnen womöglich auch die Entscheidung zu überlassen. Betroffene sind selten objektiv und sachlich.

Dienel sieht einen weiteren großen Vorteil der Planungszellen darin, dass es ein kooperatives, kein konfrontatives Verhältnis mit der Verwaltung gäbe. Es herrsche bei den Treffen der Planungszelle eine sachliche und emotionsfreie Atmosphäre, anders als bei Volksentscheidskampagnen, die ja oft Wahlkämpfen ähneln. Da hat er sicher recht, aber erkauft wird die Harmonie dadurch, dass die Verwaltung Herrin des Verfahrens bleibt – und nicht die Bürger. Denn es ist zwar richtig, dass die Planungszelle, einmal bei der Arbeit und gut moderiert, in ihrem Inneren demokratisch und selbstbestimmt abläuft. Ob überhaupt eine Planungszelle stattfinden soll, und wie das Thema definiert wird, entscheiden aber die politisch Verantwortlichen vorher.

Ein offenes Problem ist auch die Umsetzung der Empfehlungen. Die Entscheidung darüber liegt im Ermessen der gewählten Politiker. Sie sind nicht verpflichtet, die Ergebnisse der Planungszelle zu übernehmen. Sie müssen bestenfalls Gründe angeben, wenn sie es nicht tun. Vorstellbar ist daher ohne Weiteres, dass die Politiker Ergebnisse einer Planungszelle dankend zur Kenntnis nehmen, dann aber in einer Schublade endlagern, wenn ihnen die Vorschläge nicht zusagen.

Ein großer Vorteil der Planungszelle, dass Interessengruppen wegen der geplant zufälligen Zusammensetzung der Teilnehmer keinen Einfluss nehmen können, relativiert sich damit. Die Einflussnahme findet vor und nach der Planungszelle statt: Soll es überhaupt eine geben? Wie wird ihr Thema eingegrenzt – und sollen ihre Ergebnisse umgesetzt werden?

Dienel sah in der Planungszelle tatsächlich den großen Hebel für die Demokratisierung der Gesellschaft. Er nannte sein zentrales Werk: *Die*

Planungszelle. Eine Alternative zur Establishmentdemokratie. Es sollten, so Dienel, jedes Jahr über 100.000 Planungszellen in Deutschland stattfinden, womit Millionen Bürger direkt an der Politik beteiligt wären. Jeder wahlberechtigte Bürger solle auf diese Art und Weise alle zehn Jahre einmal an einer Planungszelle teilnehmen. Die Kosten beziffert er mit circa drei Milliarden Euro.

Ein utopisches Modell. Sicherlich ist es sinnvoll, zu bestimmten Themen, bei denen die Bürger eigene Erfahrungen einbringen können und die nicht allzu komplex sind, Planungszellen zu organisieren. Aber mit enormem finanziellem und organisatorischem Aufwand die ganze Gesellschaft mit einem Netz aus Planungszellen überziehen? Da würde man doch vorher lieber genauer wissen, ob sich das lohnt. Eine neutrale zusammenfassende Bewertung der Effekte der Planungszellen liegt aber bislang nicht vor. Dass die Moderatoren in ihren Abschlussberichten die Sache immer als großen Erfolg verkaufen, kann man verstehen. Sie verdienen ihr Geld mit Planungszellen. Wieviel von deren Ergebnissen letztlich umgesetzt wird, ist aber nicht bekannt. Dass Planungszellen Volksentscheide und Bürgerentscheide überflüssig machen werden – wie Dienel annimmt – scheint mir recht blauäugig zu sein. Die Planungszelle ist ein Instrument, mit dem Bürger mit der Verwaltung und der Politik in Kontakt treten können. Schon der Begriff *Mitbestimmungsrecht* wäre aber zu hoch gegriffen. Sie ist ein hervorragend gestaltetes *Anhörungsrecht* – nicht weniger, aber auch nicht mehr.

Mehr Auswahl bei der Wahl

Am 17. Juni 2010, kurz vor der Neuwahl des deutschen Bundespräsidenten nach dem überraschenden Rücktritt von Horst Köhler, veröffentlichte die ARD eine Umfrage, in der sich die meisten für Joachim Gauck als neuen Bundespräsidenten aussprachen. Gauck hatte 43 Prozent der Befragten für sich, sein Konkurrent Christian Wulff nur 37. An Gauck fanden viele Bürger vor allem sympathisch, dass er kein typischer Parteipolitiker war, sondern eine gewisse Distanz zum Politikbetrieb wahrte. Volkes Meinung war allerdings nicht ausschlaggebend. Bekanntlich wurde zunächst Christian Wulff Bundespräsident, nicht Joachim Gauck. Erst nachdem Wulff zurücktreten musste, stimmte die Bundesversammlung dann für Gauck. Letzterer forderte, der Bundespräsident soll zukünftig vom Volk direkt gewählt werden. Verständlich aus seiner Sicht, aber wäre das wirklich ein demokratischer Fortschritt?

Direktwahl des Bundespräsidenten? Eine Scheinlösung

Es gibt zahlreiche Länder, in denen der Staatspräsident vom Volk gewählt wird. Portugal zum Beispiel. Unabhängig von den Parlamentswahlen wird alle fünf Jahre ein besonderer Wahltermin für die Präsidentenwahl angesetzt. Gewählt ist, wer mehr als 50 Prozent der abgegebenen Stimmen erreicht. Schafft das kein Kandidat im ersten Wahlgang, findet zwei Wochen später eine Stichwahl statt, bei der die beiden stärksten Kandidaten gegeneinander antreten. Dieser Fall ist allerdings noch nie eingetreten. Immer hatte ein Kandidat schon im ersten Wahlgang die absolute Mehrheit.

Das Wahlsystem und besonders die Stichwahlmöglichkeit führen dazu, dass im ersten Wahlgang stets eine ganze Reihe von Kandidaten ihr Glück versuchen. Kommunisten, Royalisten, Wichtigtuer und natürlich die Kandidaten der großen Parteien. Es kommt vor, dass außer dem offiziellen Parteikandidaten noch ein weiteres Parteimitglied antritt, ohne Unterstützung der eigenen Partei, sozusagen als Unabhängiger. Bei der vorletzten Wahl erzielte einer von diesen, der sozialistische Abgeordnete Manuel Alegre, sogar mehr Stimmen als der offizielle Kandidat der Sozialisten. Es findet ein munterer Wahlkampf statt und das staatliche Fernsehen Portugals sendet am laufenden Band Diskussionssendungen, bei denen ein Kandidat gegen den anderen in einer Art Duell antritt.

Man fragt sich nur: wozu das Ganze? Der portugiesische Staatspräsident hat, ähnlich wie der deutsche Bundespräsident, fast ausschließlich Repräsentativfunktionen. Er kann vor der Wahl Ankündigungen machen und Programme verkünden, nur, er kann nichts davon umsetzen, wenn er gewählt ist. Es entscheiden die Regierung und das Parlament, nicht der Staatspräsident. Das wird auch immer mehr Portugiesen klar, sodass die Wahlbeteiligung inzwischen auf unter 50 Prozent gefallen ist.

Man sollte sich auch nicht der Illusion hingeben, dass durch die Direktwahl des Staatsoberhauptes neues, dem etablierten Politikbetrieb fern stehendes und integer wirkendes Personal an die Staatsspitze gelangen würde. Zwar haben in Deutschland SPD und Grüne bei den letzten Präsidentenwahlen solche Personen präsentiert – 2009 war es Gesine Schwan, bei den unplanmäßigen Wahlen 2010 und 2012 Joachim Gauck. Als die SPD aber noch stärkste Partei war, stammten ihre Kandidaten ganz »normal« aus dem Parteiestablishment. So ist es auch in Portugal. Alle direkt gewählten Staatspräsidenten sind ehemalige Regierungschefs. Und in der Regel wählten die Portugiesen als Staatspräsidenten einen Politiker derjenigen Großpartei, die gerade nicht die Regierung stellte.

Mag sein, dass das in Deutschland anders liefe. Aber auch das würde nicht viel ändern. Denn das Bundespräsidentenamt ist ein Repräsentativ-Amt ohne wirkliche Funktion und Befugnisse. Man könnte es problemlos abschaffen und so einiges an Geld sparen, ohne dass es besonders auffallen würde. Die Schweiz zum Beispiel hat gar keinen Präsidenten. Die einzelnen Minister nehmen abwechselnd für ein Jahr die Repräsentativfunktion wahr. Es klappt genauso gut und ist viel billiger. Es wäre nun ziemlich grotesk, mit großer Geste der Bevölkerung mehr Rechte zuzugestehen, indem man sie ein Amt direkt wählen lässt, das eigentlich überflüssig ist. Die meisten, die ernsthaft die Direktwahl des Bundespräsidenten wollen, fordern daher gleichzeitig auch eine Ausweitung seiner Befugnisse. Anders als in den USA oder in Frankreich, wo der direkt gewählte Präsident tatsächlich eine Menge zu sagen hat, haben wir aber schon die Bundeskanzlerin, mit der ein starker

Bundespräsident in Konkurrenz treten würde. Statt ein bedeutungsloses Amt aufzuwerten, könnte man nun ja direkt die wichtigen Ämter vom Volk wählen lassen. Den Bundeskanzler oder zumindest als Anfang die Ministerpräsidenten der Bundesländer. Letzteres fordert zum Beispiel der durch zahlreiche Buchveröffentlichungen bekannte Hans Herbert von Arnim, ehemals Rektor der Hochschule für Verwaltungswissenschaften in Speyer.

Auch hier käme man allerdings nicht darum herum, den direkt gewählten Ministerpräsidenten mehr Rechte zu geben, als sie zurzeit haben. Von Arnim spricht denn auch davon, man solle auf Landesebene von der parlamentarischen zur Präsidialdemokratie übergehen. Es ist ja in der Tat nicht sehr sinnvoll, einen Ministerpräsidenten direkt zu wählen, die Minister aber vom Landtag wählen zu lassen. Bei unterschiedlichen Mehrheiten wären Konflikte vorprogrammiert. Auch würde es wenig Sinn ergeben, dem Landtag das Recht zur Abberufung der Regierung zu lassen. Sonst könnte eine konservative Landtagsmehrheit einen linken Ministerpräsidenten schlicht wieder abwählen und damit die Direktwahl durch die Bevölkerung unterlaufen.

Aber was bliebe dem Landtag dann noch? Natürlich die Möglichkeit, Gesetze zu verabschieden. Hiergegen wendet Frank Decker in einem Artikel in der Wochenzeitung DIE ZEIT zu Recht ein, dass die »Hauptaufgabe im deutschen Föderalismus traditionell in der Ausführung der Bundesgesetze liegt und nicht in der Gesetzgebung«. Ohnehin hätten die Länder nur ein Politikfeld, auf dem sie eigenständig gestalten könnten: die Bildungspolitik. Die Länderparlamente verabschieden natürlich auch den Haushalt, freilich nur einmal im Jahr und in einigen Bundesländern sogar nur alle zwei Jahre. Richtig viel ist das nicht. Wenn man den Landtagen das Recht nimmt, die Regierung zu wählen, sie zu kontrollieren und nötigenfalls auch wieder abzuwählen, nimmt man ihnen also einen Großteil ihrer Lebensberechtigung. Kein Wunder, dass von Arnim die Forderung nach der Wahl der Ministerpräsidenten durch das Volk mit dem Vorschlag verbindet, die Landtage mit ihren hauptamtlichen Abgeordneten durch Freizeitparlamente zu ersetzen, ähnlich den Stadträten. Der Ministerpräsident soll vom Landtag möglichst wenig eingeschränkt werden.

Von Arnim spricht von »kraftvollem Regieren«, das nötig sei. Solche Forderungen sind sicherlich populär, weil sie an der Auffassung anknüpfen, wenn nur der richtige Mann an der Spitze stehe und nicht von Parteiinteressen ausgebremst werde, könne er die Dinge schon richten. Der heimlichen Sehnsucht der Bevölkerung nach einem kraftvollen Regierungschef hat sicher auch Bodybuilder und Filmstar Arnold Schwarzenegger bei der Wahl genützt. Klar, dass einige Wähler Kaliforniens zumindest unterbewusst den Terminator im Sinn hatten, als sie für Schwarzenegger stimmten.

Überhaupt sind die amerikanischen Präsidenten- und Governeurswahlen eher abschreckend. Es gibt in der Regel nur zwei chancenreiche Kandidaten, auf die sich die ganze Aufmerksamkeit konzentriert. Sie sind keine Unabhängigen oder Quereinsteiger, sondern führende Politiker ihrer Parteien. Auch in den USA erfüllt sich die Hoffnung auf neues politisches Personal durch Direktwahl nicht.

Da viele Wähler ohnehin parteipolitisch festgelegt sind, konzentrieren sich Wahlkampf und Medienberichterstattung auf die eher unpolitischen Wähler. Es geht dann in erster Linie um persönliche Eigenschaften und Besonderheiten der Kandidaten. Wie geht er mit seinen Kindern um? Wie verhält sich der Ehepartner? Die Berichte über die Fernsehdebatten der Kandidaten ähneln der Sportberichterstattung. Im ersten Teil konnte Kandidat A durch Schlagfertigkeit punkten, später landete Kandidat B argumentativ einige schwere Treffer ... Schwer vorstellbar, dass auf diese Art und Weise wirklich der für die Regierung kompetenteste Politiker gefunden werden kann. In der Tat kann man immer wieder bei amerikanischen Wahlen beobachten, dass die zur Wahl stehenden Personen geradezu messianisch verehrt werden, während sich ein bis zwei Jahre später eine gewisse Ernüchterung breit macht, die oft von tiefer Enttäuschung abgelöst wird.

Der Politikwissenschaftler Werner Reutter vermutet hinter der Popularität der Direktwahl die »Sehnsucht nach dem kräftigen politischen Führungsfiguren, nach Durchregieren und nach einfachen Lösungen. Sie ist gepaart mit einer tiefsitzenden Verachtung gegenüber den politischen Parteien und dem mühseligen demokratischen Entscheidungsprozess« (zitiert nach Wagner 2011: 104). Daran fühlt man sich bei den Vorstellungen des Historikers Manfred Pohl erinnert, der viele Jahre das *Historische Institut der Deutschen Bank* leitete und später bei der Gründung des *Frankfurter Zukunftsrates* und des *Konvents für Deutschland* eine wichtige Rolle spielte. Pohl tritt dafür ein, dass der Bundeskanzler direkt vom Volk gewählt wird und die Minister ernennt. Er wünscht sich, dass der Staat effektiv und autoritär wie ein Unternehmen geführt wird. Die »Repräsentanten müssten klare und kompetente Entscheidungen fällen«. Er ärgert sich darüber, dass viele Initiativen und Gruppen mit ihren Interessen bei den Entscheidungen berücksichtigt werden wollen, »was unternehmensstrategisch eine Katastrophe ist« (ebd.).

Dem Basisdemokraten sträuben sich bei all dem die Haare. Die Vorstellung, dass ein vom Parlament unabhängiger Regierungschef, vom Volk gewählt und gestützt auf gelegentliche Plebiszite, mit starker Hand den Staat führt, ist ein klassisches autoritäres Konzept. Solche Regierungen sind selten zu einem Interessenausgleich der verschiedenen Bevölkerungsgruppen fähig, und es gibt viele historische Beispiele dafür, dass die starke Position des Präsidenten zur Verfolgung persönlicher Interessen genutzt wurde. Sicherlich erfolgt nach der Direktwahl die Kontrolle ein Stück weit durch die Bevölkerung selbst, die das Recht zum *Recall* hat oder zumindest haben sollte, also zur vorzeitigen Abwahl des Regierungschefs durch ein Volksvotum. Doch ist dies ein aufwändiges Verfahren, was nur bei wirklich großen Verfehlungen der Regierung zum Tragen kommt – und auch nur dann, wenn sie bekannt werden. Für die kontinuierliche kontrollierende Begleitung der Regierungsarbeit ist das Parlament mit seinen Ausschüssen, Fragestunden und Plenardebatten das richtige Gremium. Diese Kontrolle kann das Parlament aber nur wirksam umsetzen, wenn es auch gewisse Machtmittel in der Hand hat.

Die Befürworter der Direktwahl meinen allerdings, dass das Parlament sogar wirksamer würde. Denn die stärksten Fraktionen des Parlaments, die Regierungsfraktionen, fallen bei der Kontrolle aus, weil sie zur Loyalität gegenüber der Regierung verpflichtet sind. Die Wahl des Regierungschefs durch das Volk würde sie von dieser Loyalität entbinden. Sie könnten dann, wie jetzt schon die Opposition, ohne Scheu die Regierung kritisieren. Das Parlament würde also eher stärker als schwächer, wenn es nicht mehr die Regierung wähle.

Schwer vorstellbar, dass dieses Konzept aufgeht. Die Regierungschefs sind meist auch Parteivorsitzende, zumindest haben sie eine dominante Stellung in der Partei. Sie haben großen Einfluss auf die Kandidatenliste und können dafür sorgen, dass Kritiker bei der nächsten Kandidatenkür auf einem aussichtslosen hinteren Platz landen. Es ist nicht zu erwarten, dass sich durch die Direktwahl an dieser Machtposition etwas ändern würde. Außerdem: Was nützt es, wenn das Parlament die Regierung kritisiert, aber keine Mittel hat, um Konsequenzen aus der Kritik einzufordern? Ein Parlament, dem das wichtigste Machtmittel genommen ist, nämlich notfalls eine neue Regierung wählen zu können, ist in einer schwachen Position.

Dass die Forderung nach einem starken, unabhängigen Regierungschef trotzdem populär ist, liegt nicht zuletzt daran, dass die Parlamente bei vielen Bürgern nicht gut angesehen sind. Die Bürger glauben, dass die Abgeordneten mehr an ihren eigenen Interessen als am Wohl der Bevölkerung interessiert sind, und dass viele Entscheidungen nicht nach Sachkriterien, sondern nach Parteitaktik getroffen werden. Leider ist diese Kritik an der Abgehobenheit der Abgeordneten zwar oft übertrieben, trifft aber im Kern durchaus zu. Daher ist es notwendig, die Parlamente selbst zu renovieren und sozusagen volksnäher zu machen. Sicherlich nicht die alleinige Lösung, aber ein wichtiger Schritt in diese Richtung besteht in der Änderung des Wahlrechts für die Parlamentarier. Die Direktwahl der Exekutive einschließlich des Bundespräsidenten ginge einher mit einer relativen Unabhängigkeit der Exekutive vom Parlament. Was die Bevölkerung an Einfluss gewinnt, ginge dem Parlament an Kontrollmöglichkeit verloren. Keine gute Lösung. Nicht die Exekutive, stattdessen aber die Abgeordneten vom Wahlvolk direkt wählen zu lassen, ist der bessere Weg.

Direktwahl der Abgeordneten – Kumulieren und Panaschieren

In Deutschland gab es in den letzten Jahren diverse, in Hamburg und Bremen auch erfolgreiche Initiativen, durch Veränderungen des Wahlrechts die Abgeordneten unabhängiger von ihrer Partei zu machen und stärker an die Wähler zu binden. Die Sache nahm ihren Anfang im Jahr 2001 in Hamburg. Damals meldeten Mitglieder des Vereins Mehr Demokratie eine Volksinitiative für ein neues Bürgerschaftswahlrecht an. Im Zentrum stand zum einen die Einführung von Wahlkreisen, in denen – anders als bei der Bundestagswahl – drei bis fünf Abgeordnete direkt gewählt werden sollten. Diese »*Mehrmandatswahlkreise*« machen es auch für kleine Parteien attraktiv, Kandidaten im Wahlkreis aufzustellen. Denn bei fünf Mandaten pro Wahlkreis können weniger als zehn Prozent der Stimmen schon für ein Direktmandat reichen, was auch kleine Parteien schaffen können.

Neben den Wahlkreisen sollte es in Hamburg weiterhin eine Landesliste geben. Darin ähnelte das neue Wahlrecht also dem Bundestagswahlrecht. Das Besondere war aber: Die Wähler sollten nicht nur eine *Erststimme* und eine *Zweitstimme* vergeben, sondern sowohl im Wahlkreis als auch für die Landesliste jeweils fünf Stimmen. Also fünf *Erst-*

stimmen für Wahlkreiskandidaten und fünf *Zweitstimmen*. Diese fünf Stimmen sollten frei verteilbar sein – sowohl unter den verschiedenen Parteien als auch unter den einzelnen Personen auf den Kandidatenlisten. Beispielsweise sollten die Wähler alle fünf Stimmen einem einzigen Kandidaten geben können, wenn ihnen dieser besonders wichtig war. Oder sie sollten auf den Listen aller Parteien die fünf Kandidaten heraussuchen können, die Themen behandelten, die ihnen am Herzen lagen. Die sich zum Beispiel für direkte Demokratie einsetzten. Kandidaten, die viele Personenstimmen sammeln, würden ein Mandat erhalten, selbst wenn sie einen schlechten Listenplatz hatten. Diese Art zu wählen, ist den meisten Bundesbürgern bereits bekannt. Man nennt sie *Kumulieren und Panaschieren* und sie wird in zwölf der sechzehn Bundesländer in der einen oder anderen Form bei Kommunalwahlen praktiziert.

In Hamburg sollte das Kumulieren (Anhäufen, mehrere Stimmen pro Kandidat) und Panaschieren (Mischen, verschiedene Parteien bekommen Stimmen) aber erstmals bei einer Landtagswahl Anwendung finden. Verschiedene kleinere Parteien unterstützten das Vorhaben – SPD und CDU lehnten es ab. Zunächst scheiterte die Unterschriftensammlung, später starteten die Initiatoren aber noch einmal und schafften nun tatsächlich die erforderliche Unterschriftenzahl für die Einleitung eines Volksentscheids. Im Volksentscheid selber stimmten dann 67 Prozent der Wähler dem Vorschlag zu. Man kann davon ausgehen, dass nicht alle bis ins Detail verstanden hatten, wofür sie da stimmten. Es ging ihnen schlicht um mehr politischen Einfluss, und die Wahlrechtsreform war ein Schritt in diese Richtung.

Leider war die Sache damit noch nicht ausgestanden. Je näher die nächsten Wahlen rückten, desto dringlicher wurden die Wünsche vor allem bei den großen Parteien, das Wahlgesetz wieder zu ändern. Im Oktober 2006 setzte die CDU-Mehrheitsfraktion gegen die gesamte Opposition eine Änderung im Parlament durch. Zwar sprach man von kleinen Anpassungen, *de facto* betrafen diese aber den Kern. Eigentlich unglaublich. Das Wahlvolk beschließt in einem Volksentscheid neue Regeln, nach denen es wählen will. Die nach den alten Regeln Gewählten schaffen die neuen einfach wieder ab, um ihre Wiederaufstellung zu sichern.

Nach viel Hin und Her und einem weiteren Volksbegehren setzte sich die Initiative schließlich durch, und 2011 wurde in Hamburg tatsächlich mit diesem, gegenüber der Anfangsversion nur leicht veränderten,

Wahlrecht gewählt. Ein ganz ähnliches Wahlrecht wurde auch in Bremen eingeführt, ebenfalls in Folge eines Volksbegehrens.

Die Hamburger Bürger sind mit ihrem neuen Wahlrecht ganz zufrieden. In einer repräsentativen Nachwahlbefragung meinten fast drei Viertel der Befragten, es stärke den Einfluss der Wähler. 55 Prozent finden das neue Wahlrecht *viel besser* oder *eher besser*. Obwohl etwa die Hälfte der Befragten über die Kompliziertheit des neuen Wahlrechts mit seinen zweimal fünf Stimmen klagt, meint nur jeder fünfte Hamburger, es sei schlechter als das frühere Wahlrecht. Auch die Bremer äußerten sich nach der Wahl überwiegend positiv.[14]

In der Schweiz, Luxemburg und Finnland gibt es solche Wahlrechte in etwas anderer Form schon lange. Diese Länder praktizieren die so genannte *freie Liste* auf allen politischen Ebenen. In der Schweiz sieht das so aus: Der Stimmzettel ist ein Heft oder Block. Vorne befindet sich ein Inhaltsverzeichnis, in dem die verschiedenen Parteien mit Seitennummern aufgeführt werden. Geht man zur Seite der gewünschten Partei, findet man dort alle Kandidaten in der Reihenfolge, wie die Partei sie auf ihrer Mitgliederversammlung beschlossen hat. Der Wähler kann nun Namen von Kandidaten, die ihm nicht genehm sind, durchstreichen. Namen anderer Kandidaten kann er ein zweites Mal auf den Zettel schreiben (kumulieren). Unten auf der Seite sind einige freie Zeilen. Dort kann er auch handschriftlich die Kandidaten anderer Parteilisten eintragen, die er gern im Parlament sähe (panaschieren). Vorne, direkt nach dem Inhaltsverzeichnis, gibt es eine ganz freie Seite, auf die der Schweizer nach Gutdünken Namen von Kandidaten aus allen Listen schreiben darf und sich so seine Wunschliste zusammenstellen kann. Insgesamt darf er so viele Kandidaten aufschreiben oder ankreuzen, wie sein Kanton Abgeordnete ins Parlament schickt. Aus Luzern zum Beispiel kommen zehn Abgeordnete im Nationalrat. Also haben die Luzerner Wähler zehn Stimmen zu vergeben. Ist alles erledigt, wird die benutzte Seite aus dem Block herausgerissen und in die Urne gesteckt, beziehungsweise in den Wahlumschlag bei Briefwahl. Es klingt vielleicht ein bisschen verwirrend, klappt aber in der Schweiz seit Jahrzehnten ausgezeichnet. Noch origineller sind die Wahlrechte einiger angelsächsischer Länder, bei denen die Wähler entsprechend ihren politischen Vorlieben die Kandidaten durchnummerieren.

---

[14] Siehe hierzu die Wahlrechtsstudien von Jakobeit und Probst, beide aus dem Jahr 2011.

Die »sicheren Listenplätze«

Der große Vorteil dieser personalisierten Wahlrechte ist, dass es keine oder zumindest recht wenige »sichere Listenplätze« gibt. Was ist damit gemeint?

Bekanntlich stehen bei Parlaments- oder Gemeinderatswahlen die Namen aller Kandidaten auf einer Parteiliste. Es muss nicht unbedingt eine Partei sein. Besonders in Baden-Württemberg dominieren bei Kommunalwahlen die so genannten Freien-Wähler-Listen. In jedem Fall aber muss auf einer Mitgliederversammlung eine Kandidatenliste beschlossen werden, egal ob Partei oder Wählervereinigung. Dabei geht es um zwei zentrale Fragen: Erstens: Wer darf auf die Kandidatenliste? Und zweitens: Welchen Platz auf der Liste bekommt er? Bei der Frage, wer auf die Liste darf, sind die Parteien in der Regel großzügig. Es kommt in der Tat ja fast einem Rauswurf gleich, einem Mitglied die Kandidatur auf der Liste der eigenen Partei abzuschlagen, zumindest wäre es Ausdruck tiefen Misstrauens. Die Mitglieder beschließen mit der Kandidatenliste aber gleichzeitig eine Rangfolge, bei der die ihrer Meinung nach Besten ganz oben stehen und Spitzenplätze bekommen, während diejenigen, die man lieber nicht als Vertreter der Partei in der Öffentlichkeit sehen möchte, die letzten Plätze belegen.

Wenn diese Listenreihenfolge vom Wähler nicht mehr verändert werden kann, spielt sie eine entscheidende Rolle für die Chancen der Kandidaten, wie man an einem einfachen Beispiel sehen kann. Angenommen, bei der Wahl zu einem Parlament mit hundert Abgeordneten erhält eine Partei zehn Prozent der Stimmen. Sie bekommt also zehn Mandate – es können auch elf oder zwölf sein, falls andere Parteien an der Fünf-Prozent-Klausel scheitern. Die zehn Mandate erhalten die Kandidaten eins bis zehn auf der Liste. Platz elf und zwölf können noch hoffen nachzurücken, falls einer der ersten zehn zum Beispiel Minister wird und sein Mandat zurückgibt. Der Kandidat auf Platz 13 geht aber sicherlich leer aus. Er hätte nur dann eine Chance, wenn seine Partei statt zehn Prozent zwölf oder dreizehn Prozent erzielte. Man könnte also annehmen, dass er hoch motiviert in den Wahlkampf geht. Allerdings: Auch noch so viel Einsatz einer einzelnen Person im Wahlkampf dürfte kaum dafür sorgen, dass die Partei circa ein Drittel Stimmen mehr erhält. Ein schlauer Kandidat sollte also seine Energie lieber darauf verwenden, von vornherein nicht so sehr das Wahlergebnis der Partei, sondern sein persönliches Wahlergebnis zu verbessern und einen Platz unter den ersten zehn, besser noch unter den ersten acht, auf der Liste zu ergattern. Denn auf einem dieser Plätze wird er sicher ins Parlament einziehen, sofern die Partei einigermaßen im üblichen Rahmen abschneidet – ein *sicherer Listenplatz.*

Daher gibt es in den Wochen, wenn nicht Monaten, vor der Listenaufstellung in den Parteien nur ein einziges Thema: die Listenreihenfolge. Dabei wird intrigiert, manipuliert und antichambriert. In aller Regel mit klaren Ergebnissen. Ich selbst war viele Jahre Mitglied der Grünen, einer Partei, bei der es bei der Listenaufstellung noch einigermaßen demokratisch zuging. Trotzdem wusste ich stets schon am Abend vor der Mitgliederversammlung, wer die sicheren Listenplätze bekommen würde. Jedenfalls mit 90-prozentiger Sicherheit.

Der Vorstand gibt nämlich in aller Regel eine Empfehlung, wen die Mitglieder wählen sollen. Früher wurde diese Empfehlung als Liste ausgedruckt den Delegierten in die Hand gegeben. Manchmal wurde dann auch noch offen abgestimmt. Wer nicht entsprechend der geplanten Reihenfolge stimmte, machte sich beim Vorstand recht unbeliebt. Seit in Hamburg aber einmal eine Bürgerschaftswahl wiederholt werden musste, weil ein Kandidat der CDU die undemokratische Listenaufstellung vor Gericht anfocht und Recht bekam, macht man es etwas heimlicher. Zumindest diejenigen, die kandidieren wollen, wissen aber sehr wohl, wen der Vorstand für jeden einzelnen halbwegs sicheren Listenplatz vorgesehen hat, und verzichten auf eine Gegenkandidatur, in der Hoffnung, bei passender Gelegenheit eine Kompensation zu erhalten. Meist werden zumindest die vorderen Plätze einer Liste ohne Gegenkandidatur gewählt. Der Vorstand einer Partei hat nach wie vor viele Möglichkeiten, politisch unkorrekte Kandidaten auf einen aussichtslosen Listenplatz zu verbannen.

Personalisiertes Wahlrecht: Wähler verändern die Listenreihenfolge

So erging es zum Beispiel einem der bekanntesten grünen Bundespolitiker, Christian Ströbele. Er wurde 1998 für die Bundestagswahl auf einen aussichtsreichen Listenplatz gewählt und zog in den Bundestag ein. Dort überwarf er sich recht bald mit dem damaligen starken Mann der Grünen, dem Außenminister Joschka Fischer. Bei der nächsten Listenaufstellung war nur noch einer der hinteren Listenplätze für den profilierten Pazifisten drin. Doch Ströbele versuchte das Unmögliche: als Vertreter einer kleinen Partei einen Bundestagswahlkreis zu gewinnen, nämlich in Berlin-Kreuzberg. Tatsächlich gelang es ihm als erstem Grünen, ein Direktmandat zu erringen. Die Wähler hatten faktisch die Listenaufstellung der Partei korrigiert. Die Stimmen für Ströbele waren nicht allein Zustimmung zu seiner Politik, sondern auch ein Signal gegen die Selbstgefälligkeit der grünen Parteiführung. Einer von Ströbeles Wahlkampfslogans lautete denn auch: *Ströbele wählen heißt Fischer quälen*. Das kam gut an.

Ähnlich war es viele Jahre früher schon der FDP-Politikerin Hildegard Hamm-Brücher ergangen. Weil sie auch vor Kritik am damaligen FDP-Vorsitzenden Theodor Heuss nicht zurückschreckte, kam sie bei der Kandidatur zum bayrischen Landtag nur auf einen aussichtslosen Listenplatz. Da die Bayern bei der Wahl zum Landtag aber eine Personenstimme, die »Präferenzstimme«, vergeben können, korrigierten sie das Votum der Parteiversammlung und wählten Hamm-Brücher mit ihren Personenstimmen in den Landtag. Von dort wechselte sie in den Bundestag und wurde 1976 Staatsministerin im Auswärtigen Amt, kandidierte später sogar für das Amt des Bundespräsidenten.

Ströbele und Hamm-Brücher profitierten davon, dass die jeweiligen Wahlrechte eine Personalisierungskomponente hatten, im Fall des Bundestagswahlrechts die Wahlkreise, beim bayrischen Landtag die Präferenzstimme. In beiden Fällen ist die Möglichkeit der Personalisierung aber nur sehr schwach ausgeprägt. Die neuen Bremer und Hamburger Wahlrechte geben den Wählern weit mehr Einfluss auf die personelle Zusammensetzung der Parlamente. Hier können sie die Listenreihenfolge durcheinanderbringen, indem sie Personen auf der Liste direkt ankreuzen, wenn sie wollen sogar fünfmal, und diesen damit bei der Mandatszuteilung einen Vorteil verschaffen.

Mit der Personenwahl veränderte sich für die Kandidaten eine Menge: War früher ausschließlich ein guter Listenplatz von Bedeutung, wofür ein gutes Standing innerhalb der Partei wichtig war, so müssen sie nun diesen Listenplatz auch gegenüber den Wählern verteidigen. Mitglieder, die nicht den Hauch einer Chance auf einen guten Listenplatz haben, können trotzdem antreten und gewählt werden, wenn sie aus irgendeinem Grund bei den Wählern bekannt und beliebt sind, zum Beispiel als Gewerkschafter oder als Sprecher einer Bürgerinitiative.

Erfahrungen mit Kumulieren und Panaschieren

Zugegeben: Bekanntheit ist nicht immer ein politisches Qualitätskriterium. Tatsächlich wurde in der hessischen Stadt Gießen 2001 ein lokaler Karnevalsfürst, der als *Gießener Original* durch zahlreiche Soloauftritte bekannt geworden war, in den Stadtrat gewählt. So etwas ist aber die Ausnahme. Wie man aus Untersuchungen der Kommunalwahlen weiß, wählen die Bürger in aller Regel Personen, die sie kennen und denen sie vertrauen. Also Personen, die schon lange kommunalpolitisch aktiv sind und integer wirken, zum Beispiel Ärzte, aber auch Polizeibeamte und Lehrer. Abgesehen von dem erwähnten Komiker machten zwei engagierte Schulleiter damals in Gießen den größten Sprung nach vorne auf der Liste ihrer Partei – viele Eltern kannten sie offenbar, vertrauten ihnen und wollten sie im Stadtrat sehen. Es spielt dabei keine besondere Rolle, ob die Kandidaten nach amerikanischem Vorbild einen finanziell aufwändigen persönlichen Wahlkampf betreiben. Auf kommunaler Ebene kommt das ohnehin kaum vor.

Natürlich klappen personalisierte Wahlrechte in kleinen Gemeinden besonders gut. Dort gibt es persönliche Bekanntschaften, dort herrscht auch mehr Kontinuität als in den Großstädten, in denen viele oft nur kurz zum Studieren oder Arbeiten wohnen. Trotzdem funktioniert das Kumulieren und Panschieren auch dort, wird aber von den Bürgern seltener angewendet. In den meisten Bundesländern können die Bürger bei Kommunalwahlen selbst entscheiden, ob sie traditionell nur die Partei wählen wollen, also *Listenstimmen* vergeben, oder ob sie auch Personen wählen wollen und *Personenstimmen* vergeben. Wenn man die Zahl der Listenstimmen mit der Zahl der Personenstimmen vergleicht, kann man also gut abschätzen, ob den Wählern Personenwahl wichtig ist und wie oft sie die Möglichkeit, Personen direkt zu wählen, tatsächlich nutzen. In kleinen bayrischen Gemeinden tun das um die 90 Prozent. In Großstädten sind es in der Regel etwa 30 bis 40 Prozent. Bei der Hamburger Bürgerschaftswahl 2011 wurden 47 Prozent aller Stimmen für Personen abgegeben und die anderen 53 Prozent als Listenstimme.

Die Personenstimmen führen dazu, dass die Parlamente beziehungsweise die Gemeinderäte anders zusammengesetzt sind, als es die Parteien geplant hatten. Natürlich nicht völlig anders, die beliebtesten Politiker werden von den Parteien meist oben auf die Liste gesetzt, und in aller Regel erhalten sie von den Wählern auch viele Personenstimmen.

Aber beispielsweise in Brandenburg werden etwa 30 Prozent der Gemeindevertreter von einem hinteren Listenplatz in den Gemeinderat gewählt. Beinahe jeder dritte Gemeindevertreter wäre also bei einem Wahlsystem ohne Personenwahl leer ausgegangen. Auch fast jeder fünfte Hamburger Bürgerschaftsabgeordnete ist jemand, den die jeweilige Parteiführung nicht so gerne im Parlament sieht, dass sie ihm einen vorderen Listenplatz zugestanden hätte.

Im Frühjahr 2011 fand in Bremen die erste Bürgerschaftswahl statt, bei der die Wähler mit fünf Stimmen Personen direkt wählen konnten. Sie zeigte anschaulich, wie dieses Wahlverfahren in der Lage ist, Machtstrukturen in den Parteien zu verändern. In der Stadt Bremen kam fast ein Viertel aller Abgeordneten nur durch das neue Wahlrecht ins Parlament. Mustafa Öztürk beispielsweise stand auf einem aussichtslosen Listenplatz bei den Grünen. Er erhielt aber mehr Personenstimmen als die gesamte grüne Prominenz mit Ausnahme der Senatoren. Seine Familie betreibt einen kleinen Gemüseladen in einem Multikulti-Stadtteil, und das ganze Geheimnis seines Erfolges ist, dass er den Wählern als engagierter, volksnaher Politiker bekannt war. Elombo Bolayela kam vor 20 Jahren als Asylbewerber aus dem Kongo. Er wurde von einem der hinteren Plätze der SPD-Liste in die Bremer Bürgerschaft gewählt und ist vermutlich der erste schwarze Landtagsabgeordnete in Deutschland. Der Verkäufer eines Baumarkts ist Betriebsrat.

In mindestens zwei Fällen durchkreuzten die Wähler mit dem Stimmzettel Pläne der Parteiführung, bekannte, aber aufsässige Abgeordnete mit aussichtslosen Listenplätzen abzustrafen. Peter Erlanson, wegen Frisur und politischer Überzeugung auch als Karl Marx von Bremen bekannt, landete bei der Linkspartei nur auf Platz zwölf der Liste, nachdem er vier Jahre vorher noch Spitzenkandidat gewesen war. Die Wähler hievten den engagierten Betriebsrat mit ihren Personenstimmen wieder ins Parlament. Ähnlich erging es Claas Rohmeyer von der Bremer CDU.

Personen oder Programme wählen?

Gegen personalisierte Wahlrechte wird oft eingewandt, sie führten zur Entpolitisierung. Es komme auf Programme an, nicht auf Personen. Führe man die Personenwahl ein, entschieden die Wähler nicht nach politischen Inhalten, sondern nach Sympathie. Bei einem Teil der Wähler ist das wohl schon jetzt der Fall: Sie entscheiden danach, ob ihnen der Spitzenkandidat sympathisch ist. Zukünftig werden sie vielleicht danach entscheiden, ob ihnen ein Kandidat aus dem hinteren Bereich der Liste sympathisch ist.

Im Allgemeinen kann man aber nicht sagen, dass Personenwahl unpolitisch sei. Die meisten Wähler verteilen alle ihre Stimmen auf die Kandidaten einer einzigen Partei. Sie entscheiden sich also ganz normal zunächst für eine Partei. Zu der Entscheidung für die Partei kommt dann die Entscheidung für bestimmte Personen eben dieser Partei hinzu. Das ist nicht unpolitisch, im Gegenteil. Die Wähler wollen Personen, denen sie zutrauen, die Politik der Partei auch umzusetzen.

Die traditionelle Vorstellung von der Programmpartei ist ohnehin recht überholt. Bei den beiden großen deutschen Volksparteien CDU und SPD sind gravierende programmatische Unterschiede schwer auszumachen. Wenn man bedenkt, dass die größten Einschnitte ins soziale Netz, verbunden mit dem Begriff *Hartz IV*, unter einer sozialdemokratischen Kanzlerschaft stattfanden, ist es sogar schwierig zu sagen, welche der beiden Großparteien die linkere ist. In den letzten Jahren versucht die CDU mit klassischen linken Themen wie *Mindestlohn* und *Tobin-Steuer* Punkte zu sammeln.

In manchen zentralen Fragen sind sich nicht nur die großen, sondern alle deutschen Parteien einig. Zum Beispiel sind alle der Meinung, der Klimawandel sei menschengemacht und man müsse darauf mit einer Umgestaltung der Wirtschaft und der Lebensweise antworten. Eine Überzeugung, die viele ausländische Regierungen, aber auch etliche Wissenschaftler, keineswegs teilen. Alle Parteien sind für die Europäische Union und den Euro – viele Bürger nicht. Alle größeren Parteien mit Ausnahme der Linken halten Militäreinsätze mit Beteiligung deutscher Soldaten für legitim – eine Auffassung, die noch vor 30 Jahren undenkbar war. Während die Unterschiede zwischen den Parteien eher geschrumpft sind, wuchsen die Differenzen innerhalb der Parteien. Man findet in allen größeren Parteien (mit Ausnahme der Linken) Wirtschaftsliberale und ausgeprägte Sozialpolitiker. Jede Partei hat in ihren Reihen leidenschaftliche Befürworter und eingefleischte Gegner eines bedingungslosen Grundeinkommens. Ein überzeugter Pazifist wird in allen Parteien einzelne Politiker finden, die gegen Militäreinsätze sind. Wenn er nur Parteien als Ganze wählen kann, wird er seiner politischen Überzeugung keinen differenzierten Ausdruck verleihen. Das ermöglicht nur die gezielte Auswahl von Personen.

One man – eighty votes

Ein anderes, oft gehörtes Argument gegen personalisierte Wahlrechte ist, sie würden die Wähler überfordern. Tatsächlich sind die Stimmzettel verglichen mit den von der Bundestagswahl bekannten eine ziemliche Herausforderung. Wenn ich Personen wählen will, müssen die Namen der Kandidaten natürlich alle auf dem Stimmzettel stehen – wie sollte ich sonst einen Kandidaten ankreuzen? Da die Parteien je nach Größe des Parlaments und erhoffter Mandatszahl etliche Dutzend Kandidaten aufstellen, und zwar jede Partei, erreicht bei der Kommunalwahl in München der Stimmzettel die Größe einer aufgeschlagenen Zeitung. Zudem kann jeder Wähler hier sage und schreibe 80 Stimmen vergeben. Immerhin wird nach diesem Wahlrecht schon seit vielen Jahrzehnten ein Stadtrat gewählt, es funktioniert also. Es sind auch keine Klagen von Bürgern über das zu komplizierte Wahlrecht bekannt.

Die Frage, ob ein Wahlrecht zu kompliziert ist, wird in der Regel an zwei Punkten festgemacht: der Wahlbeteiligung und der Zahl der ungültigen Stimmen. Wenn die Wahlbeteiligung niedrig ist und die Zahl der ungültigen Stimmen hoch, lässt sich vermuten, dass das Wahlrecht schwierig ist. Als in Hamburg 2011 zum ersten Mal nach dem neuen Wahlrecht gewählt wurde, ging die Wahlbeteiligung in der Tat von 63,5 Prozent auf 58 Prozent zurück. In München mit seinem Riesenstimmzettel gingen 2009 gerade mal 48 Prozent zur Wahl.

Das scheint ziemlich klar für die Auffassung zu sprechen, dass die Wähler auf komplizierte Wahlrechte keine Lust haben. Schaut man allerdings genauer hin, stellt man rasch fest, dass der Rückgang der Wahlbeteiligung mit den Wahlrechtsänderungen gar nichts zu tun hat, sondern einem allgemeinen Trend entspricht. In München zum Beispiel betrug die Wahlbeteiligung 1990 noch 65 Prozent – das Wahlrecht war das gleiche. Insgesamt lag in Bayern die Wahlbeteiligung bei Kommunalwahlen im Durchschnitt bei knapp 60 Prozent, trotz eines recht aufwändigen Wahlrechts. In Nordrhein-Westfalen, mit einem ganz simplen Wahlrecht, gingen 2009 nur 52 Prozent hin. Seit der Einführung des Mehrstimmenwahlrechts bei den Kommunalwahlen in Rheinland-Pfalz 1989 ging die Wahlbeteiligung um 22 Prozent zurück. Im etwa gleichen Zeitraum fiel aber die Wahlbeteiligung bei den Landtagswahlen auch um 19 Prozent, obwohl hier unverändert nach einem ganz einfachen Wahlsystem gewählt wird. In Bremen ging die Wahlbeteiligung nach Einführung des Fünf-Stimmen-Wahlrechts um zwei Prozent zurück. Bei den vorangegangenen Wahlen hatte der Rückgang vier Prozent betragen, obwohl nichts am Wahlrecht geändert wurde.

Die geringe Bedeutung des Wahlrechts für die Wahlbeteiligung zeigen auch Umfragen. Nach der Wahl 2011 in Hamburg wurden Nichtwähler befragt, ob sie das Wahlrecht zu kompliziert fänden. Nur sieben Prozent antworteten, das erstmals angewendete Wahlrecht sei der entscheidende Grund für ihre Nichtteilnahme gewesen. Drei Viertel der befragten Nichtwähler sagten dagegen klipp und klar, das Wahlrecht habe mit ihrer Wahlverweigerung nichts zu tun gehabt (Jakobeit 2011: 132; 139). Dass die Wahlbeteiligung durch personalisierte Wahlrechte spürbar zurückgeht, stimmt schlicht nicht. Allerdings haben sich auch die Hoffnungen nicht erfüllt, dass die Personenwahl möglicherweise mehr Wähler an die Urnen locken könnte.

Bei den ungültigen Stimmen, das muss man allerdings zugeben, sind die Mehrstimmenwahlrechte schlechter. In Bayern waren bei den Kommunalwahlen im Jahr 2008 3,8 Prozent der Stimmzettel ungültig, in Nordrhein-Westfalen 2009 nur 1,9 Prozent. Selbst wenn sie nur bis fünf zählen müssen, haben manche Wähler offenbar Schwierigkeiten. Das zeigte sich ziemlich klar 2011 in Hamburg, als das Kumulieren und Panaschieren mit fünf Stimmen bei der Landesliste eingeführt wurde. Die Zahl der ungültigen Stimmen stieg auf 3,1 Prozent. Bei der Wahl vorher hatten die Wähler für die Landesliste nur eine Stimme zu vergeben und nur ein Prozent der Stimmzettel war ungültig. Man muss also bei personalisierten Wahlrechten mit einem gut doppelt so hohen Anteil von ungültigen Stimmen rechnen. Das ist zweifellos ärgerlich. Möglicherweise kann durch bessere Information die Zahl noch gesenkt werden.

Einige Bundesländer haben auch so genannte Heilungsregeln in ihre Wahlrechte eingebaut. Wenn sich alle Parteien einig sind, können ungültige Stimmzettel mitgezählt werden, falls der Wille des Wählers klar erkennbar ist. Wenn ein Wähler zum Beispiel mehr Kreuze macht, als er durfte, ist die Stimme eigentlich ungültig. Wenn er alle Stimmen einer einzigen Partei gegeben hat, kann man sich aber darauf verständigen, den Stimmzettel mitzuzählen und dieser Partei die maximal mögliche Stimmenzahl gut zu schreiben. Das senkt die Zahl der ungültigen Stimmzettel. Ein leicht erhöhter Anteil muss aber wohl stets in Kauf genommen werden, wenn die Wähler kumulieren und panaschieren dürfen. Es ist sozusagen der Preis, der für die größeren Einflussmöglichkeiten zu zahlen ist.

Abschied von der Quotierung?

SPD und Grüne versuchen über quotierte Listen, den Frauenanteil in Parlamenten und Gemeinderäten zu erhöhen. Es wird bei den Grünen immer abwechselnd ein Listenplatz mit einem Mann und einer Frau besetzt. Spitzenkandidatin soll immer eine Frau sein, Platz zwei dann ein Mann, Platz drei wieder eine Frau und so weiter. Wenn die Wähler die Listenreihenfolge wieder verändern können, wird dieses System natürlich durcheinander gewürfelt. Die Frauen finden sich möglicherweise hinterher am Ende der Liste wieder, und die Quotierung hat ihnen nichts genutzt. Tatsächlich scheint das in den Dörfern Süddeutschlands auf den CDU- und CSU-Listen öfters so zu passieren. Ein genereller Trend, dass bei Personenwahlen Männer bevorzugt würden, besteht aber nicht.

Einige Untersuchungen über die Auswirkungen der Personenwahl kommen sogar zu dem Ergebnis, dass Frauen davon eher profitieren. In seiner Diplomarbeit hat Timon Gremmels nach den hessischen Kommunalwahlen 2001 drei Gemeinden genauer unter die Lupe genommen. In zwei von ihnen wurden mehr Frauen als Männer auf die oberen Listenplätze hochgewählt, in der dritten gab es keine Veränderung. Die Gießener Grünen hatten beispielsweise auf ihrer Liste auf den ersten sechs Listenplätzen je drei Frauen und drei Männer aufgestellt. Nach dem Auszählen belegten die Frauen vier der ersten sechs Listenplätze.

Zum gleichen Ergebnis kommt Klaus Hofmann in einer Studie für den Verein Mehr Demokratie. Das hessische Wahlrecht sei positiv für Frauen und erleichtere ihnen den Einzug in die Gemeinderäte. Ähnlich, aber schwächer sei der Effekt in Bayern. In Niedersachsen sei das Wahlrecht geschlechterneutral, begünstige Frauen nicht, benachteilige sie aber auch nicht. Bei den Bürgerschaftswahlen 2011 in Bremen und Hamburg hatten weibliche Kandidaten weder Vor- noch Nachteile durch die neuen Wahlrechte. Besonders in Bremen wurden übrigens Kandidaten ausländischer Herkunft klar bevorzugt.

Eine andere Gruppe, die von personalisierten Wahlrechten Vorteile hat, sind Doktoren, insbesondere Ärzte, die in der Bevölkerung ein hohes Ansehen genießen. In kleinen Gemeinden ist der Arzt vielen Wählern natürlich auch persönlich bekannt. Aber ganz allgemein führt ein Doktortitel gleich welcher Disziplin vor dem Kandidatennamen meist dazu, dass derjenige viele Personenstimmen einheimst. Die Wähler meinen offenbar, ein gewisses Maß an Bildung könne für ein öffentliches Amt nur nützlich sein. In Dörfern ist der Effekt höher als in großen Städten, wo man wohl differenziertere Erfahrungen mit promovierten Akademikern hat. Ob sich der positive Einfluss des Doktortitels nach dem Fall Guttenberg auch in Zukunft noch feststellen lässt oder sich gar ins Gegenteil verkehrt, bleibt abzuwarten.

Personalisierte Wahlrechte haben eine Menge positiver Effekte, die Nachteile sind relativ gering. Dass der Bundestag das Wahlrecht im Jahr 2011 2011 und dann auf Geheiß des Bundesverfassungsgerichts nochmal im Februar 2013 verändert hat, ohne den kleinsten Schritt in diese Richtung zu gehen, ist wahrlich eine verpasste Chance. Ärgerlich auch, dass er versäumt hat, das Problem der Fünf-Prozent-Hürde anzugehen.

Fünf-Prozent-Hürde: Vorteile erhalten, Nachteile vermeiden

Viele ärgern sich zu Recht über die Fünf-Prozent-Hürde. Das Aufkommen neuer Parteien wird extrem erschwert, weil die Wähler Angst haben, ihre Stimmen an eine Partei zu verschenken, die es doch nicht ins Parlament schafft. Diese Bedenken sind leider völlig gerechtfertigt. Bei der Europaparlamentswahl 2009 stimmten mehr als zehn Prozent der deutschen Wähler für Parteien, die die Sperrklausel nicht schafften. Die Stimmen dieser Wähler hatten auf die Zusammensetzung des Parlaments keinen Einfluss mehr. Mehr als zehn Prozent der Wähler wurden durch die Sperrklausel faktisch ihres Stimmrechts beraubt, ein haarsträubender Vorgang, der nach Veränderung schrie! Die ist inzwischen erfolgt, denn das Bundesverfassungsgericht hat Ende 2011 die Sperrklausel für die Europawahlen für unzulässig erklärt.

Auf Kommunalebene ist die Hürde längst in allen Bundesländern außer Bremen abgeschafft. Die Abschaffung hat dazu geführt, dass sich zahlreiche lokale Bürgerlisten gebildet haben und die Politik insgesamt bunter und bürgernäher wurde. Es ist ein Irrtum, zu glauben, dass die Abschaffung der Fünf-Prozent-Hürde vor allem neofaschistischen Parteien nützen würde. Im Gegenteil, oft sind Stimmen für rechtsradikale Parteien Proteststimmen gegen den etablierten Politbetrieb. Bürgerlisten sind eine andere Möglichkeit, die Unzufriedenheit auszudrücken, und graben den rechtsradikalen Parteien das Wasser ab.

Bei Landtagswahlen und bei der Bundestagswahl gibt es die Fünf-Prozent-Hürde allerdings noch. Angeblich ist sie notwendig, um die Regierungsfähigkeit sicherzustellen. Die positiven Erfahrungen bei den Kommunalwahlen mit der Abschaffung der Fünf-Prozent-Hürde könne man nicht auf den Bundestag übertragen, heißt es, weil die Gemeinderäte ja keine Regierung wählen müssten. Das stimmt, die Bürgermeister werden in Direktwahl von der Bevölkerung gewählt.

Tatsächlich hat die Präsenz vieler Kleinparteien im Parlament den Nachteil, dass sie die Schaffung stabiler Mehrheiten erschwert. Eine Kleinpartei, die die eine Stimme hat, auf die es ankommt, ist natürlich allseitiges Objekt der Begierde und hat unproportional viel Einfluss. In Ländern ohne Sperrklausel kommt es daher oft zum Stimmenkauf – entweder mit Bargeld oder mit Ämtern. Man kann aber die Fünf-Prozent-Klausel beibehalten und ihre Nachteile vermeiden.

Das geht mittels der Alternativstimme. Der Wähler findet dann unten auf dem Stimmzettel den Satz: »Falls die von mir gewählte Partei an der Fünf-Prozent-Klausel scheitert, soll meine Stimme für folgende Partei gelten:...« Will er die Piratenpartei wählen, hat aber Zweifel, ob die es über fünf Prozent schafft, trägt er dort die Buchstaben *FDP* ein. Oder was auch immer. Sollte die Piratenpartei wirklich unter fünf Prozent landen, würden die für die Piraten abgegebenen Stimmzettel nicht unter den Tisch fallen, sondern noch mal ausgezählt und nun würden die Alternativstimmen gelten. Eine ziemlich einfache Lösung des Problems. Dass sie noch nicht umgesetzt wurde, liegt nur daran, dass es den großen etablierten Parteien ganz recht ist, wenn es kleine und neue Parteien schwer haben.

Es lässt sich noch eine Menge am Wahlrecht verbessern. Das käme der Qualität der Parlamente zugute. Erleichterte Volksentscheide und bessere Parlamentsarbeit schließen sich natürlich nicht aus. Volksentscheide, um die wichtigen Fragen direkt von der Bevölkerung entscheiden zu lassen. Bessere Parlamente, um Alternativen zu diskutieren und das alltägliche Geschäft der Regierung kritisch zu begleiten.

Direkte Demokratie in Deutschland: So geht es!

Direkte Demokratie in Deutschland – yes we can? Wer nun ein utopisches Modell erwartet, das den staatlichen Aufbau völlig umkrempelt, wird enttäuscht werden. Direkte Demokratie in Deutschland einzuführen bedeutet, die bestehenden Strukturen Schritt für Schritt in Richtung von mehr Einfluss für die Bevölkerung weiterzuentwickeln. Im folgenden Kapitel werden dazu eine Reihe konkreter Reformvorschläge gemacht. Jeder einzelne ist bescheiden. In der Summe umgesetzt werden sie aber eine neue Qualität von Demokratie schaffen. Schon Friedrich Engels lehrte uns, dass Quantität in Qualität umschlägt.

Dazu gehört zunächst der verstärkte Einsatz von Bürgerbeteiligungsverfahren, sofern sie nicht bloße Beschäftigungstherapie sind. Solche Verfahren sind gut, um die Kompetenz der Bürger einzubinden. An Bürgerbeteiligungsverfahren beteiligt sich aber in der Regel nur eine intellektuelle, politisch aktive Mittelschicht. Sie dürfen daher die spätere Entscheidung eines gewählten Gremiums oder per Volksentscheid nicht ersetzen.

Die wichtigsten Reformen müssen aber die Kernelemente der Demokratie betreffen, das Wahlrecht und Volksentscheidsverfahren. Neben der Alternativstimme sollten die Wahlrechte generell die Möglichkeit bieten, Personen statt Parteien zu wählen, zu kumulieren und zu panaschieren. Das hat sich bei den Kommunalwahlen bewährt, es sollte auch bei Landtagswahlen (wie in Hamburg und Bremen schon der Fall) und schließlich bei der Bundestagswahl angewendet werden.

Denn personalisierte Wahlrechte geben dem Wähler mehr Einfluss und machen die Parteien wieder bürgernäher, ob sie wollen oder nicht. Sie sind allerdings nicht ganz einfach zu bedienen, das muss man zugeben. Wenn man bei der Bundestagswahl das Risiko einer Überforderung der Wähler nicht eingehen will, kann man als Einstieg das bayrische Landtagswahlrecht auf den Bundestag übertragen. Die Wähler können dabei zwar keine fünf Stimmen vergeben, sie können auf der Liste ihrer Partei aber einen Kandidaten ankreuzen und ihm damit zu besseren Chancen verhelfen. Kumulieren und Panaschieren ist das nicht, aber ein Schritt in diese Richtung.

Der Vorschlag, das bayrische Landtagswahlrecht als Vorbild für das Bundestagswahlrecht zu nehmen, ist nicht neu. Schon im Jahre 1976 wurde dies von der *Enquête-Kommission Verfassungsreform* des Bundestags empfohlen, deren Vorschläge leider nie umgesetzt wurden: Eine Personalisierung des Wahlrechts bringe »eine echte Balancierung der Position der politischen Parteien bei der Kandidatenauswahl, ohne ihnen das Recht der Aufstellung der Kandidatenlisten zu beschneiden; diese Balancierung verhilft dazu, Wählereinfluss und Parteienmacht bei der Bestimmung der personellen Zusammensetzung der Volksrepräsentation in ein ausgewogenes Verhältnis zu bringen«.

Keine Abstimmungsquoren bei Volksentscheiden

Das zentrale Element einer direkten Demokratie sind natürlich die Volksentscheide. Hier muss es um zweierlei gehen: die Verbesserung der bestehenden Regelungen in Ländern und Gemeinden einerseits und die Einführung von Volksentscheiden auf Bundesebene andererseits. Bekanntlich gibt es in den Gemeinden und Bundesländern schon lange Volksentscheidsgesetze. Sie werden aber selten genutzt. Glaubt man den Regierungen, liegt das daran, dass die Bürger im Großen und Ganzen zufrieden sind. Tatsächlich ist der Grund ein anderer: Die Gesetze sind so restriktiv, dass sie das Zustandekommen von Volksentscheiden in den meisten Fällen verunmöglichen. Eine zentrale Frage spielt dabei in Deutschland das »Abstimmungsquorum«. Der Volksentscheid ist nur gültig, wenn ein bestimmter Prozentsatz der wahlberechtigten Bevölkerung teilnimmt. Das Quorum wurde früher üblicherweise bei 50 Prozent angesetzt und verhinderte zuverlässig das Zustandekommen und erst recht die Gültigkeit von Volksentscheiden. Schon in der Weimarer Republik gab es das 50-Prozent-Beteiligungsquorum, später wurde es in die Volksentscheidsgesetzgebung vieler Bundesländer aufgenommen.

Natürlich ist eine Entscheidung in höherem Maße demokratisch legitimiert, wenn mehr als die Hälfte der Wahlberechtigten teilnimmt. Zweifellos ist das wünschenswert. Nur: In Zeiten abnehmender Wahlbeteiligungen klappt das sehr oft nicht. Auch die deutsche Bundesregierung wurde 2009, bei einer Wahlbeteiligung von 71 Prozent, nur von 34 Prozent aller Wahlberechtigten gewählt. In Italien zum Beispiel gilt noch jetzt bei den meisten Volksentscheiden das 50-Prozent-Quorum.

Die Abstimmungsbeteiligung war anfangs noch recht hoch, 1974 zum Beispiel 88 Prozent bei einem Referendum zum Scheidungsrecht. Zwischen 1996 und 2011 hat sich aber bei 26 Abstimmungen nur ein einziges Mal mehr als die Hälfte der Italiener beteiligt!

Obwohl es abwegig scheint: Das Beteiligungsquorum sorgt selbst dafür, dass die Beteiligung niedrig ist. Wähler, die ein paar Mal hingegangen sind und feststellen mussten, dass der Aufwand vergeblich war, da die Abstimmung ungültig ist, bleiben das nächste Mal zu Hause. Außerdem: Wer gegen eine Vorlage ist, sollte tunlichst von vornherein der Abstimmung fern bleiben. Die Chance, dass die Vorlage das Quorum verfehlt, ist dann sehr groß. Denn selbst in Ländern mit vergleichsweise hoher Wahlbeteiligung bleibt stets ein Viertel bis ein Drittel der Wähler bei Wahlen und Abstimmungen zu Hause. Sei es, weil sie arbeiten müssen, sei es, weil sie krank oder in Urlaub sind oder schlicht politisch völlig uninteressiert.

Wenn nun noch ein weiteres Drittel nicht teilnimmt, weil es gegen die Vorlage ist, ist die Beteiligung schon unter 50 Prozent gesunken. 1999 scheiterte ein Referendum zum Wahlrecht in Italien. 91 Prozent der Abstimmenden hatten mit *Ja* gestimmt – offensichtlich waren die Gegner nicht zur Abstimmung gegangen. Das war schlau. Denn die Mindestbeteiligung wurde mit 49,6 Prozent knapp verfehlt. Wären ein paar tausend Leute mehr hingegangen und hätten mit *Nein* gestimmt, hätte die Ja-Seite gewonnen! Denn durch die Neinstimmen wäre die Beteiligung über 50 Prozent gerutscht. Die Volksabstimmung wäre gültig gewesen!

Anders war es allerdings im Juni 2011, als die Mehrheit der Italiener im Volksentscheid ein Gesetz ablehnte, das den Neubau von Atomkraftwerken ermöglichen sollte. 57 Prozent beteiligten sich, von diesen waren 95 Prozent für den Ausstieg. Das fast schon realsozialistische Ergebnis zeigt auch hier klar, dass die Befürworter der Atomkraft nicht zur Abstimmung gegangen waren, in der Hoffnung, dass dadurch die Beteiligung unter 50 Prozent rutschen würde. Berlusconi hatte die Bevölkerung aufgefordert, lieber an den Strand zu gehen und nicht abzustimmen. Offensichtlich haben viele seinem Wunsch entsprochen, aber eben nicht genügend. Im Unterschied zum Referendum über ein neues Wahlrecht 1999 ging die Rechnung diesmal nicht auf.

Um solche Absurditäten zu vermeiden, sind die deutschen Bundesländer inzwischen dazu übergegangen, nur die fürs Quorum zu zählen, die der Vorlage zugestimmt haben. Das Quorum wurde dann halbiert.

In vielen Bundesländern müssen also jetzt 25 Prozent der Wahlberechtigten einer Vorlage im Volksentscheid zustimmen, damit die Abstimmung gültig ist. Ein *Zustimmungs-* statt eines *Beteiligungsquorums* ist in jeden Fall viel besser, denn Boykottstrategien klappen jetzt nicht mehr. Auch die oben erwähnte Abstimmung in Italien zum Wahlrecht wäre gültig gewesen. Leider zeigt die Erfahrung, dass auch 25 Prozent Zustimmung häufig nicht erreicht werden. Das hat in den deutschen Ländern bisher erst zweimal geklappt, und beide Male fanden die Abstimmungen parallel zu einer Bundestagswahl statt.

Hat eine deutliche Mehrheit mit *Ja* gestimmt, das Quorum dabei aber verfehlt, entsteht ein Legitimationsproblem. Ein solcher *unecht gescheiterter Volksentscheid* ist ärgerlich für die Initiativen, die viel Arbeit und Geld investiert haben. Und für die Wähler auch. Natürlich kann die Regierung dann einfach weitermachen wie bisher und sich darauf berufen, dass der Volksentscheid ja juristisch ungültig sei. Es wird aber, und das nicht zu Unrecht, der Eindruck entstehen, dass sie sich über den Willen der Bevölkerung hinwegsetzt. Denn häufig hängt das Erreichen des Zustimmungsquorums schlicht von Unwägbarkeiten ab, zum Beispiel davon, ob der Tag des Volksentscheids mit einem Wahltag zusammenfällt oder nicht. Und ob es sich um eine Bundestagswahl (relativ hohe Wahlbeteiligung) oder eine Europawahl (niedrige Wahlbeteiligung) handelt.

Kalifornien und die Schweiz kommen ganz ohne Abstimmungsquoren aus. 2010 belief sich die durchschnittliche Beteiligung in der Schweiz bei Abstimmung auf Bundesebene auf 47 Prozent. Das ist nicht gerade viel, aber man sollte bedenken, dass jedes Jahr drei- bis viermal abgestimmt wird. Außerdem gehen nicht immer die gleichen hin. 83 Prozent aller Schweizer nehmen einmal im Jahr an zumindest einer Abstimmung teil. Bei den deutschen Bundesländern verzichten Hessen und Sachsen auf ein Abstimmungsquorum. In Bayern gibt es nur bei Verfassungsänderungen ein Quorum, bei normalen Gesetzen keines. Hessen hat mit 20 Prozent eine so hohe Unterschriftenhürde, dass es gar nicht zu Volksentscheiden kommt. In Sachsen gab es bisher einen Volksentscheid. Die Beteiligung lag bei bescheidenen 25 Prozent, in einigen Gemeinden nur um die 12, in anderen an die 70 Prozent. In Bayern liegt die Beteiligung bei Volksentscheiden um die 40 Prozent. Auch das ist nicht berauschend, aber noch einigermaßen akzeptabel. Das beliebte Argument, wenn es bei Volksentscheiden kein Quorum gäbe, reiche es ja schon aus, wenn eine einzige Person hinginge und abstimme, erweist sich als ausgesprochen polemisch und ließe sich auf Wahlen genauso anwenden.

Wahlen und Volksabstimmungen zusammenlegen

Allerdings ist es bei einer wachsenden Zahl von Volksentscheiden in der Tat denkbar, dass gut organisierte Interessengruppen die nötige Unterschriftenzahl schaffen und sich auch beim Volksentscheid mit einer Minderheitenmeinung durchsetzen, weil sich die Mehrheit nicht für das Thema interessiert oder es leid ist, dauernd abstimmen zu müssen. Mir ist freilich kein solcher Fall bekannt, denn in der Schweiz und in Kalifornien hat man andere Mittel als das Quorum, um die Teilnahme an Volksentscheiden auf einem gewissen Level zu halten: In der Schweiz bündelt man diverse Volksentscheide an einem Abstimmungstag. So ist gewissermaßen für jeden etwas Interessantes dabei, und der Aufwand, auch über eigentlich nicht so interessante Themen gleich mit abzustimmen, ist gering.

In Kalifornien finden die Volksentscheide an Wahltagen statt, und die Beteiligung profitiert von der Wahlteilnahme der Bürger. Wenn die Bürger ohnehin ins Wahllokal gehen, machen die meisten auch bei der Abstimmung mit, der Aufwand ist gering. Die Erfahrungen zeigen dabei, dass die Beteiligung an Volksentscheiden bei zwei Dritteln der Wahlbeteiligung liegt. Die deutschen Länderregierungen versuchen daher oft, das Zusammenfallen von Volksentscheid und Wahltag zu verhindern, in der Hoffnung, dass der Volksentscheid dann das Quorum verfehlt. Ein Trick, um das zu erreichen, ist, die Rechtmäßigkeit des Volksbegehrens vom Verfassungsgericht überprüfen zu lassen. Wenn das Gericht geprüft hat, ist der Wahltag längst verstrichen.

Die Kombination von Volksentscheiden und Wahlen wäre auch für Deutschland die richtige Lösung. Natürlich geht das nicht immer, weil nicht immer Wahlen stattfinden. Mit Kommunal-, Landtags-, Bundestags- und Europaparlamentswahlen gibt es aber fast jedes Jahr, zumindest aber alle zwei Jahre irgendeine Wahl. Wenn das Volksentscheidsthema nicht besonders dringlich ist, spricht nichts dagegen, Volksentscheid und Wahl am gleichen Tag stattfinden zu lassen. Die Bundesländer Hamburg und Bremen haben eine solche Regelung in ihre Volksentscheidsgesetzgebung aufgenommen. In Bremen zum Beispiel können die Initiatoren des Volksentscheids beantragen, dass Volksentscheid und Wahl zusammen stattfinden sollen, wenn spätestens fünf Monate nach dem eigentlichen Volksentscheidstermin ein Wahltag ist. Zumindest wenn Volksentscheide zeitgleich mit Wahlen abgehalten werden, kann man guten Gewissens auf ein Abstimmungsquorum verzichten, denn solange Leute zur Wahl gehen, werden sie sich auch in erheblicher Zahl am zeitgleichen Volksentscheid beteiligen.

Niedrige Unterschriftenhürde

Was natürlich nicht entfallen kann, ist das »Eingangsquorum«, auch als Unterschriftenhürde bezeichnet. Damit nicht dauernd abgestimmt wird, muss es ein Mittel geben, relevante von weniger wichtigen Themen zu unterscheiden. Was aber ist wichtig? Das Kriterium kann in einer Demokratie nur sein, ob viele Bürger etwas wichtig finden. Hierzu dient die Unterschriftensammlung. Wer einen Volksentscheid will, muss zunächst Unterschriften sammeln, daran führt kein Weg vorbei, und das ist auch in der Schweiz und in Kalifornien nicht anders. Aber die Unterschriftenzahl darf nicht so hoch sein, dass es erst gar nicht zum Volksentscheid kommt. Dementsprechend, so Werner Patzelt in der Frankfurter Allgemeinen Zeitung vom 3.6.2011, wäre es richtig, »sie bei jenen fünf Prozent der Stimmberechtigten anzusetzen, die auch ausreichen, um eine Ein-Themen-Protestpartei ins Parlament zu schicken«. Fünf Prozent können über eine von ihnen gewählte Partei das Parlament mit einem bestimmten Thema beschäftigen und zur Abstimmung zwingen, fünf Prozent sollten also genug sein, per Volksentscheid eine Entscheidung zu erzwingen. Das wäre deutlich weniger als die jetzigen zehn Prozent zum Beispiel in Bayern, aber immer noch deutlich mehr als in der Schweiz. In den Schweizer Kantonen liegt die Unterschriftenhürde meist zwischen einem und drei Prozent, in mehreren Kantonen sogar unter einem Prozent.

Hier muss man allerdings auf einen kleinen, aber wichtigen Unterschied aufmerksam machen. Das Unterschriftenquorum beim Volksbegehren bezieht sich auf alle *Wahlberechtigten*, die Fünf-Prozent-Hürde bei Wahlen aber auf die Zahl der *Wähler*. Es sind ja nicht fünf Prozent der *Wahlberechtigten*, sondern der *Wähler*, also derjenigen, die tatsächlich hingehen, die eine Partei ins Parlament befördern. Es wäre also nur logisch, auch beim Volksbegehren die Zahl der Wähler der letzten Wahl auf der gleichen politischen Ebene zur Grundlage zu nehmen. Haben sich also, wie 2011 in Bremen, nur 57 Prozent an der Wahl beteiligt, dann wären in der Folge die Unterschriften von 2,9 Prozent der Wahlberechtigten für ein Volksbegehren nötig. Bis zur nächsten Wahl. So wird es auch in Kalifornien gehandhabt.

Die zu hohe Unterschriftenhürde und das Abstimmungsquorum sind die entscheidenden Gründe, warum es in den meisten Bundesländern keine oder so gut wie keine Volksentscheide gibt. Insgesamt gab es in Deutschland seit Ende des Zweiten Weltkriegs bis Ende 2012 19 Volksentscheide aufgrund einer Initiative aus der Bevölkerung. Statistisch gesehen findet damit pro Bundesland alle 35 Jahre ein Volksentscheid statt. Schaut man genauer hin, stellt sich aber heraus, dass überhaupt nur in sechs Bundesländern jemals ein Volksentscheid von den Bürgern durchgesetzt werden konnte und die große Mehrzahl der Entscheide, nämlich zwölf der 19, in nur zwei Bundesländern: Bayern und Hamburg. Das sind die Länder, in denen die Bedingungen für Volksentscheide vergleichsweise bürgerfreundlich gestaltet sind. Würden die anderen Bundesländer ihre Gesetze nachbessern, käme es auch dort zu Volksentscheiden.

Auch über Geldausgaben soll abgestimmt werden

Allerdings gibt es neben den Quoren noch einen anderen Grund, der Volksentscheide in Deutschland erschwert: Es darf nicht über Geld abgestimmt werden. Ich bin weiter vorne ausführlich auf die Unsinnigkeit des so genannten Finanztabus eingegangen, es sollte entfallen. Natürlich ist der Volksgesetzgeber den gleichen Einschränkungen unterworfen wie der parlamentarische Gesetzgeber. Die Verfassungen der Länder beschränken die Neuverschuldung auf die Höhe der Investitionen. Mit der »Schuldenbremse« haben sich Länder und Bund verbindlich darauf geeinigt, bis 2020 Haushalte ohne Neuverschuldung vorzulegen. Ob das möglich und sinnvoll ist, steht auf einem anderen Blatt. Aber solche rechtlichen Verpflichtungen sind natürlich einzuhalten. Wenn also ein Volksbegehren gestartet wird, das zu erheblichen Mehrausgaben führt, müssen die Initiatoren plausibel und realistisch erläutern, wie die Kosten gedeckt werden sollen, ohne dass sich das Land stärker verschuldet. Das kann die Öffentlichkeit erwarten. Die Initiatoren sollten dabei einen Anspruch auf fachliche Beratung durch die Finanzbehörden haben.

Ein solcher Deckungsvorschlag muss aber nicht Teil der Abstimmungsvorlage sein. Denn damit würde – die Zustimmung der Bevölkerung zur Vorlage vorausgesetzt – der Handlungsspielraum des Parlaments weiter eingeschränkt. Das Parlament muss ja dann die Kosten genauso decken, wie die Initiatoren es sich ausgedacht haben. Angesichts wechselnder Einnahmen und Ausgaben und der Komplexität staatlicher Haushalte überhaupt ist es unsinnig, das Parlament hier festzulegen. Es reicht, wenn die Initiatoren darstellen, dass eine rechtlich unbedenkliche Deckung der Kosten möglich ist. Ob die Abgeordneten dann den von den Initiatoren vorgeschlagenen Weg zur Deckung gehen oder einen anderen wählen, sollte ihnen selbst überlassen bleiben.

Wie oben dargestellt, müssen in der Schweiz und Kalifornien größere Geldausgaben von der Bevölkerung durch das »Finanzreferendum« bewilligt werden. Es trägt spürbar dazu bei, die Verschuldung zu senken. Angesichts der Finanzprobleme vieler Bundesländer und Gemeinden ist es ausgesprochen ratsam, diese Regelung auch in Deutschland einzuführen. So wie in der Schweiz sollte die Hälfte der Unterschriften, die sonst für eine Volksinitiative notwendig sind, zur Einleitung eines Referendums reichen.

Die Bundesländer könnten die Zahl der Volksentscheide ziemlich leicht erhöhen, wenn sie die Unterschriftenzahl senken und auf das Finanztabu sowie auf Abstimmungsquoren verzichten würden und wenn bei großen Geldausgaben ein erleichtertes Verfahren den Bürgern erlauben würde, ein Finanzreferendum zu erzwingen. Bei den Volksentscheiden auf kommunaler Ebene, den »Bürgerentscheiden«, macht Bayern vor, wie es gehen kann: Seit 1995 in einem Volksentscheid beschlossen wurde, die Einleitung von Bürgerentscheiden erheblich einfacher zu machen, kam es geradewegs zu einer Explosion der Anzahl dieser Abstimmungen. Seitdem gab es in Bayern an die tausend Bürgerentscheide, fast jeden Monat wird in irgendeiner Gemeinde Bayerns etwas abgestimmt. In München gab es in den ersten zehn Jahren nach der Reform 15 Bürgerbegehren, also durchschnittlich mehr als eins pro Jahr. Dass Bayern in punkto Direktdemokratie so gut ist, hängt übrigens mit der Nähe der Schweiz zusammen. Während der Hitlerzeit mussten viele bayrische Politiker in die Schweiz fliehen und sahen dort, wie direkte Demokratie funktionieren kann. Bisher haben erst Berlin, Hamburg und Thüringen ähnlich gute Regelungen für Bürgerentscheide beschlossen.

Volksentscheid auf Bundesebene

Das Hauptproblem in Deutschland ist sicherlich das Fehlen jeglicher Art von Direktdemokratie auf der Bundesebene. Es sind im Grundgesetz nur zwei Anlässe für einen Volksentscheid vorgesehen: bei einer Neuaufteilung der Bundesländer und bei der Wiedervereinigung. Der Volksentscheid bei Neuaufteilung der Bundesländer ist aber eigentlich ein Ländervolksentscheid. Es entscheiden nämlich nicht alle Deutschen darüber, sondern nur die betroffenen Bundesländer. 1996 sollten die Bundesländer Berlin und Brandenburg zusammengelegt werden. In beiden Ländern fand ein Volksentscheid statt. Die Berliner waren dafür, die Brandenburger dagegen, damit war die Sache gestorben.

Was nun den Volksentscheid zur Wiedervereinigung betrifft: Artikel 146 des Grundgesetzes beschreibt in etwas prosaischem Ton, dass das Grundgesetz in diesem Fall durch eine neue, vom Volk beschlossene Verfassung abgelöst werden soll: »Dieses Grundgesetz, das nach Vollendung der Einheit und Freiheit Deutschlands für das gesamte deutsche Volk gilt, verliert seine Gültigkeit an dem Tage, an dem eine Verfassung in Kraft tritt, die von dem deutschen Volke in freier Entscheidung beschlossen worden ist.«

Man wird sich freilich erinnern, dass nichts Derartiges passiert ist. Es gab nach der Wiedervereinigung keinen Volksentscheid über eine neue Verfassung. Der Trick war, dass die Bundesregierung den Untergang der DDR nicht als Wiedervereinigung fasste, sondern als Beitritt neuer Länder zum Bundesgebiet. Wenn Länder beitreten, ist das Grundgesetz dort schlicht »nach deren Beitritt in Kraft zu setzen«. So war es in Artikel 23 der Verfassung vorgesehen. Damit konnten die Ausarbeitung einer neuen Verfassung und das nach Auffassung der meisten Juristen dann notwendige Verfassungsreferendum umgangen werden. Mit dieser fast schon phobischen Haltung zu Volksentscheiden ist Deutschland in Europa allerdings eine Ausnahme.

Zumindest über Themen der europäischen Union wird in vielen Ländern abgestimmt. Die skandinavischen und baltischen Staaten, England und Irland, alle osteuropäischen Länder (außer Bulgarien) sowie Österreich und Malta und dann im Frühjahr 2012 Kroatien haben über ihren EU-Beitritt abgestimmt.

In Spanien, den Niederlanden und Frankreich wurde über eine Europäische Verfassung abgestimmt – nur die Spanier waren dafür. Dänen und Schweden durften selbst entscheiden, ob sie ihre nationale

Währung zugunsten des Euros aufgeben wollen – beide waren dagegen und dürften ihre Entscheidung nicht bereut haben. Außer über Europa wird in vielen Ländern natürlich auch über andere politische Fragen abgestimmt. In Dänemark beispielsweise gab es diverse Referenden zur Wahlaltersenkung. In Portugal wurde über regionale Neugliederung und Abtreibung abgestimmt. In Irland fanden zwischen 1945 und 2008 27 Volksentscheide statt, viele zum Scheidungsrecht und zu religiösen Fragen. Im Mai 2012 wurde über den europäischen Fiskalpakt abgestimmt – 60 Prozent waren dafür. Auch in Italien stimmt die Bevölkerung regelmäßig über etwas ab. Selbst England ließ die Bürger 2011 über ein neues Wahlsystem selbst entscheiden, der zweite Volksentscheid seit 1947. Die völlige Abstinenz Deutschlands bei Volksabstimmungen, jedenfalls auf nationaler Ebene, ist zweifellos ein Anachronismus und kann nicht mehr lange Bestand haben. Es wird sicherlich in den nächsten zehn bis zwanzig Jahren auch in Deutschland zu irgendeiner Form von direkter Demokratie kommen. Deswegen muss man sich bald Gedanken machen, wie diese aussehen sollte.

So machen es die Nachbarn

Ein Beispiel, wie man es besser nicht machen sollte, ist Österreich. Zwar gibt es hier ein Volksabstimmungsgesetz, aber das Parlament entscheidet allein darüber, ob ein Gesetz dem Volk zur Bestätigung vorgelegt werden soll. In der Regel muss das mit der Mehrheit der Abgeordneten geschehen. Nur bei Verfassungsänderungen kann auch eine Minderheit, nämlich ein Drittel der Abgeordneten, einen Volksentscheid beschließen, in wenigen Ausnahmefällen muss er obligatorisch stattfinden. Das ist natürlich eine seltsame Regelung. Warum sollte das Parlament, wenn es etwas mit Mehrheit beschlossen hat, die Bevölkerung nochmal befragen und das Risiko eingehen, dass die Sache womöglich abgelehnt wird?

Man kann sich leicht vorstellen, dass das nicht gerade oft passiert. Bislang gab es erst zwei Volksentscheide: 1978 ließ die Regierung das Volk darüber abstimmen, ob es ein Atomkraftwerk im Land will. Die Bevölkerung wollte nicht. 1994 wurde dann über den EU-Beitritt Österreichs abgestimmt. Hier stimmte die Bevölkerung zu.

Im Januar 2013 stimmten die Österreicher über die Abschaffung der Wehrpflicht ab. Die Mehrheit war dagegen. Dies war jedoch kein Volksentscheid, sondern eine von der Regierung beschlossene Volksbefragung, sozusagen eine von oben angesetzte Meinungsumfrage. Ihr Ergebnis ist nicht rechtlich verbindlich. Die Regierung hat aber in diesem Fall zugesagt, entsprechend dem Bevölkerungswillen zu handeln.

Daneben gibt es in Österreich zwar auch Volksbegehren von unten, das Ganze entpuppt sich aber bei näherem Hinsehen als Etikettenschwindel. Wenn 100.000 Österreicher (entspricht circa 1,7 Prozent der Bevölkerung) dafür unterschreiben, muss sich das Parlament mit einem bestimmten Sachverhalt befassen. Stimmt das Parlament nicht zu, folgt aber kein Volksentscheid. Die Sache wird vielmehr zu den Akten gelegt. Eine Auswertung des Zeitraums von 1964 bis 2003 ergab: Von 30 Volksbegehren blieben 24 ohne erkennbaren direkten Effekt. Mitunter düpierte das Parlament die Unterschriftensammler geradezu. So beschloss es zum Beispiel die Anschaffung neuer Abfangjäger ausgerechnet in der Woche, als die Unterschriftensammlung des Volksbegehrens zu diesem Thema stattfand. Statt der erforderlichen 100.000 unterschrieben 459.000 Österreicher für ein neues Tierschutzgesetz. Sie mussten sich mehr als drei Jahre gedulden, bis sich das Parlament überhaupt mit dem Thema befasste. Dann lehnte es die Forderungen der Bürger ab.[15]

Solche Formen direkter Demokratie führen eher zu mehr Frustration. Eine ganz ähnliche Regelung gibt es aber ab 2012 auch in der Europäischen Union, die »europäische Bürgerinitiative«. Eine Million Unterschriften müssen in mindestens sieben EU-Ländern gesammelt werden, damit sich die Europäische Kommission mit einer bestimmten Angelegenheit befasst. Die Kommission hat drei Monate Zeit zur Prüfung der Initiative und die Initiatoren können ihre Argumente bei einer Anhörung im Europaparlament vortragen. Was danach passiert, formuliert der EU-Kommissar für institutionelle Beziehungen Maroš Šefčovič so: Die Kommission habe »drei Möglichkeiten. Entweder wir folgen der Initiative, wir machen Änderungen bei unseren Texten oder wir machen gar nichts«.[16] Falls die Kommission die Forderungen der Bürgerinitiative nicht aufgreift, muss sie allerdings die Gründe dafür öffentlich angeben. Vielleicht ist das für Europa besser als nichts. Für Deutschland sollte man sich damit allerdings nicht zufrieden geben.

---

[15] http://democracy-international.org/index.php?eID=tx_nawsecuredl&u=0&file=fileadmin/pdfarchiv/papiere/verfahren07-volkspetitionen-oesterreich.pdf&t=1307709148&hash=aeccbacddb671067bf5b25ae39224b3e.

[16] Nach Wikipedia: Europäische Bürgerinitiative (Zugriff 9.6.2011)

Wenig besser sieht es in unserem nördlichen Nachbarland Dänemark aus. Wenn die Verfassung geändert oder Kompetenzen auf eine internationale Organisation wie die Europäische Union übertragen werden sollen, muss eine Volksabstimmung stattfinden. Daher gab es beispielsweise über den EU-Beitritt Dänemarks 1972 einen Volksentscheid. Die Bevölkerung war dafür, anders als bei der Euroeinführung im Jahr 2000. Da stimmte sie dagegen. Außerdem kennt Dänemark noch ein *fakultatives Referendum*, das aber nicht durch Unterschriftensammlung, sondern nur von der Opposition im Parlament eingeleitet werden kann. Wenn die Opposition ein bestimmtes Gesetz für falsch hält und meint, die Mehrheit der Bevölkerung sei auf ihrer Seite, kann sie einen Volksentscheid über das Thema fordern. Dazu muss ein Drittel der Abgeordneten einen entsprechenden Antrag unterstützen. Wenn dann im Volksentscheid die Mehrheit der abstimmenden Bürger gegen das Gesetz ist, tritt es nicht in Kraft. Vorausgesetzt, diese Mehrheit dagegen macht 30 Prozent aller Stimmberechtigten aus. Unterschriftensammeln für einen Volksentscheid ist also in Dänemark grundsätzlich nicht vorgesehen.

Einen Schritt weiter geht Italien: Hier können auch 500.000 Bürger per Unterschrift einen Volksentscheid zur Aufhebung eines Gesetzes fordern. Das entspricht knapp 1,8 Prozent der Wahlberechtigten und ist ein akzeptables Quorum. Allerdings ist dann leider später beim Volksentscheid das Abstimmungsquorum sehr hoch: Mehr als fünfzig Prozent der Wahlberechtigten müssen sich beteiligen, damit die Abstimmung gültig ist. Wie schon geschildert, klappt das nur selten. Ein automatisches Verfassungsreferendum besteht in Italien zwar nicht, aber auch hier gilt die relativ niedrige Unterschriftenhürde und das Beteiligungsquorum von 50 Prozent ist außer Kraft gesetzt. Außerdem können auch 20 Prozent der Abgeordneten des Parlaments oder des Senats ein Verfassungsreferendum verlangen.

Die Volksabstimmungsgesetzgebungen in Dänemark und Italien haben gegenüber der Volksgesetzgebung in der Schweiz oder auch in den deutschen Bundesländern den Vorteil weitgehender Risikofreiheit. Das Volk hat ja nur die Möglichkeit, Vorschläge, die ihm die Regierung oder das Parlament macht, abzulehnen. In diesem Fall bleibt alles so, wie es vorher war. Es ist aber nicht möglich, dass die Bevölkerung von sich aus Dinge beschließt, die sich hinterher als verhängnisvoll herausstellen. Da es kein Initiativrecht gibt, kann zum Beispiel niemand den Vorschlag zur Abstimmung stellen, die Todesstrafe wieder einzuführen.

Es ist auch nicht möglich, per Volksentscheid Steuern zu senken und gleichzeitig dem Parlament faktisch zu verunmöglichen, sie wieder anzuheben, wie es in Kalifornien geschah. Das häufigste Argument gegen Volksentscheide, nämlich die Befürchtung, die Bevölkerung werde ausgesprochenen Unsinn beschließen, wäre entkräftet. Der schlimmste Unsinn wäre, dass alles so bleibt, wie es ist.

Natürlich würde das italienische Modell, übertragen auf Deutschland, der Bevölkerung durchaus zu mehr Einfluss verhelfen. Zwischen 1974 und 2011 fanden in Italien immerhin 68 Abstimmungen statt, regionale und lokale Abstimmungen nicht mitgezählt. Das sind fast zwei pro Jahr, von denen allerdings die meisten wegen des Quorums ungültig waren. Aber man könnte ja in Deutschland auf das Abstimmungsquorum verzichten oder ein niedriges Zustimmungsquorum von 15 Prozent einführen, wie es jetzt schon im bevölkerungsreichsten deutschen Bundesland Nordrhein-Westfalen besteht.

Ein Referendum oder Plebiszit über Gesetzesvorlagen von Regierung oder Parlament ist eine sinnvolle Einrichtung. Die deutschen Ländergesetzgebungen sollten entsprechend ergänzt werden. Die Opposition sollte das Recht bekommen, über jedes neue Gesetz eine Volksabstimmung zu fordern, sofern ein Drittel der Abgeordneten dafür ist. Auch die Bevölkerung sollte mit relativ wenigen Unterschriften ein Referendum verlangen können. Ein *fakultatives Referendum* ist einem *obligatorischen Referendum* vorzuziehen. Obligatorische Referenden führen – wie in Kalifornien – zu einer hohen Zahl von Abstimmungen und zwingen die Bevölkerung des Öfteren, über Dinge abzustimmen, die eigentlich unstrittig sind. Das verschleißt die Aufmerksamkeit und senkt unnötig die Wahlbeteiligung.

Lediglich über Angelegenheiten von sehr hoher Bedeutung machen obligatorische Referenden Sinn, aber es sollte auch hier eine Umgehungsklausel geben. Im Bundesland Bremen musste früher bei Verfassungsänderungen stets ein Volksentscheid stattfinden, es sei denn, das Parlament hatte die Verfassungsänderung einstimmig beschlossen. Vielleicht ist das zu weitgehend. Besser scheint die dänische Regelung: Die Volksabstimmung kann entfallen, wenn fünf Sechstel der Parlamentarier einer Vorlage zugestimmt haben.

Die Schweiz ist das Vorbild – mit einigen Änderungen

Referenden alleine können allerdings nicht richtig zufriedenstellen. Das italienische Modell ist nur eine halbe direkte Demokratie. Die Bevölkerung kann über Dinge entscheiden, die Regierung oder Parlament vorher beschlossen haben. Sie kann also den Parlamentsbeschluss akzeptieren oder den Status quo bestätigen – mehr nicht. Nur durch das Initiativrecht erhält die direkte Demokratie ein innovatives Element. Die Erfahrungen in der Schweiz und in Kalifornien zeigen dabei, dass grobe Fehlentscheidungen der Bevölkerung wie zum Beispiel radikale Steuersenkungen oder ausgesprochen minderheitenfeindliche Initiativen ziemlich selten vorkommen und auch die rein repräsentative Demokratie von solchen Fehlern nicht frei ist. Damit sind wir aber wieder beim Volksentscheidssystem der Schweiz gelandet. In der Schweiz gibt es die ganze Palette von obligatorischen Referenden, fakultativen Referenden und Volksinitiative.

Kann man das nun auf Deutschland so ohne weiteres übertragen? Skeptiker entgegnen in der Regel, dass in Deutschland ein anderes politisches System herrsche und eine andere politische Kultur. »Was geschähe bei Einpflanzung der Schweizer Direktdemokratie in einen Staat wie die Bundesrepublik ...?«, fragt Manfred G. Schmidt, Professor für Politikwissenschaft in Heidelberg, und prophezeit düster: » Dann wären schwerste politische Konflikte vorprogrammiert ...« (Schmidt 2003) Aber warum eigentlich? Für uns mag unser südliches Nachbarland ziemlich speziell wirken, einem Afrikaner oder Asiaten würden die Schweiz und Deutschland recht ähnlich vorkommen: etwa gleicher Lebensstandard und Sprache, ähnliche Kultur. Es ist kein Grund erkennbar, warum die Schweizer Direktdemokratie nicht auch in Deutschland funktionieren sollte.

Häufig wird das föderale System genannt, der Bundesrat dürfe nicht durch Volksabstimmungen übergangen werden. Das Problem hat die Schweiz aber auch, ihre bevölkerungsschwachen Kantone wollen ebenfalls nicht überstimmt werden. Deshalb muss beim obligatorischen Referendum und bei der Volksinitiative nicht nur die Mehrheit der Bürger, sondern auch die Mehrheit der Kantone zustimmen. Dies müsste ein Volksentscheidsgesetz in Deutschland ebenfalls vorsehen: Nicht nur die Bevölkerung als Ganzes müsste zustimmen, sondern auch in der Mehrheit der Bundesländer müsste eine Bevölkerungsmehrheit zustande kommen. Andernfalls bestünde tatsächlich die Gefahr, dass zwei oder drei große Bundesländer die kleinen dominieren. Allerdings sollten, wie im Bundesrat auch, die bevölkerungsstärkeren Länder ein höheres Gewicht haben als die kleinen.

Frank Decker, ein bekannter Parteien- und Demokratieforscher aus Bonn, wendet warnend ein, dass die Regierung verleitet würde, ihre »Gesetzesvorhaben von vornherein auf dem plebiszitären Weg zu betreiben, um die gegnerische Mehrheit im Bundesrat auszuschalten« (Decker 2005: 1138). Was wäre schlimm daran? Der Bundesrat ist, wenn die Opposition dort die Mehrheit hat, ein parteipolitisch motiviertes Verhinderungsinstrument. Länderinteressen spielen eine geringere Rolle als das Interesse der Opposition, die Regierung schlecht aussehen zu lassen. Kleine Bundesländer lassen sich öfter in einem Kuhhandel ihre Stimmen gegen politische Zugeständnisse der Regierung bei ganz anderen Themen abkaufen. Das schreit geradezu nach einer Reform. Kann die Regierung Bundesratsblockaden umgehen, indem sie sich direkt an die Bevölkerungen der Bundesländer wendet und diese entscheiden, ist das ausgesprochen positiv. Wenn die *gegnerische Mehrheit im Bundesrat* sachlich gerechtfertigt ist, wird es schwer werden, die Bevölkerung in den benachteiligten Bundesländern dafür zu gewinnen. Sollte die *gegnerische Mehrheit* dagegen nur parteitaktisch motiviert sein, kann man hoffen, dass die Bevölkerung der Regelung zustimmt – auch wenn ihre Landesregierung dagegen ist.

Dass in Deutschland bei der Einführung von Volksentscheiden nach Schweizer Vorbild eine Allparteienregierung gebildet werden müsse, ist dagegen keineswegs notwendig. Allparteienregierungen gibt es auch nicht in allen Kantonen der Schweiz, erst recht nicht in den amerikanischen Bundesstaaten, die direkte Demokratie praktizieren. Auch die deutschen Bundesländer mit halbwegs funktionierenden Volksentscheidsregelungen, Hamburg, Bayern, Berlin und Bremen, haben keine Allparteienregierungen.

Ein anderes Argument ist die Langsamkeit der direkten Demokratie. Als die Schweizer Wirtschaft in den letzten Jahren etwas von ihrem langjährigen Erfolgskurs abkam, wurde der Ruf nach Reformen laut. Nun ist das in der Schweiz nicht so ohne Weiteres zu machen. Vor neuen Gesetzen müssen Gespräche mit allen wichtigen Parteien und Organisationen stattfinden, um die Gefahr abzuwenden, dass ein potenter Verband später ein Referendum gegen das Gesetz startet. Trotzdem kommt es immer wieder dazu. Dann dauert es lange, mitunter ein Jahr, bis zur Abstimmung. In der Zwischenzeit liegt das Gesetz auf Eis.

Es ist gut möglich, dass die Abstimmung verloren geht. Die Regierung kann es dann noch ein zweites oder auch drittes Mal versuchen, aber es verstreichen zwischen den Versuchen viele Jahre. Mitunter ist die Langsamkeit der Schweizer Politik ärgerlich, wie zum Beispiel bei der Einführung des Frauenstimmrechts oder beim UNO-Beitritt. Seit Ende der 1970er Jahre setzte sich der Bundesrat für einen UNO-Beitritt der Schweiz ein. Die erste Volksabstimmung ging aber verloren. Beigetreten ist die Schweiz schließlich 2002.

Andererseits: Es sind nicht viele Punkte, in denen die Regierung durch Referenden ausgebremst wird. Und im Regelfall ist das ablehnende Votum der Bevölkerung durchaus gut begründet. Die weitaus meisten Gesetze und Parlamentsbeschlüsse gehen dagegen ohne Widerspruch der Bevölkerung durch. Volksinitiativen bringen im Gegenzug oft sogar eine Beschleunigung der Politik. Bei der Umstellung des Verkehrs auf die Bahn oder innerstädtisch auf öffentlichen Nahverkehr ist die Schweiz zum Beispiel viel weiter als Deutschland. Das Züricher Straßenbahnnetz gilt allgemein als vorbildlich, auch bei der Neugestaltung des Rentensystems schauen deutsche Politiker neidvoll auf das Vorbild Schweiz.

Eine gewisse Langsamkeit tut der Politik mitunter sogar gut. Die Dinge werden gründlicher diskutiert. Konflikte werden ausgetragen und gelöst. Es werden Kompromisse gefunden. Das unterscheidet sich wohltuend von der Hektik der deutschen Politik. Reformen zum Beispiel in der Bildungspolitik finden bei uns oft ein vorzeitiges Ende nach der nächsten Wahl, obwohl sie eigentlich Jahre bräuchten, um wirksam zu werden. Ähnlich kurzlebig sind die Reformen der Arbeitsmarkt- und Steuerpolitik. Medienwirksamer Aktivismus tritt nicht selten an die Stelle fundierter Konzepte.

Die Langsamkeit ist kein überzeugendes Argument gegen die Übertragung des Schweizer Systems auf Deutschland. Ein größeres Problem ist aber sicher die hohe Zahl der Abstimmungen. Sage und schreibe viermal jährlich werden die Schweizer zu den Urnen gerufen, um nicht nur ein Kreuz zu machen, sondern über zehn, zwölf Sachfragen abzustimmen. Alle anstehenden Abstimmungen auf kommunaler, regionaler und nationaler Ebene werden gebündelt und zusammen am gleichen Tag dem Volk zur Entscheidung vorgelegt. Ganz so schlimm, wie es sich anhört, ist das nicht: Die Wähler bekommen die Unterlagen Wochen vorher nach Hause geschickt, die meisten Schweizer stimmen inzwischen per Brief ab. Viele Fragen sind auch unproblematisch und werden nur abgestimmt, weil es sich um ein obligatorisches Referendum handelt.

Ein solches System von heute auf morgen einzuführen, wäre natürlich für die abstimmungsungewohnten Deutschen eine heftige Überforderung. Man muss sich also etwas überlegen, um die Zahl der Abstimmungen zumindest anfangs drastisch zu senken. Ein Punkt wäre der fast völlige Verzicht auf obligatorische Referenden. Sie machen mehr als ein Drittel aller nationalen Abstimmungen in der Schweiz aus. Bei den fakultativen Referenden und den Volksinitiativen hat man mit der Höhe der notwendigen Unterschriftenzahl eine Stellschraube für die Anzahl der Abstimmungen. Diese Schraube ist zur Zeit in vielen deutschen Bundesländern so fest angezogen, dass es gar keine oder – in einigen Ländern – nur wenige Volksabstimmungen gibt. Sie könnte durchaus einige Umdrehungen gelockert werden, ohne dass man gleich so weit gehen müsste wie in der Schweiz. Fünf Prozent ist sicher zumindest für den Anfang ein guter Wert.

Abgesehen von der hohen Zahl der Abstimmungen gibt es aber auch einige Punkte, die in der Schweiz nicht gut geregelt sind und die man bei der Einführung von Volksentscheiden auf Bundesebene in Deutschland tunlichst vermeiden sollte. Eine landesweite Volksinitiative ist in der Schweiz nur möglich, wenn man die Verfassung ändern will. Einfache Gesetze können nicht per Volksinitiative beschlossen werden. Das ist natürlich unsinnig und hat nur den Effekt, dass die Aktivsten einer Volksinitiative ihr Anliegen immer als Verfassungsänderung deklarieren, und sei sie noch so punktuell. Natürlich sollte man auch einfache Gesetze per Volksinitiative einbringen können, das sollte sogar die Regel sein. Das Ändern der Verfassung ist in der Schweiz leicht – zu leicht, zumindest für Deutschland. Die deutsche Tradition, vor dem Hintergrund des Faschismus entstanden, in der Verfassung Grundrechte dauerhaft festzuschreiben, sollte auch für Volksentscheide gelten. Es sollte nicht unmöglich sein, die Verfassung per Volksentscheid zu ändern, aber schwieriger. Zum Beispiel könnte man, wie bei den Abstimmungen im Parlament, verlangen, dass eine Zweidrittelmehrheit der Bevölkerung zustimmt. Ein anderer Weg wäre, bei Verfassungsänderungen eine höhere Unterschriftenzahl zu verlangen oder beides zu kombinieren. Die Schweiz kennt solche *Erschwerniszulagen* bei Verfassungsänderungen nicht.

Wünschenswert ist es auch, die Zulässigkeit einer Volksinitiative vor der Unterschriftensammlung zum Volksbegehren zu überprüfen und hierbei strenge Maßstäbe anzulegen. Das schützt Minderheiten vor einer diffamierenden Kampagne. Die Schweizer Gesetze sind in diesem Punkt zu liberal. Das Schweizer Parlament kann, abgesehen von formalen Gründen, nur dann eine Volksinitiative für ungültig erklären, wenn sie zwingendem Völkerrecht widerspricht. Selbst die europäische Menschenrechtskonvention zählt nach schweizerischem Rechtsverständnis nicht dazu. Es ist aber gut möglich, dass ein Schweizer Moslem, der ein Minarett bauen will und vor dem Europäischen Gerichtshof für Menschenrechte gegen das durch Volksentscheid eingeführte Minarettverbot klagt, Recht bekommt. Man hätte besser schon vor dem Volksentscheid zum Minarettverbot seine Rechtmäßigkeit überprüft.

Hintergrund sind unterschiedliche Verfassungsverständnisse in Deutschland und in der Schweiz. Die Schweiz folgt traditionell dem Modell der *Volkssouveränität*. Der Wille des Volkes wiegt schwerer als die Verfassung. Dagegen gilt in Deutschland das Prinzip der *Verfassungssouveränität*. Die Verfassung ist dem Volkswillen übergeordnet. Angesichts durchaus möglicher minderheitenfeindlicher Volksentscheide ist es wohl ratsam, auch dabei zu bleiben.

Problematisch könnte auch die fehlende Transparenz bei der Finanzierung von Volksinitiativen werden. Zwar war das bislang in der Schweiz kein großes Problem, aber aus Kalifornien weiß man, dass oft große Firmen bei Volksentscheiden mitmischen. Firmenspenden sind eigentlich grundsätzlich abzulehnen, aber zumindest muss die Bevölkerung darüber Bescheid wissen, wer wirtschaftliche Interessen mit einer Volksinitiative verbindet. Die Betreiber sollten daher alle Spenden ab einer gewissen Größe, zum Beispiel ab 10.000 Euro, offen legen. Und zwar nicht – wie in England – Monate nach der Abstimmung, sondern schon vorher. Das Gleiche muss für die Gegner einer Volksinitiative gelten.

Die Schweiz kennt keine juristische Bindungswirkung von Volksentscheiden. Das Parlament kann eine Woche nach dem Volksentscheid einen gegenteiligen Beschluss fassen und damit den Entscheid wieder aufheben. Allerdings passiert das nie, die Schweizer Politiker respektieren das Votum der Bevölkerung.

In Deutschland darf man da nicht so sicher sein. In Hamburg wurde ein Volksbeschluss zur Einführung eines neuen Wahlrechts vom Parlament wieder korrigiert, bevor auch nur einziges Mal nach dem neuen Recht gewählt worden war. Ich habe den Fall im Kapitel über Wahlrechtsänderungen geschildert.

Es gab noch einen anderen, ähnlich gelagerten Fall: 77 Prozent der Hamburger stimmten gegen den Verkauf der öffentlichen Krankenhäuser. Einige Zeit später beschloss die Bürgerschaft trotzdem ein Gesetz zur Privatisierung der Krankenhäuser. Der Hamburger Staatsgerichtshof, von den Initiatoren des Volksentscheids angerufen, entschied, dass die Volksgesetzgebung keine Sperrwirkung habe. Die Krankenhäuser konnten, rein rechtlich, verkauft werden, obwohl die Bevölkerung dagegen gestimmt hatte. So geht's natürlich nicht. Das führt die Volksgesetzgebung ad absurdum. Es sollte also sichergestellt sein, dass der Beschluss des Volkes zumindest einige Jahre Gültigkeit hat und vorher nur durch einen weiteren Volksentscheid geändert werden kann oder, wenn sich das politische Umfeld deutlich gewandelt hat, auch durch das Parlament mit Zweidrittelmehrheit. In Hamburg können die Bürger mit gegenüber dem normalen Volksbegehren halbierter Unterschriftenzahl eine neue Abstimmung verlangen, wenn das Parlament ein durch Volksentscheid beschlossenes Gesetz aufhebt. Auch das ist ein möglicher Weg.

Einen konkreten Vorschlag für die Einführung von Volksentscheiden auf Bundesebene hat schon vor Jahren der Verein Mehr Demokratie e.V. vorgelegt.[17]

Er sieht ein dreistufiges Verfahren wie in den Bundesländern vor:

- Volksinitiative: Mit 100.000 Unterschriften kann dem Bundestag ein Gesetzentwurf vorgelegt werden.
- Volksbegehren: Lehnt der Bundestag die Volksinitiative ab, können die Initiatoren ein Volksbegehren einleiten. Vorher haben die Bundesregierung oder ein Drittel der Bundestagsabgeordneten die Möglichkeit, die Rechtmäßigkeit des Volksbegehrens vom Bundesverfassungsgericht überprüfen zu lassen. Ist das Volksbegehren nur teilweise unzulässig, können die Initiatoren den Abstimmungstext überarbeiten und sich dabei der Hilfe des wissenschaftlichen Dienstes des Bundestags bedienen. Für ein zugelassenes Volksbegehren müssen in neun Monaten eine Million Unterschriften zusammenkommen, bei Verfassungsänderungen 1,5 Millionen. Das entspricht etwa 1,4 Prozent der Wahlberechtigten, bei Verfassungsänderungen 2,4 Prozent. Zum Vergleich: In der Schweiz sind für eine Verfassungsinitiative etwa zwei Prozent Unterschriften notwendig, man hat 18

[17] www.mehr-demokratie.de/fileadmin/pdf/MD-Gesetzentwurf_Volksentscheid.pdf (Zugriff 22.2.2013.).

Monate Zeit zu sammeln. Unterschriftenlisten werden in Behörden mit Publikumsverkehr ausgelegt. Es darf auch auf der Straße und im Internet gesammelt werden.

- Kommen alle erforderlichen Unterschriften zusammen, haben die Initiatoren Anspruch auf Erstattung eines Teils der Kosten der Kampagne, ähnlich der Wahlkampfkostenerstattung der Parteien. Spenden an die Initiative über 10.000 Euro müssen veröffentlicht werden.
- Volksabstimmung: Es entscheidet wie bei Wahlen die Mehrheit der abgegebenen Stimmen. Es gibt kein Quorum für eine Mindestbeteiligung. Jeder Haushalt bekommt im Vorfeld eine Broschüre mit wichtigen Informationen und allen Pro- und Kontra-Argumenten. Der Bundestag kann einen Alternativvorschlag machen und ebenfalls zur Abstimmung stellen. Die Bürger können beiden Vorschlägen, dem der Bürgerinitiative und dem des Bundestags, zustimmen und in einer Stichfrage beantworten, welchen Vorschlag sie bevorzugen würden. Sie können natürlich auch einen oder beide Vorschläge ablehnen, wenn sie meinen, dass es keinen Veränderungsbedarf bei diesem Thema gibt.
- Wenn ein Gesetz per Volksentscheid angenommen wurde, das auch den Bundesrat passieren müsste, also die Länder betrifft, gilt folgende Zusatzregelung: Der Volksentscheid ist nur gültig, wenn in so vielen Bundesländern die Bevölkerung dafür war, dass die Stimmen dieser Ländern im Bundesrat die Mehrheit bilden würden. Das gilt auch für Verfassungsänderungen per Volksentscheid.
- Zusätzlich soll es die Möglichkeit geben, eine Volksabstimmung gegen Beschlüsse des Bundestages einzuleiten (fakultatives Referendum). In dem ersten Monat nach einem Beschluss des Bundestages können Bürger ein Referendum über diesen Beschluss verlangen. Sie müssen dann in drei Monaten 500.000 Unterschriften sammeln. Das Gesetz tritt erst in Kraft, wenn das Verfahren abgeschlossen ist. Bis dahin gilt es nur unter Vorbehalt. Wenn der Bundestag ein per Volksentscheid beschlossenes Gesetz ändert oder aufhebt, reichen 250.000 Unterschriften für einen neuen Volksentscheid.
- Artikel 23 und 24 des Grundgesetzes erlauben die Übertragung von *»Hoheitsrechten«* auf die Europäische Union und auf *»zwischenstaatliche Einrichtungen«* wie die UNO. Das soll künftig nur nach einem Volksentscheid möglich sein. Ebenso wie Grundgesetzänderungen oder wichtige Änderungen der EU-Verträge (obligatorisches Referendum).

Zweifellos, so ginge es. Wobei einige Regelungen dieses Gesetzentwurfes sicher auch etwas anders ausfallen könnten. Was fehlt, ist die politische Mehrheit im Bundestag: Da es sich um eine Verfassungsänderung handelt, müssen zwei Drittel der Abgeordneten zustimmen. Unmöglich ist das nicht. In allen Bundestagsfraktionen gibt es eine grundsätzlich positive Einstellung zu Volksentscheiden. Sicherlich würden die meisten nicht den Gesetzentwurf von Mehr Demokratie e.V. eins zu eins verabschieden, aber ein recht ähnlicher Gesetzentwurf von Grünen und SPD erreichte 2002 schon 63 Prozent der Stimmen – 67 Prozent wären erforderlich gewesen. Weit ist der Weg nicht mehr.

Literatur

Arnim, Hans Herbert von (2011): Systemwechsel durch Direktwahl des Ministerpräsidenten?, www.hfv-speyer.de/VONARNIM/fskoenig.htm (Zugriff Februar 2013).

Agnoli, Johannes/Brückner, Peter (1967): Die Transformation der Demokratie. Berlin.

Benz, Mathias/ Stutzer, Alois (2004): Are voters better informed when they have a larger say in politics?, in: Public Choice 119: 31-59, www.springerlink.com/content/w731h0017726704h/fulltext.pdf. (Zugriff 22.2.2013)

Bochsler, Daniel/Hug, Simon (2009): How minorities fare under referendums. A cross-national study. Conference Paper.

Böhnke, Petra (2011): Ungleiche Verteilung politischer Partizipation, in: Aus Politik und Zeitgeschichte, Heft 1-2.

Bollinger, Christian (2007): Minderheiten in der direkten Demokratie: Die Medaille hat auch eine Vorderseite, in: Freitag, Markus/Wagschal, Uwe: Direkte Demokratie. Berlin.

Bollinger, Christian (2011a): Niederlassungs-, Glaubens- und Kultusfreiheit der Juden: die eidgenössischen Volksabstimmungen von 1866, in: Vatter, Adrian: Vom Schächt- zum Minarettverbot. Religiöse Minderheiten in der direkten Demokratie. Zürich.

Bollinger, Christian (2011b): Die eidgenössische Volksabstimmung über das Schächtverbot, in: Vatter, Adrian: Vom Schächt- zum Minarettverbot. Religiöse Minderheiten in der direkten Demokratie. Zürich.

Broder, David S. (2000): Democracy derailed. Initiative Campaigns and the power of money. New York.

Christmann, Anna (2010): Damoklesschwert Referendum? Die indirekte Wirkung ausgebauter Volksrechte auf die Rechte religiöser Minderheiten, in: Swiss Political Review 16.

Cronin, Thomas E. (1999): Direct Democracy. The Politics of Initiative, Referendum and Recall. Cambridge, Massachusetts.

Decker, Frank (2005): Die Systemverträglichkeit der direkten Demokratie. Dargestellt an der Diskussion um die Einführung von plebiszitären Elementen in das Grundgesetz, in: Zeitschrift für Politikwissenschaft, Heft 4.

Decker, Frank (2010): Wählt die Ministerpräsidenten direkt! Zeit-Online vom 28.6., www.zeit.de/2010/26/P-oped-Ministerpraesident-Direktwahl?page=1 (Zugriff 11.2.2011).

Dienel, Peter C. (1992): Die Planungszelle. Eine Alternative zur Establishment-Demokratie. Opladen.

Eich, Tom (2011): Der Bürgerhaushalt: Partizipation in der kommunalen Haushaltspolitik am Beispiel der Städte Freiburg und Köln. Bachelorarbeit

an der Fernuniversität Hagen, www.buergerhaushalt.org/wp-content/uploads/2011/07/Bachelorarbeit_TomEich_Endversion.pdf (Zugriff 15.1. 2012).
Eisel, Stephan (2011): Internet und Demokratie. Freiburg.
Eisel, Stephan (2012): Online-Bürgerhaushalte als potemkinsche Dörfer. San Augustin, www.kas.de/wf/de/33.31112/ (Zugriff 1.6.2012).
Ellis, Richard J. (2002): Democratic delusions. The Initiative Process in America. Kansas.
Feld, Lars P./Huber, Peter M./Jung, Otmar u.a. (2010): Jahrbuch für direkte Demokratie 2009. Baden-Baden.
Feld, Lars P./Huber, Peter M./Jung, Otmar u.a. (2012).: Jahrbuch für direkte Demokratie 2011. Baden-Baden.
Feld, Lars/Kirchgässner, Gebhard (2001): Does direct democracy reduce public debt? Evidence from Swiss municipalities, in: Public Choice, 109.
Fisahn, Andreas (2010): Die Demokratie entfesseln, nicht die Märkte. Argumente für eine postkapitalistische Wirtschaft und Gesellschaft. Köln.
Forschungsstelle Bürgerbeteiligung und Planungsverfahren der Bergischen Universität Wuppertal (2004): Bürgergutachten Rheinland-Pfalz. Wuppertal.
Franzke, Jochen/Kleger, Heinz (Hrsg.) (2009): Bürgerhaushalt ohne Bürger? Analyse der Ergebnisse einer Einwohnerbefragung in der Stadt Potsdam im Frühjahr 2007. Potsdam, http://opus.kobv.de/ubp/volltexte/2009/2984/pdf/buergerhaushalt.pdf (Zugriff 20.11.2011).
Frei, Norbert (1987): Der Führerstaat. Nationalsozialistische Herrschaft 1933 bis 1945. München.
Freitag, Markus/Vatter, Adrian/Müller, Christoph (2003): Bremse oder Gaspedal? Eine empirische Untersuchung zur Wirkung der direkten Demokratie auf den Steuerstaat, in: Politische Vierteljahreszeitschrift Heft 3.
Friedrichs, Stefan/Hart, Thomas/Welzel, Carolin (2002): 10-Punkte-Plan für gutes E-Government. Veröffentlichung der Bertelsmannstiftung. Gütersloh.
Gamble, Barbara S. (1997): Putting Civil Rights to a Popular Vote, in: Journal of Political Science, Bd. 41, No. 1.
Gerber, Elisabeth R. (1999): The Populist Paradox: Interest Group Influence and the promise of Direct Legislation. Princeton.
Glaser, Ulrich (1997): Direkte Demokratie als politisches Routineverfahren. Erlangen.
Gremmels, Timon (2003): Kumulieren und Panaschieren – das hessische Kommunalwahlrecht in Theorie und Praxis. Diplomarbeit an der Universität Marburg.
Gross, Andreas (2010): Heilung durch direkte Demokratie?, in: Frankfurter Allgemeine Zeitung, 2.12.2010
Hager, Lutz (2005): Wie demokratisch ist die direkte Demokratie? Wiesbaden.
Hajnal, Soltan/Louch, Hugh (2001): Are there winners and Losers? Race, Eth-

nicity, and California's initiative process, www.iandrinstitute.org/New%20IR I%20Website%20Info/I&R%20Research%20and%20History/I&R%20Studies/ Hajnal%20Louch%20-%20Are%20There%20Winners%20and%20Losers%20-%20Race%20in%20CA%20IRI.pdf (letzter Zugriff 19.2.2013).

Helbling, Marc/Kriesi, Hanspeter (2004): Staatsbürgerverständnis und politische Mobilisierung: Einbürgerungen in Schweizer Gemeinden, in: Swiss Political Science Review 10 (4): 33-58.

Herzberg, Carsten (2002): Der Bürgerhaushalt von Porto Alegre. Münster.

Herzberg, Carsten (2010): Wird direkte Demokratie entscheidend für die Etablierung von Bürgerhaushalten sein?, www.buergerhaushalt.org/neuigkeiten/gastbeitrag-wird-direkte-demokratie-entscheidend-fuer-die-etablierung-von-buergerhaushalten-sein/ (Zugriff 26.10.2010)

Herzberg, Carsten (2011): Bürgerhaushalte, in: MD Magazin. Zeitschrift für direkte Demokratie. Heft 1.

Heußner, Hermann K. (2010): Direkte Demokratie in den US-Gliedstaaten im Jahr 2008, in: Feld, Lars P./Huber, Peter M./Jung, Otmar u.a.: Jahrbuch für direkte Demokratie 2009. Baden-Baden.

Heußner, Hermann K./Jung, Otmar (Hrsg.) (2009): Mehr direkte Demokratie wagen: Volksentscheid und Bürgerentscheid. Geschichte – Praxis – Vorschläge. München.

Heußner, Hermann K. (2012a): Minorities and Direct Democracy in the USA. Direct Legislation Concerning Minorities and Instruments of Minority Protection, in: Marxer, Wilfried (Hrsg.), Direct Democracy and Minorities. Wiesbaden.

Heußner, Hermann K. (2012b) : Die Krise Kaliforniens – Die Schuld der direkten Demokratie? In: Feld, Lars P./ Huber, Peter M./ Jung, Otmar ua 2012

Hirter, Hans (2008): UNIVOX II B direktdemokratische Einrichtungen 2006/2007. www.gfs-zh.ch/?pid=195 (Zugriff 22.2.2013).

Hofman, Klaus/Slonka, Alexander/Wolf, Stefan (2007): Wahlrecht und Gewählte: die Auswirkungen des Wahlrechts auf die Zusammensetzung der Stadt- und Gemeinderäte; eine exemplarische quantitative und qualitative Untersuchung. http://library.fes.de/pdf-files/kommunalpolitik/04712.pdf. (Zugriff 23.2.2013).

Institut für Informationsmanagement Bremen GmbH (ifib) (2008): E-Partizipation – Elektronische Beteiligung von Bevölkerung und Wirtschaft am E-Government. Studie im Auftrag des Bundesministeriums des Innern, Ref. IT1. Bremen.

Jakobeit, Cord u.a. (2011): Evaluation des neuen Hamburger Wahlrechts bei der Bürgerschaftswahl 2011. Ergebnisse einer Wähler- und Nichtwählerbefragung. Studie erstellt im Auftrag des Verfassungs- und Bezirksausschusses der Hamburgischen Bürgerschaft und der Bürgerschaftskanzlei, Hamburg, www.hamburgische-buergerschaft.de/get_download.php?download=3366 (Zugriff 21.2.2013)

Jessen, Jens (2011): Alkoholverbot, in: Die Zeit, 7.9.
Jung, Otmar (1989): Direkte Demokratie in der Weimarer Republik. Frankfurt a.M.
Jung, Otmar (1995): Plebiszit und Diktatur: die Volksabstimmungen der Nationalsozialisten. Tübingen
Kirchgässner, Gebhard (2009): Direkte Demokratie und Menschenrechte, in: Feld u.a., Handbuch für direkte Demokratie. Baden-Baden.
Kirchgässner, Gebhard/Feld, Lars P./Savioz, Marcel R. (1999): Die direkte Demokratie. Modern, erfolgreich, entwicklungs- und exportfähig. Basel/Genf/München.
Klein, Josef (1996): Plebiszite in der Mediendemokratie, in: Rüther, G. (Hrsg.), Repräsentative oder plebiszitäre Demokratie – eine Alternative? Baden-Baden.
Kluth, Andreas (2011): Democracy in California. The people's will, in: The Economist, 23.4.
Leggewie, Claus/Welzer, Harald (2009): Das Ende der Welt, wie wir sie kannten. Klima, Zukunft und die Chancen der Demokratie. Frankfurt a.M.
Leggewie, Claus (2011): Mut statt Wut. Aufbruch in eine neue Demokratie. Hamburg.
Linder, Wolf (1999): Schweizerische Demokratie. Bern/Stuttgart/Wien.
Marcinkowsli, Frank/Donk, André (2012): Winning without Victory? The Media Coverage of Minority Affairs in Swiss Direct Democracy Campains, in: Marxer, Wilfried (2012): Direct Democracy and Minorities. Wiesbaden.
Marschall, Stefan (2011): Wahlen, Wähler, Wahl-O-Mat. In: Aus Politik und Zeitgeschichte, Heft 4.
Marxer, Wilfried (2012): Direct Democracy and Minorities. Wiesbaden
Matsusaka, John G (2011): Have voter Initiatives Paralyzed the California Budget? www.iandrinstitute.org (Zugriff 1.3.2011).
Matthiesen, Helge (1999): Volksgesetzgebung – eine Gefahr für die Demokratie? Das Young-Referendum 1929 und die Weimarer Erfahrungen, in: Dürr, Tobias/Walter, Franz: Solidargemeinschaft und fragmentierte Gesellschaft. Opladen.
Mehr Demokratie e.V. (2008): Abstimmung über den EU-Reformvertrag im Bundestag. Unter den Abgeordneten herrscht noch immer Ahnungslosigkeit. Umfrage vom 22.4., www.mehr-demokratie.de/eu-umfrage.html (Zugriff 20.8.2011).
Milic, Thomas (2010): Steuern die Parteien das Volk? Der Einfluss der Parteien auf die inhaltliche Argumentation ihrer Anhängerschaften bei Schweizer Sachabstimmungen, in: Zeitschrift für Politikwissenschaft. Heft 1.
Mill, John Stuart (2009): Über die Freiheit. Köln. Englische Erstausgabe: 1859.
Möckli, Silvano (1994): Direkte Demokratie. Bern, Stuttgart, Wien.
Patzelt, Werner J. (2011): Die Stimme des Volkes. In: Frankfurter Allgemeine Zeitung vom 3.6.2011.

Piper, Bill (2011): A brief analysis of voter behavior regarding tax initiatives, in: Citizen lawmaker press. Veröffentlicht auf der Homepage des Initiative & Referendum Institute, www.iandrinstitute.org/ (Zugriff 18.10.2011).
Probst, Lothar (2011): Effekte der neuen Wahlsysteme in Hamburg und Bremen. Institut für Politikwissenschaft der Universität Bremen.
Rehmet, Frank (2011): Volkspetitionen – Praxis und Wirkungen. Das Beispiel der unverbindlichen »Volksbegehren« in Österreich, http://democracy-international.org (Zugriff 9.6.2011).
Riehm, Ulrich/Coenen, Christopher/Lindner, Ralf/Blümel, Clemens (2008): Öffentliche elektronische Petitionen und bürgerschaftliche Teilhabe. Berlin, www.tab-beim-bundestag.de/de/publikationen/berichte/ab127.html (Zugriff 12.12.2011).
Riehm, Ulrich/Böhle, Knud/Lindner, Ralf (2011): Elektronische Petitionen und Modernisierung des Petitionswesens in Europa. Juni, Arbeitsbericht Nr. 146, www.bundestag.de/bundestag/ausschuesse17/a02/Docs/AB146_Zusammenfassung.pdf (Zugriff 12.12.2011)
Rüther, G. (Hrsg.) (1996): Repräsentative oder plebiszitäre Demokratie – eine Alternative? Baden-Baden.
Schmidt, Manfred G. (2003): Lehren der Schweizer Referendumsdemokratie, in: Offe, Claus (Hrsg.): Demokratisierung der Demokratie. Frankfurt a.M.
Schrag, Peter (1998): Paradise lost. California's experience, America's Future. New York.
Schiller, Theo (2002): Direkte Demokratie. Frankfurt a.M.
Schoen, Harald/Glantz, Alexander/Teusch, Rebecca (2011): Raucher oder Nichtraucher – ist das die Frage? Wahlbeteiligung und Abstimmungsverhalten beim Volksentscheid über das Rauchverbot in Bayern, in: Zeitschrift für Parlamentsfragen Heft 3.
Stratmann, Thomas (2006): Is Spending More Potent For or Against a Proposition? Evidence from Ballot Measures, in: American Journal of Political Science, Bd. 50.
Vatter, Adrian/Danaci, Deniz (2010): Mehrheitstyrannei durch Volksentscheide? Zum Spannungsverhältnis zwischen direkter Demokratie und Minderheitenschutz, in: Politische Vierteljahresschrift 6.
Vatter, Adrian (Hrsg.) (2011): Vom Schächt- zum Minarettverbot. Religiöse Minderheiten in der direkten Demokratie. Zürich.
Verhulst, Jos/Nijeboer, Arjen (2007): Direkte Demokratie. Fakten, Argumente, Erfahrungen. Brüssel.
Wagner, Thomas (2009): Demokratie als Mogelpackung, in: der Freitag, 25.6.
Wagner, Thomas (2011): Demokratie als Mogelpackung. Köln.
Wittmann, Walter (2001): Direkte Demokratie. Frauenfeld.